Rosa Luxemburg | Paul Levi
Die Russische Revolution

Jörn Schütrumpf leitete bis Ende Februar 2022 die Fokusstelle Rosa Luxemburg der Rosa-Luxemburg-Stiftung. Er ist Herausgeber der Werkausgabe von Paul Levi im Karl Dietz Verlag Berlin.

Rosa Luxemburg | Paul Levi
Die Russische Revolution

Neuausgabe einer viel zitierten, aber selten gelesenen Schrift

Herausgegeben und eingeleitet von Jörn Schütrumpf

Eine Veröffentlichung der Rosa-Luxemburg-Stiftung

VSA: Verlag Hamburg

www.vsa-verlag.de

www.rosalux.de

Druck- und Buchbindearbeiten: CPIBooks GmbH, Leck
ISBN 978-3-96488-146-5

Inhalt

»Das schwerste Gewicht, das heute auf dem Sozialismus lastet, heißt Russland ...«[1]

Vorbemerkung

> »Russland ist – quoad Kommunismus – zusammengebrochen.«
> (Levi 1922a)[2]

Rosa Luxemburgs am häufigsten zitierter Satz lautet: »Freiheit ist immer Freiheit der Andersdenkenden.« Er stammt aus ihrem Fragment »Zur russischen Revolution«, das erstmalig 1922 durch Paul Levi veröffentlicht wurde.[3] Vollständig lautet die Passage:

> »Freiheit nur für die Anhänger der Regierung, nur für Mitglieder einer Partei – mögen sie noch so zahlreich sein – ist keine Freiheit. Freiheit ist immer Freiheit der Andersdenkenden. Nicht wegen des Fanatismus der ›Gerechtigkeit‹, sondern weil all das Belebende, Heilsame und Reinigende der politischen Freiheit an diesem Wesen hängt und seine Wirkung versagt, wenn die ›Freiheit‹ zum Privilegium wird.« (Luxemburg 1974 [1918l]: 359)[4]

Dieser Satz ist nicht nur Rosa Luxemburgs bekanntester, sondern auch ihr missverstandenster Satz. Diese Bemerkung zielt keineswegs nur und nicht einmal zuvorderst auf »Berufsmissversteher« wie Heinrich August Winkler. Winkler zählt zu denen, die der Überzeugung zu sein scheinen, dass Rosa Luxemburgs Fragment heute gefahrlos »interpretiert« werden könne, denn – und damit dürfte er wohl richtig liegen – dieser Text werde zumeist nicht nur nicht analysiert, sondern nicht einmal gelesen. Das ermuntert Winkler zur Freiheit, als Andersdenkender zu verbreiten: »... und dieses Wort von der Freiheit der Andersdenkenden bezieht sich

---

1 Levi 2020 [1922b]: 126; in diesem Band S. 129. Alle in diesem Band zitierten Arbeiten Paul Levis sind wiederveröffentlicht in: Levi, Paul: Ohne einen Tropfen Lakaienblut. Schriften, Reden, Briefe, 7 Bände, hrsg. von Jörn Schütrumpf, Berlin 2016ff.

2 quoad = als

3 Rosa Luxemburg hatte ihrem Text noch keinen Titel gegeben. Paul Levi veröffentlichte ihn 1922 unter dem Titel »Die Russische Revolution. Eine kritische Würdigung. Aus dem Nachlass von Rosa Luxemburg. Herausgegeben und eingeleitet von Paul Levi« (Luxemburg 1922b). In den »Gesammelten Werken« (GW) Rosa Luxemburgs trägt der Text den etwas bescheideneren Titel »Zur russischen Revolution« (Dies. 1974 [1918l]: 332–365).

4 In diesem Band S. 67f.

auf den sozialistischen Pluralismus, auf die Meinungsvielfalt des revolutionären Lagers. Nicht gemeint ist damit Freiheit für Gegner der Revolution [...]« (Winkler 2011)

Auch die – aus welchen Gründen auch immer – gelegentlich als Marxismus-Expertin apostrophierte Christina Morina behauptete 2019 allen Ernstes, Rosa Luxemburgs Maxime über die »Freiheit der Andersdenkenden« beschränke sich auf einen »sozialistischen Pluralismus im Rahmen einer Diktatur des Proletariats [...]« (Morina 2019).

Bei dieserlei Expertentum zu verweilen, lenkt allerdings nur vom Wesentlichen ab. Ernster ist, dass Rosa Luxemburgs Fragment, das hier zusammen mit weiterführenden, jedoch weitgehend bis vollständig vergessenen Texten von Paul Levi vorgelegt wird, in der Regel eine »Diskussion pur« erfährt: *ohne* Einbeziehung der grundlegenden Revolutionsauffassungen Rosa Luxemburgs, die in diesem Fragment *gerade nicht* zu finden sind.

Im Einzelnen sind das:

Erstens: Drei Tage nach dem Massaker am Petersburger Winterpalais (9. resp. 22. Januar 1905) hatte Rosa Luxemburg in der »Neuen Zeit« Triebkräfte und Grenzen der gerade ausbrechenden Revolution umrissen:

> »Russland tritt auf die revolutionäre Weltbühne als das politisch zurückgebliebenste Land; es kann vom Standpunkte der bürgerlichen Klassenentwicklung mit dem vormärzlichen Deutschland keinen Vergleich aushalten. Allein gerade deshalb trägt, entgegen allen landläufigen Ansichten, die jetzige russische Revolution den ausgesprochensten proletarischen Klassencharakter von allen bisherigen Revolutionen. Freilich, die unmittelbaren Ziele der heutigen Erhebung in Russland gehen nicht über eine bürgerlich-demokratische Staatsverfassung hinaus, und das Schlussergebnis der Krise, die vielleicht und höchstwahrscheinlich noch jahrelang mit raschem Wechsel von Flut und Ebbe dauern kann, wird womöglich nichts anderes als eine kümmerliche konstitutionelle Verfassung[5] sein. Und doch ist die Revolution, die zur Geburt dieses bürgerlichen Wechselbalgs geschichtlich verdammt ist, eine so rein proletarische wie noch keine vorher.« (Luxemburg 1974 [1905]: 479)

Eine ähnliche Aussage Rosa Luxemburgs: »[D]as Schlussergebnis [...] wird womöglich nichts anderes als eine kümmerliche konstitutionelle Ver-

[5] Gemeint ist die Verfassung einer konstitutionellen Monarchie nach englischem Vorbild; eine russische Republik war 1905 selbst für die Republikanerin Rosa Luxemburg undenkbar.

fassung sein«, findet sich in ihren *auf Deutsch* verfassten Schriften kein zweites Mal – selbst in ihren Schriften zur zweiten Russischen Revolution 1917/18 beziehungsweise zur Fortsetzung der Russischen Revolution von 1905/6 in den Jahren 1917/18 nicht.[6] Und das, obwohl sich – trotz Weltkrieg – in den zwölf Jahren zwischen 1905 und 1917 nichts Grundlegendes an den Triebkräften und Grenzen einer Revolution in Russland geändert hatte. In ihren Schriften von 1917/18 ging Rosa Luxemburg lediglich so weit, auf eine drohende Niederlage der Russischen Revolution hinzuweisen, für den Fall, dass eine internationale Revolution ausbliebe:

> »Die Diktatur des Proletariats ist in Russland – falls eine internationale proletarische Revolution ihr nicht rechtzeitig Rückendeckung schafft – zu einer betäubenden Niederlage verurteilt, gegen die das Schicksal der Pariser Kommune ein Kinderspiel gewesen sein dürfte.« (Luxemburg 1974 [1917e]: 279)

Zweitens: Ganz im Sinne ihrer Aussage vom Januar 1905 hatte sie sich jedoch ab 1906 in ihren *auf Polnisch* verfassten Artikeln geäußert, in denen sie versucht hatte, die Schlussfolgerungen aus der eben niedergeschlagenen Revolution für Russland zu ziehen.[7] 1908 schrieb sie:

> »Im Zarenreich muss [...] das Ziel [...] die Eroberung des tatsächlichen Einflusses auf die Verhältnisse [sein], die Eroberung der fakti-

---

[6] Vgl. Rosa Luxemburg: Die Revolution in Russland (1974 [1917a]: 242–245); Russische Probleme (1974 [1917b]: 255–257); Der alte Maulwurf (1974 [1917c]: 258–264); Zwei Osterbotschaften (1974 [1917d]: 265–269); Brennende Zeitfragen (1974 [1917e]: 275–290); Die geschichtliche Verantwortung (1974 [1918b]: 374–379); Der Katastrophe entgegen (1974 [1918c]: 380–384); Die russische Tragödie (1974 [1918d]: 385–392) – alle Texte auch in Laschitza 1990: 33–109; weiterhin: Nicht nach Schema F (1918e), ungez. Ohne Angabe des – den Herausgebern möglicherweise wirklich unbekannten – Namens der Autorin (es war die letzte Ausgabe des »Spartacus«, die der zu Ostern 1918 verhaftete und am 10. März 1919 im Gefängnis Berlin-Moabit ermordete Leo Jogiches organisiert hatte) wiederveröffentlicht in: Spartakusbriefe (Neudruck), hrsg. von der Kommunistischen Partei Deutschlands (Spartakusbund) (1920 [1918f]: 153–156); zudem in: Spartakusbriefe, hrsg. vom Institut für Marxismus-Leninismus beim Zentralkomitee der Sozialistischen Einheitspartei Deutschlands (1958 [1918g]: 414–417). (Die dortigen Bearbeiter fälschten den letzten Satz des Textes: »Wie wird die Geschichte über die russische Arbeiterklasse urteilen?« in »Wie wird die Geschichte über die deutsche Arbeiterklasse urteilen?« Ob die Bearbeiter um die Autorschaft wussten, ließ sich bisher nicht klären.) Erstmals unter dem Namen Rosa Luxemburgs (2018 [1918h]) veröffentlicht in: Levi: Ohne einen Tropfen Lakaienblut, Bd. I/1, S. 445–449.

[7] Für Deutschland sah Rosa Luxemburg aus den Erfahrungen der Russischen Revolution vor allem den politischen Massenstreik als relevant an; vgl. dies. (1972 [1906a]): 91–170.

schen Herrschaft des Proletariats in der Gesellschaft durch die Stärke des Drucks. [...] Das kämpfende Proletariat darf sich natürlich keine Illusionen über die Dauer seiner Herrschaft in der Gesellschaft machen. Nach dem Ende der jetzigen Revolution, nach der Rückkehr der Gesellschaft zu ›normalen‹ Verhältnissen, wird die Herrschaft der Bourgeoisie sowohl innerhalb der Fabrik als auch im Staat in der ersten Phase ganz sicher einen Großteil des im jetzigen revolutionären Kampf Erreichten beiseite schieben und beseitigen. Umso wichtiger ist es, dass das Proletariat in die jetzigen Verhältnisse die stärksten Breschen schlägt, dass es die Verhältnisse innerhalb der Fabrik und in der Gesellschaft weitmöglich revolutioniert. Je weiter die Sozialdemokratie die revolutionäre Welle zur politischen Diktatur des Proletariats vorantreiben kann, desto weniger wird die Bourgeoisie gleich nach der Revolution in der Lage sein, das Erreichte zurückzudrängen. Denn mit diesem Streben des Proletariats zur kämpferischen Durchsetzung seines Willens [...] wird die Arbeitermasse auf kürzeste Weise Klassenbewusstsein und -reife erreichen – der kostbarste und beständige Ertrag der Revolution, der Gewähr gibt für die weiteren Fortschritte des Sozialismus in friedfertigen Zeiten.« (Dies. 2014 [1906b]: 208)

Drittens: Eine radikal durchgekämpfte Revolution *in einem einzelnen Land* war für Rosa Luxemburg ohne Thermidor – also ohne einen Rückschlag, der die Revolution auf das im Moment Durchsetzbare zurückführt und die lebensfähigen Ergebnisse sichert – unvorstellbar. Wobei Rosa Luxemburg davon ausging, dass der Thermidor zwar die Revolutionsgarde entmachtet, aber auch einen günstigeren Boden für die nächsten Kämpfe bereitet, im Falle Russlands: für die Erlangung von politischen Rechten wie Meinungsfreiheit, Pressefreiheit, Versammlungsfreiheit, Organisationsfreiheit etc. – abgesichert durch »eine kümmerliche konstitutionelle Verfassung«.

Viertens: Während Marx mit dem Bild von den Revolutionen als Lokomotiven der Geschichte arbeitete (vgl. Marx 1960 [1850]: 85), um die Funktion von Revolutionen, in festgefahrenen gesellschaftlichen Situationen Durchbrüche zu einem neuen Kapitel Geschichte zu erzielen, deutlich zu machen, verwendete Rosa Luxemburg die Lokomotive, um die erste Phase einer Revolution zu beschreiben, als Symbol für ein maximales Ausschlagen des Pendels nach links:

»Der ›goldene Mittelweg‹ lässt sich eben in keiner Revolution aufrechterhalten, ihr Naturgesetz fordert eine rasche Entscheidung: Entweder wird die Lokomotive Volldampf den geschichtlichen Anstieg bis zum äußersten Punkt vorangetrieben, oder sie rollt durch die eigene

Schwerkraft wieder in die Ausgangsniederung zurück und reißt diejenigen, die sie auf halbem Wege mit ihren schwachen Kräften aufhalten wollten, rettungslos in den Abgrund mit.

Dadurch erklärt sich, dass in jeder Revolution nur diejenige Partei die Führung und die Macht an sich zu reißen vermag, die den Mut hat, die vorwärtstreibende Parole auszugeben und alle Konsequenzen daraus zu ziehen.« (Luxemburg 1974 [1918]: 340)[8]

Fünftens: Rosa Luxemburg verwendete zwar das Bild des Pendels nicht, es ist aber in der Beschreibung des Rückschlags, die Friedrich Engels gab – und der sie sich ohne erkennbare Distanz anschloss –, deutlich erkennbar:

»Alle bisherigen Revolutionen liefen hinaus auf die Verdrängung einer bestimmten Klassenherrschaft durch eine andere; alle bisherigen herrschenden Klassen waren aber nur kleine Minoritäten gegenüber der beherrschten Volksmasse. Eine herrschende Minorität wurde so gestürzt, eine andere Minorität ergriff an ihrer Stelle das Staatsruder und modelte die Staatseinrichtungen nach ihren Interessen um. Es war dies jedes Mal die durch den Stand der ökonomischen Entwicklung zur Herrschaft befähigte und berufene Minoritätsgruppe, und gerade deshalb und nur deshalb geschah es, dass die beherrschte Majorität sich bei der Umwälzung entweder zugunsten jener beteiligte oder sich doch die Umwälzung ruhig gefallen ließ. Aber wenn wir vom jedesmaligen konkreten Inhalt absehen, war die gemeinsame Form aller dieser Revolutionen die, dass sie Minoritätsrevolutionen waren. Selbst wenn die Majorität dazu mittat, geschah es – wissentlich oder nicht – nur im Dienst einer Minorität; diese aber erhielt dadurch, oder auch schon durch die passive widerstandslose Haltung der Majorität, den Anschein, als sei sie Vertreterin des ganzen Volkes.

Nach dem ersten großen Erfolg spaltete sich in der Regel die siegreiche Minorität; die eine Hälfte war mit dem Erlangten zufrieden, die andere wollte noch weiter gehn, stellte neue Forderungen, die wenigstens teilweise auch im wirklichen oder scheinbaren Interesse der großen Volksmenge waren. Diese radikaleren Forderungen wurden auch in einzelnen Fällen durchgesetzt; häufig aber nur für den Augenblick, die gemäßigtere Partei erlangte wieder die Oberhand, das zuletzt Gewonnene ging ganz oder teilweise wieder verloren; die Besiegten schrieen dann über Verrat oder schoben die Niederlage auf den Zufall. In Wirklichkeit aber lag die Sache meist so: Die Errungenschaften des ersten Sieges wurden erst sichergestellt durch den zwei-

[8] In diesem Band S. 49.

ten Sieg der radikaleren Partei; war dies und damit das augenblicklich Nötige erreicht, so verschwanden die Radikalen und ihre Erfolge wieder vom Schauplatz.« (Engels 1963 [1895]: 513f.)

Sechstens: Das Bild des Rückschlages, gewendet auf die russischen Verhältnisse, prognostizierte Rosa Luxemburg:

> »Sich nun aber Sorgen zu machen, dass die jetzige Revolution ihren eigentlichen ›bürgerlichen‹ Charakter behalte, ist für das Proletariat eine völlig überflüssige Aufgabe.
>
> Der bürgerliche Charakter drückt sich aus, *weil es dem Proletariat nicht gelingen wird,* sich an der Macht zu halten, weil es früher oder später erneut durch die konterrevolutionäre Aktion, durch Bourgeoisie, Grundbesitzer, Kleinbürgertum und große Teile der Bauernschaft niedergeworfen wird.« (Luxemburg 2014 [1908]: 264; Hervorhebung im Original)

Diese *Engels-Luxemburgische Revolutionsauffassung* ist – soweit der Überblick reicht – bis heute nie zur Kenntnis genommen, geschweige denn auf ihren Gehalt geprüft worden; von einer Rezeption kann ohnehin keine Rede sein. Rosa Luxemburg setzte diese Revolutionsauffassung in ihrem Fragment über die Russische Revolution voraus, ohne erkennen zu geben, dass das Fragment ohne die Engels-Luxemburgische Revolutionsauffassung überhaupt nicht verstanden werden kann und geradezu zwangsläufig jegliche Rezeption in die falsche Richtung geht.

Das erklärt sich bis zu einem gewissen Grad aus der Tatsache, dass der Text nicht vollendet worden ist, aber auch aus den Adressat*innen, an die sich Rosa Luxemburg mit diesem Text wenden wollte: an die deutschen Arbeiter*innen. Sie wollte kein Kompendium über Revolutionstheorie schreiben, sondern verfolgte mit ihrer Würdigung der Bolschewiki die Absicht, die »fatale Trägheit der […] Massen« (Luxemburg 1974 [1918l]: 335) zu überwinden. Zum anderen jedoch wollte sie sich und die Spartakusgruppe von Lenin und den Bolschewiki an jenen Punkten abgrenzen, die sie dem Sozialismus für abträglich hielt: von der Art, wie die Bolschewiki auf die ausgebrochene Agrarrevolution reagiert hatten; in der Frage des von Rosa Luxemburg abgelehnten »Selbstbestimmungsrechtes der Nationen« sowie – last, not least – vom Nihilismus der Bolschewiki gegenüber der Demokratie.

Zugleich würdigte Rosa Luxemburg ausführlich, dass es die Bolschewiki in der ersten Phase der Revolution verstanden hatten, die entehrten, ausgebeuteten und unterdrückten Massen zu selbständigem Handeln zu ermutigen und so die Revolution tief in der Gesellschaft zu verankern.

Auch in anderen Äußerungen unterließ es Rosa Luxemburg 1917/18, darauf zu sprechen zu kommen, wie ein Thermidor ausfallen werde, sollte die Russische Revolution nicht den Charakter einer Eröffnungsrevolution für eine internationale Umwälzung annehmen.[9] Wobei zu beachten ist, dass es Rosa Luxemburg schlechterdings unmöglich war, Kämpfenden zu sagen, dass, nachdem sie das im gegebenen Augenblick Mögliche – die Beendigung des Weltkrieges und die Agrarrevolution – durchgesetzt hätten, der Schlussakkord der Revolution seine Töne aus dem Sturz dieser Kämpfenden, ihrem Exil, beziehungsweise im ungünstigsten Fall – so wie in der Französischen Revolution 1794 –, aus ihrem Tod zieht.

***

Die Differenzen mit den Bolschewiki waren nicht erst nach deren Machtübernahme im Oktober 1917 entstanden, sondern existierten seit dem Entstehen der Bolschewiki aus der russischen Sozialdemokratie 1903 heraus. Leo Jogiches, Rosa Luxemburg, Julian Marchlewski und Adolf Warski hatten ihre polnische Partei schon 1893, zehn Jahre früher, gegründet. Rosa Luxemburg dachte Hegemonie, auch Hegemonie in einer Revolution, als geistige Hegemonie, errungen mit Reden, Broschüren und Zeitungen. Eine solche Hegemonie mit Organisation abzusichern, führte für sie fast zwangsläufig zu einer Bevormundung der Massen durch einen Parteiapparat à la SPD oder zu einer von den Massen abgesonderten Eliteorganisation à la Bolschewiki. Hier blieb Rosa Luxemburg ganz bei Marx, der im 19. Jahrhundert in den realen Selbstorganisationen der Französischen Revolution von 1789ff. gedacht hatte. Bis heute steht die Linie Marx–Luxemburg gegen die Linie Blanqui[10]–Lenin. Während Lenin allerdings immerhin versucht hatte, beide Linien wenigstens in der Theorie zu verbinden – in der Praxis jedoch Blanquist blieb –, legte Rosa Luxemburg ihr Blanqui-kritisches Misstrauen in der Organisationsfrage nie ab. Letztlich verkürzte Lenin die Beziehung der Intellektuellen zur Klasse auf die Organisation (die sich schnell verselbständigte – mit dem bekannten Ergebnis), Rosa Luxemburg hingegen setzte auf die sich in der Bewegung selbst organisierende Klasse (die sich aber nur bis zu einem gewissen Grad und oftmals gar nicht organisierte):

---

[9] Vgl. alle Texte in Luxemburg 1974 [1918l] 366–536.

[10] Louis-Auguste Blanqui (1805–1881), französischer Revolutionär, plädierte für die Übernahme der Macht durch eine revolutionäre Geheimorganisation, die den Sozialismus »von oben« einführen sollte. In der Pariser Kommune 1871 spielte Blanqui eine führende Rolle.

> Die sozialdemokratische Aktion »wächst historisch aus dem elementaren Klassenkampf heraus. Sie bewegt sich dabei in dem dialektischen Widerspruch, dass hier die proletarische Armee sich erst im Kampfe selbst rekrutiert und erst im Kampfe auch über die Aufgaben des Kampfes klar wird. Organisation, Aufklärung und Kampf sind hier nicht getrennte, mechanisch und auch zeitlich gesonderte Momente, wie bei einer blanquistischen Bewegung, sondern sie sind nur verschiedene Seiten desselben Prozesses.« (Dies. 1972 [1904]: 428)

Gescheitert sind letzten Endes beide: Wladimir Iljitsch Lenin wie Rosa Luxemburg.

***

Dass in diesem Fragment Rosa Luxemburg zudem Rücksichten genommen hatte, auf die sie nach dem Ende der Revolution – genauso wie sie es nach dem Ende der Ersten Russischen Revolution von 1905/6 getan hatte – verzichtet hätte, kommt nie in den Blick. Zumeist wird sich auf Rosa Luxemburgs Kritik an den Bolschewiki beschränkt; nicht selten werden, statt Rosa Luxemburgs Auffassungen zu debattieren, Haltungsnoten vergeben.[11]

In ihrem Fragment über die Russische Revolution klagte Rosa Luxemburg – statt den Fall zu erörtern, was geschehe, wenn die Russische Revolution isoliert bleibe – das Proletariat im Westen, namentlich in Deutschland, der erwiesenen Untätigkeit an und hob ab auf

> »die weltwirtschaftlichen Verknüpfungen des Kapitalismus [...], die aus allen modernen Ländern einen zusammenhängenden Organismus machen.
>
> Russlands Revolution – eine Frucht der internationalen Entwicklung und Agrarfrage – unmöglich in den Schranken der bürgerlichen Gesellschaft zu lösen. [...]
>
> Nicht Russlands Unreife, sondern die Unreife des deutschen Proletariats zur Erfüllung der historischen Aufgaben hat der Verlauf des Krieges und der russischen Revolution erwiesen, und dies mit aller Deutlichkeit hervorzukehren ist die erste Aufgabe einer kritischen Betrachtung der russischen Revolution. Die Revolution Russlands war in ihren Schicksalen völlig von den internationalen [Ereignissen] abhängig. Dass die Bolschewiki ihre Politik gänzlich auf die Weltrevolution des Proletariats stellten, ist gerade das glänzendste Zeugnis ihres

[11] Eine der wenigen Ausnahmen: Brie 2011; zuletzt in: Brie/Schütrumpf 2021.

politischen Weitblicks und ihrer grundsätzlichen Treue, des kühnen Wurfs ihrer Politik.« (Dies. 1974 [1918l]: 333f.)[12]

Allerdings sprach Rosa Luxemburg am Ende ihres Textes dann doch klar aus, dass die Revolution in Russland als Umwälzung zum Sozialismus scheitern werde:

> »In Russland konnte das Problem nur gestellt werden. Es konnte nicht in Russland gelöst werden. Es kann nur international gelöst werden ...« (Ebd.: 365)[13]

***

Als Paul Levi diesen Text im Januar 1922 veröffentlichte,[14] hatten die Bolschewiki die Revolution »gewonnen«: indem sie mit der »Neuen Ökonomischen Politik« die kapitalistische Produktionsweise wieder zugelassen, den Kampf zwischen den entgegenstehende Interessen verfolgenden Klassen eingestellt und damit den Klassenkampf den anderen Klassen überlassen hatten, um den Thermidor – an der Stelle ihrer vor allem im Exil bereitstehenden Nachfolger – zu vollziehen:

> Der »Thermidor der russischen Revolution, [im] März 1921, [...] unterscheidet sich von anderen Thermidoren weder durch seinen Inhalt noch durch seine Wirkungen, nur durch seine Form. Es war ein ›trockener‹ Thermidor. Er ging still und friedlich im Busen und in der Organisation der Bolschewiki vor sich. Nicht freilich, ohne sein Gorgonenhaupt sofort der Arbeiterklasse zu zeigen: in Kronstadt. Die Wirkungen aber waren die gleichen wie die seines größeren Bruders. ›Es verschwanden die Radikalen und ihre Erfolge wieder vom Schauplatz.‹[15] Der März 1921 hat die russische Arbeiterklasse doppelt getrof-

---

[12] In diesem Band S. 42.

[13] In diesem Band S. 74.

[14] Für einen Vorabdruck in der Tageszeitung der USPD, »Freiheit«, hatte Levi das Manuskript zuvor zur Verfügung gestellt (vgl. Levi 2020 [1921b]: 1076); vgl. o.A. 1921a, 1921b. In seiner Zeitschrift »Die Aktion« hatte Franz Pfemfert ebenfalls »Die russische Revolution« (Luxemburg 1922a: S. 58–79) von Rosa Luxemburg veröffentlicht und sich dabei auf eine Genehmigung Rosa Luxemburgs berufen, ihre Texte veröffentlichen zu dürfen; vgl. Baer 1922. Pfemfert hatte es während Rosa Luxemburgs »Schutzhaft« zwischen Juli 1916 und November 1918 als einziger gewagt, in einem vom Staat zensierten Blatt einen Text Rosa Luxemburgs zumindest unter ihren Initialen – und damit für alle »Wissenden« erkennbar – zu veröffentlichen. An den Verlag, in dem Levi »Die Russische Revolution« herausgegeben hatte, schrieb er: »Gegen Pfemfert vorzugehen, lehne ich ab.« (Levi 2020 [1922b]: 1170)

[15] Engels 1963 [1895]: 514.

fen. Er lieferte die Klasse selbst den Bauern aus und, im Gefolge der Bauern, den Schiebern, Spekulanten und, in deren Gefolge, den Großkapitalisten. Er nahm ihnen zugleich ihre Führer, indem aus den Jakobinern von gestern die Thermidoristen von heute wurden.« (Levi 2020 [1922d: 1255f.)[16]

Möglich wurde diese Thermidor-Herrschaft durch die »Partei neuen Typus«, d.h. durch die Abkopplung der Revolutionsgarde von ihrer sozialen Basis:

»Die Vorhut des Proletariates, die das Sowjetsystem geschaffen hat und es trägt, kann leben und existieren und kann das Sowjetsystem weitertragen, bis die große Masse von der ihr gebotenen ›Möglichkeit‹ Gebrauch macht, durch ›Erfahrungen gelernt hat‹, in jenen ›ihre zuverlässigsten Führer‹ zu erblicken [...] Wie eine treue Mutter hat die Vorhut im Sowjetsystem ein Hemd zurechtgemacht, sie wartet – geduldig oder ungeduldig –, bis das Kind das Hemd tragen kann. Solange das nicht ist, bleibt trotzdem Mutter Mutter und Hemd Hemd, Vorhut Vorhut und Sowjetsystem Sowjetsystem.« (Ders. 2020 [1922f]: 1020)[17]

Die Folge war ein hohes Maß an Demokratieunwilligkeit:

»Ein Blick auf Europa lehrt [...], wie wenig eine Demokratie die Diktatur einer Klasse aufheben muss. Was in Europa der Bourgeoisie möglich ist – bei Diktatur die Demokratie zu halten –, das muss theoretisch auch in einem Lande möglich sein, in dem das Proletariat die Macht hat, ja gerade in diesem, weil hier die Zahl nicht gegen, sondern für das Herrschaftssystem ist. Es ist eine Demokratie *mit der Mehrzahl, nicht gegen die Mehrzahl.* Praktisch aber – und die Praxis ward bald Lehre – haben die Bolschewiken *stets Diktatur und Aufhebung der Demokratie für identisch gehalten* und niemals irgendeine demokratische Anwandlung gezeigt. Das war erträglich in einem Augenblick, in dem die breiten Massen Russlands im Kampf gegen den gemeinsamen Feind, den Feudalismus, standen. Vom Augenblick seiner Überwindung an aber mussten die bis dahin vereinten, im Grunde aber doch nach Interessen verschiedenen Klassen – Arbeiter und Bauern – irgendein Verhältnis finden, in dem sie ihre, ihren verschiedenen Interessen entsprechenden, verschiedenen politischen Auffassungen austauschten. Gewissermaßen eine politische Verkehrsform finden,

[16] In diesem Band S. 142.
[17] In diesem Band S. 92f.

> zugleich aber auch ein Clearing. Dass hierfür die ›Demokratie‹, gerade im Stadium der sich erst herausbildenden Gegensätze, ein wunderbares Instrument ist, kann wiederum die Geschichte Europas lehren. Da aber die Bolschewiki starr festhielten an der Ablehnung jeder demokratischen Form, ward das Zentralkomitee der Kommunistischen Partei Russlands die Vermittlungsstelle für das, was die eine Klasse der anderen zu sagen hatte. Die Bauern meldeten ihre Wünsche an in Form von Aufständen und Produktionseinschränkungen (Rückkehr zur Hauswirtschaft). Die Arbeiter die ihren in Form von Aufständen und Streiks. Das Zentralkomitee aber, jedes Mittels bar, den so gewichtigen Gründen etwas entgegenzusetzen, musste mit Gewalt antworten: Der Terror war da. Er war zugleich zum funktionellen Bestand der Diktatur geworden; denn die Diktatur, die keine Demokratie als Mittel kennt, kann nur den Terror kennen.« (Ders. 2016 [1927b]: 1106; Hervorhebungen vom Hrsg.)[18]

Levi und Lenin hatten seit Sommer 1920 eine verdeckte Schlacht um die von den Bolschewiki betriebene Verwandlung der 1919 gegründeten Kommunistischen Internationale, einer Organisation von Gleichberechtigten, in eine internationale russische Partei und damit um den Charakter dieser Internationale geführt. (Vgl. Vatlin 2019; Hedeler/Schütrumpf 2020: 7–39) Levi war schon vor dem Märzputsch der Kommunistischen Internationale in Mitteldeutschland[19] unterlegen. Doch trotz aller Auseinandersetzungen und Verletzungen behandelte er Lenin betont respektvoll, auch und gerade nach dessen Tod; im Nachruf schrieb er:

> »Aber auch hier scheinen uns Zweifel, die dereinst gelöst werden können, zurückzutreten vor dem, was unzweifelhaft ist. Und das ist, dass – mag vieles unmarxistisch, unsozialistisch, falsch und noch mehr als falsch gewesen sein, mag es gleich hundertmal nicht der Sozialismus gewesen sein – sein Werk doch der ›ruhmvolle Vorbote einer neuen Gesellschaft‹ gewesen ist. Und mögen wir die Klinge mit ihm gekreuzt haben, mögen wir den Verfall des Werkes erkannt und davor gewarnt und daran kritisiert haben: Uns scheint es keinen Sinn zu haben, zu leugnen, dass um der Tat und nicht um ihrer Fehler und noch weniger um seiner Nachläufer willen der Mann doch ›eingeschreint sei in dem großen Herzen der Arbeiterklasse‹.« (Ders. 2016 [1924a]: 315)[20]

Trotzdem war Levi klar, dass Lenin keine Arbeiterrevolution geführt hatte:

---

[18] In diesem Band S. 176f.

[19] Vgl. Bowitzky u.a. 2020 [1921]: 1479–1506.

[20] Sozialistische Politik und Wirtschaft: Levis Zeitschrift ab Februar 1923.

»Die gute Gesinnung allein macht noch keine gute Literatur. Diese russische ›revolutionäre‹ Literatur ist zunächst gehandicapt durch Lenin. Lenin war alles, nur kein genialer Forscher. So ihm das, was Genialität im speziellen Sinn des Wortes – eine über das Intellektuelle hinausgehende, visionäre Gestaltungs- und Willenskraft – eigen war, lag sie auf anderem Gebiet als auf dem des Forschers. Er war in einem ungewöhnlichen Maße die Steigerung des russischen Bauern; daher seine visionäre Kraft, immer zu hören, was in den untersten Schichten sich regte. Sein Gefühl für die Massen grenzte an Prophetie; selbst in der Verbannung blieb ihm [...] diese Verbindung. Dem passte sich seine literarische Produktion an. Er redete und schrieb in den schwerfälligen Argumenten, denen das simple Bauerngehirn zugänglich war; er redete und schrieb völlig voraussetzungslos, wie wenn es gälte, Analphabeten zu gewinnen. Das machte seine Rede und seine Schriften ungefährlich, fast langweilig; nur selten hob ihn das innere Feuer über dieses, sein Maß hinaus. Seine Schüler haben weder das Feuer noch den gewaltigen Willen, der hinter allem bei Lenin war; nur die Langeweile ist geblieben.« (Ders. 2016 [1927e]: 1150f.)

Im Juli 1924, wenige Monate nach Lenins Tod, führte die Kommunistische Internationale ihren 5. Kongress durch; Anlass für Levi, den Kontrast zwischen dem Verstorbenen und seinen Nachfolgern zu unterstreichen:

»Man durfte auch in Moskau denken, aber nur insoweit man die Erkenntnis Sinowjews nicht überschritt. Jeder, der im Kreml saß und sprach, musste sich sagen, dass infolge der Heiligkeit der kommunistischen Taufe seine Worte, wenn schon nicht mit den Tatsachen, so doch mit dem Buchstaben des letzten Artikels von Sinowjew übereinstimmen mussten. [...]

Der Kongress begann mit einer Parade aller Delegierten vor dem Mausoleum, in dem Lenin ruht. [...] [D]as System, welches Lenin zum Siege verhalf, war die Dogmatik der Antidogmatik. In seinem Kopfe reflektierte sich die Totalität des Seins; er war kein Mönch in der Zelle, sondern ein Lebendiger, der die Kompliziertheit der Dinge sah, vor ihnen aber nicht zurückschreckte, sondern sie im Rahmen des Gesetzes der Möglichkeit zu bändigen suchte. Er war ein großer Revolutionär. [...] Aber was hatte das Defilieren am Grabe Lenins für einen Zweck? Es sollte die Lebendigen einschüchtern. Man sollte durch die Totengruft wandern, um nachher den Epigonen Weihrauch zu zünden. Die Totengruft sollte ›Disziplin an sich‹ lehren. Die Epigonen meinen, sie seien die Erben im Geiste. Doch wer sie liest, wer sie hört, der könnte über Blasphemie klagen; denn solch ein Tanz von trivialsten Banalitäten, ein solches sich Verbarrikadieren vor den Tatsachen, eine so maßlose Selbstzufriedenheit, eine so mit Begeisterung proklamierte prinzipielle Dummheit wäre unter Lenin ein Ding der Unmöglichkeit gewesen.« (Ders. 2016 [1924c]: 566)[21]

Über die Herrschaft in Russland nach Lenins Tod war Levi auf dem Laufenden:

»Wo da die Dinge nicht vorwärts gehen wollten, kamen die Verfügungen von hoher Hand. Von Volkskommissaren, die wechselten nach dem jeweils neuesten Stand der Thesen, kamen Ordre, Contreordre, Désordre. Und, um der Ordre und Contreordre nachzuhelfen und um der Désordre abzuhelfen, kam das System der Überwachung. Uns scheint nichts charakteristischer zu sein als jene Szene, die der genannte Rabinowitsch schildert; in einer geheimen Sitzung des Volkswirtschaftsrates, in der Fragen der Mobilisierung besprochen wurden, erschienen zwei unlegitimierte junge Kommunisten. Sie wurden des Saales verwiesen. Von da an begann das Unglück: Wer weiß, wer diese beiden entsandt hat. Das sind jene grauen Eminenzen, die von Moskau entsandt werden: nach Moskau selbst, in die Provinz, die im Ausland herumlungern in jeder kommunistischen Partei; die gezogen werden an geheimen Fäden, die auch im Kreml oft nicht an derselben Stelle enden und die ihre Macht ausüben in geheimen Berichten, in Vigilien, in Beschnupperungen und die eine Luft der Unsicherheit, der Lüge, der Verleumdung erzeugen, die einem aufrechten Mann das Sterben lieber macht als das Leben in dieser Atmosphäre. Dieser Geist über jenem Beamtentum, der wirkte wie Heuschrecken nach Raupenfraß, zerstörte, was der Bureaukratismus noch übriggelassen hatte. Der Geist aber ist der Geist der wesenlosen Diktatur, der Herrschaft einer Clique, die längst sich von allen Massen losgelöst hat und hinter den Zinnen des festummauerten Kreml nistet, von dort auszieht und alles Lebende schlägt. Das ist das spezifisch Russische. Noch zu Lenins Zeiten, wenn Fehler in der Aufbauarbeit vorgekommen waren, war Selbstkritik das Mittel dagegen: Keiner hat die Fehler der Partei heftiger gescholten als er. Vorüber die Zeiten.« (Ders. 2016 [1928d]: 1221f.)

Trotzdem vermied Levi alles, was genutzt hätte werden können, um die Fronten zwischen ihm und Lenin zu verwischen:

[21] In diesem Band S. 153–155.

> »Es besteht ein absoluter Gegensatz zwischen den Auffassungen von Lenin und von Rosa Luxemburg über das Wesen einer proletarischen Partei und den Gang der Revolution. Wir haben es früher immer genannt den Gegensatz zwischen einer mechanischen und einer organischen Auffassung. Jene, die Leninsche Auffassung, sah in der Partei einen absolut, nach Gedanken, nach Willen, nach Anschauungen homogenen Kreis, der, notwendigerweise klein an Zahl, dank seiner Geschlossenheit im geeigneten Augenblick große Massen ›führen‹ kann. Wir sagen nicht, dass diese Auffassung absolut falsch sei; vielleicht gibt es absolut Falsches in der Geschichte überhaupt nicht. Wir sagen nur, dass diese Auffassung entsprang und gebunden war an die besonderen russischen Verhältnisse vor der Revolution: Absolutismus, Feudalismus, Illegalität jeder Arbeiterbewegung. Gewiss besteht auch in den westlichen Ländern eine Unterdrückung des Proletariats durch die Bourgeoisie. Aber die Bourgeoisie, im Gegensatz zum Feudalismus, übt ihre Herrschaft nicht aus in den Formen des Absolutismus, sondern in den Formen der ›Demokratie‹, d.h. in Formen, die den breiten Arbeitermassen politische Betätigungsmöglichkeit geben und die es den Sozialisten gestatten, in diesem politischen Kampf breite Arbeitermassen zu sammeln. Das waren die Verhältnisse, in denen Rosa Luxemburg lebte und arbeitete; in ihnen gewann die proletarische Partei ein anderes Gesicht. Sie war kein Klub mehr von absolut homogenen, fertigen Menschen, fertig mit sich und fertig mit der Welt, sondern die Partei war der Willensausdruck von Millionen Proletariern, die so sind, wie sie nun einmal die Geschichte gebildet hatte: mit den Merkmalen langer Unterdrückung, mit Schwäche im Willen, mit oft unklaren Vorstellungen, mit Illusionen. Sozialist ist nicht der, der diese Schwächen nicht sieht: Sozialist ist der, der durch diese Schwächen hindurch die geschichtlichen Aufgaben des Proletariats sieht und den Massen die Wege zur Lösung dieser Aufgabe zeigt: Sammlung als Klasse im Kampf gegen die Unterdrücker.« (Ders. 2016 [1924b]: 412)

Ohne sonderlich überrascht zu sein, aber doch oft mit leichter Wehmut und manchmal auch mit Zorn, verfolgte Levi den Abstieg der Russischen Revolution, der bald in einen Verfall überging, bis Stalin, für Levi ein »Hanswurst«,[22] die vermodernde Frucht auffing. Während Levi von Grigori Sinowjew spätestens seit dessen peinlichem Auftritt auf dem Hallenser USPD-Parteitag im Oktober 1920 nur noch angewidert war,

[22] »Nichts aber ist schlimmer, als wenn in einem Staate der, dem sie gebührt, die Autorität nicht gebraucht. Liegt sie auf der Straße, so kann ein Hanswurst sie aufnehmen; das Beispiel Stalins ist warnend und lehrreich.« (Levi 2016 [1928c]: 1219)

blieb er – trotz aller Distanz – Leo Trotzki zugetan, gab bei E. Laub sogar dessen Buch über die Oktoberrevolution heraus (vgl. Trotzki 1925),[23] schenkte ihm aber auch nichts:

> »Vielleicht donnerten die Kanonen in Kronstadt im März 1921 schon dieselbe Sprache, die jetzt Stalin spricht, und der Sprachlehrer war ja Trotzki gewesen.« (Levi 1969/2016 [1927a]: 1060)[24]

Zum zehnten Jahrestag der Machtübernahme durch die Bolschewiki schrieb Levi:

> »Die gegenwärtige Regierung in Russland und der Parteiteil, mit dem sie sich identifiziert, wird über die Opposition mit demselben Rechte siegen, mit dem die Termidorleute über die Jakobiner siegten: Stalin hat hinter sich nicht nur den Parteiapparat, die stärkere Zahl, sondern hinter sich das Klasseninteresse und den regen Willen von hundert Millionen Bauernvolk. Und Trotzki? Was hat er hinter sich? So man sich ein Bild von den Dingen aus unzuverlässigen Nachrichten machen kann: die alten Bolschewiken, den Stamm der alten Partei, die damalige Verschwörergruppe, und vielleicht ein paar Tausend, vielleicht ein paar Zehntausende, vielleicht ein Hunderttausend gar von Arbeitern. Bestimmt nicht die Arbeiterklasse in Russland. Die ist zerfahren, zersetzt in Gruppen und Grüppchen, teils Staatssöldlinge, teils Irregelaufene, teils rabulistische Rechthaber, Thesendebattierer: alles, nur nicht das, was eine geschlossene Arbeiterklasse ist, die so stark ist, dass sie auch nur für kurze Zeit der gewaltigen konterrevolutionären Strömung des Bauerntums könnte widerstehen.« (Ders. 1969/2016 [1927d]: 1118)

Zwei Monate später wurden Trotzki und Genossen verbannt:

> »In Wirklichkeit aber kann man nicht übersehen, dass das alles, was hier vorgeht, eine geradezu empörende Blamage der ganzen Arbeiterbewegung vor der Bourgeoisie wird: In dem Maße, in dem eben doch die russische Bewegung in ihrer Frühzeit ein Teil der Weltbewegung der Arbeiter gewesen ist, und in dem Maße, in dem sie Einfluss auf die Arbeiter der Welt bekam, ward ihr Schicksal Gemeingut. Und das nun soll das Ergebnis von so viel Mühen und Arbeit, von so viel Leiden und Entbehrung, von so viel Schlachten und Siegen, von so viel Studien und Nächten, das soll das Ergebnis einer Bewegung sein, die

[23] In diesem Band S. 156–165.

[24] In diesem Band S. 173.

die Welt umgestalten und befreien wollte, dass nach zehn Jahren Regierung eine ›proletarische‹ Bewegung genau an dem Punkte steht, nicht ein Quentchen Verstand mehr und nicht weniger hat als die zaristische Regierung, dass auch sie keine größere Gescheitheit weiß als den Transport nach Sibirien, nur dass der Zar seine Feinde und diese ihr eigen Fleisch und Blut, ihre eigenen Gefährten nach Sibirien transportieren lässt.« (Ders. 1969/2016 [1928a]: 1157)[25]

Nicht nur mit ihrem politischen Bankrott diskreditierten die Bolschewiki die Idee des Sozialismus, sondern – langfristig gesehen: mehr noch – mit ihrem moralischen Abwirtschaften. Dass Levis Bemerkung »Nicht der Sozialismus und nicht das Proletariat haben in Russland bankrott gemacht: Bankrott hat in Russland eine Schule gemacht« (ebd.), nur Pfeifen im Walde war, war ihm wahrscheinlich bewusst; sie offenbarte seine ganze Hilflosigkeit. Nichts hat die sozialistische Idee so sehr ihrer Attraktivität beraubt wie die Herrschaft der Bolschewiki nach der Niederschlagung des Kronstädter Aufstandes:

»Wenn das wahr ist, was Inhalt der jetzt veröffentlichten Anklage ist, so haben in Russland eine ganze Reihe von Ingenieuren, Technikern, Beamten, Einkäufern jene Zuwendungen erhalten, die man in der gemeinen Sprache Schmiergelder heißt. [...] Das ist nämlich fürwahr nichts Neues: Das erzählt man sich in Berlin allerorts und nicht im Geheimen, sondern ganz öffentlich und schon seit Jahren, dass man mit ›den Russen‹ ohne Schmierung kein Geschäft machen kann; ja man nennt sich schon bestimmte Skalen, in denen die Schmiergelder – progressiv nach oben – verteilt werden. [...]

Nicht das ist das Aufregende, dass der Kapitalismus versucht hat, russische Einkäufer und Ingenieure zu korrumpieren, sondern dass der russische Staat in einem solchen Umfang der Korruption erlegen ist, dass die vielfachen Versuche, die Korruption auszurotten, nie zu einer Besserung, sondern immer zu einer Verschlimmerung des Leidens geführt haben. Das ist gerade für uns Sozialisten das Entscheidende. Wenn wir Sozialisten auf nichts Besseres hinzuweisen hätten als auf das, was jetzt in Russland ist: Wer könnte dann noch ehrlicherweise zu den arbeitenden Massen sprechen, wer könnte raten, den Golgathaweg der Revolution zu gehen, um an seinem Ende keine Auferstehung, sondern einen Korruptionssumpf zu finden?« (Ders. 2016 [1928b] 1203f.)

[25] In diesem Band S. 193.

Je größer das Desaster des Sozialismus in der Sowjetunion wurde, desto mehr flüchtete sich Levi in hilflose Beschwörungen – durch Distanzierung von der Politik der Bolschewiki wollte er die Idee des Sozialismus für Westeuropa retten:

> »Dass diese Karikatur von Kommunismus, die jetzt in Russland herrscht, nichts Besseres ist, das ist zwar schmerzlich, aber zu erweisen nicht weniger notwendig. Je mehr der Sozialismus davon abrückt, umso mehr gewinnt er an sittlicher Kraft, das zu tun, worin der Bolschewismus versagt hat: dem Schlechten etwas Besseres entgegenzusetzen.« (Ebd.: 1204)

Bei der Analyse der Prozesse in der Sowjetunion hingegen behielt Levi den nüchternen Blick. Selbst den großen Terror innerhalb der Bolschewiki, der ab 1936 folgte, zu einer Zeit, als Levi längst bestattet war, hatte er schon 1927 befürchtet:

> »Durch die Reihen derer selbst, die das Werk von 1917 getragen und deren Tat darum in die Bücher der Geschichte geschrieben ist, geht der Riss, und die gestern noch beieinandersaßen, werden bald durch Kerkermauern voneinander geschieden sein und vielleicht durch mehr, vielleicht geschieden durch jenen stillen Raum, über den seit des Orpheus Zeiten keiner mehr zurückgekommen ist zu den irdischen Gefilden.« (Ders. 1969/2016 [1927c]: 1109)[26]

Die Bolschewiki hatten ab 1918 jegliche Opposition, alle anderen Parteien, auch und gerade die linken, ausgeschaltet, deren Mitglieder und Anhänger*innen verfolgt, vertrieben, wenn nicht ermordet. An den Widersprüchen der Gesellschaft, deren Widerspiegelung die verschiedenen Oppositionen lediglich waren, änderte das natürlich nichts, nur dass sie nun innerhalb der Partei ausgetragen werden mussten – mit dem absehbaren Ergebnis: der Kriminalisierung jeglicher innerparteilicher Opposition. Diesen Zustand konnten die Bolschewiki erst »überwinden«, als sie mit dem großen Terror ihrer Partei den politischen Charakter nahmen und Politik zum Privileg einer kleinen Clique machten:

> »Nur eine Verpflichtung hatten sie, und wir meinen, dass das der Punkt sei, in dem wir uns von den Bolschewiki geschieden haben: Wo die harte geschichtliche Notwendigkeit sie zu Tagesaufgaben zwang, die mit dem Sozialismus nichts gemein hatten, mussten sie die Bahn freigeben für Meinungen und für Kritik, die über die Tagesaufgaben die kommende Aufgabe des Sozialismus stellte. Das haben die Bolsche-

[26] In diesem Band S. 180.

wiki mit Starrheit abgelehnt; so, wie es war, musste ihnen gewissermaßen aus der Hand gefressen werden. Jene Tendenz, die gerade die Bolschewiki vor dem Krieg auszeichnete und in der sie sich organisatorisch abgrenzten von allen anderen, fand in Russland keine Stätte mehr. Aber nicht, dass sie verschwunden war. Es war vielmehr, als ob sie wie eine arme Seele herumflattere und einen Körper suche, in dem sie wieder Leben gewinnen könne. Und in jedem Jahr fand sie vorübergehend eine ›Opposition‹, in der sie wieder lebendig ward – für kurze Zeit. Die ›Arbeiteropposition‹ von 1921, die Gewerkschaftsopposition von 1923, die Trotzkische Opposition von 1924, die Sinowjewsche Opposition von 1925: Alle spielen immer mit den alten Gedanken der vorrevolutionären bolschewistischen Ideologie, der Sorge um die kommenden Aufgaben, um den Sozialismus, gegenüber den so gar nicht sozialistischen Aufgaben des Tages. [...]

Und das ist vielleicht der Punkt, in dem man von wirklicher Schuld sprechen kann. Die kapitalistischen Tendenzen in Russland entnehmen ihre Kraft aus Westeuropa. Und die sozialistischen? Hier rächt es sich, dass die Bolschewiki sich so sehr losgelöst haben von dem wirklich revolutionären und sozialistischen Teil der westeuropäischen Arbeiterschaft und in Westeuropa nichts anderes geschaffen haben als eine Garde gefälliger Eunuchen, die zu allem imstande ist, nur zu keiner ›Leistung‹. Wir sind auch heute noch der Meinung, dass die internationale Arbeiterbewegung von Russland und dem russischen Beispiel Großes empfangen habe. Wir sind der Meinung, dass jetzt der Augenblick gekommen wäre, wo sie einen Teil des Empfangenen zurückgeben könnte dadurch, dass sie jene kritisch-aufbauende Tätigkeit übernimmt, jene Verteidigung der sozialistischen Zukunftsziele, die gegenwärtig in Russland, vielleicht aus Not, nicht geleistet werden kann. Dem sich aufbauenden russischen Kapitalismus steht Europa und Amerika zur Seite. Das kämpfende sozialistische Russland hat nicht verstanden, sich in Europa Reserven zu schaffen. Vielleicht hat Sinowjew das jetzt begriffen, wenn er die letzten Nummern der ›Roten Fahne‹ liest, und wenn er liest, was die aus ihm machen und machen werden, die gestern vor ihm auf dem Bauche lagen. Armer Sinowjew!« (Ders. 2016 [1926a]: 858)[27]

Levis Hauptproblem war jedoch nicht Russland, sondern das Proletariat im Westen, dem durch die Entwicklung in Russland die Idee des Sozialismus abhanden zu kommen drohte:

---

[27] In diesem Band S. 167f.

»Nur dann, wenn wir zu erkennen uns bemühen, ob und welche Abirrungen in Russland seien, wo die Quellen der Fehler seien, vermögen wir den Massen zu zeigen, dass *doch* der Weg zum Sozialismus *der* Weg ist, der zu ihrer Erlösung führt. Wir hoffen, dass wir so Tausende dem Sozialismus erhalten und gewinnen, die sonst verlorengingen. Die Kritik, die heute an Russland geübt wird, ist Balsam für die proletarische Bewegung.[28]

»Die russische Revolution blieb der kostbare Schatz für alle Arbeiter, weil sie in ihr – und wenn sie Fehler sahen – die klarste, entschiedenste, eindeutigste Vertretung des proletarischen Seins und der proletarischen Zukunft erkannten: Die russische Revolution würde diese ihre Rolle nicht spielen können, wenn dieses Gefühl bei den Arbeitern verlorenginge.

Die Bolschewiki haben etwas in Händen gehabt: den größten moralischen Fonds, den die Arbeiterklasse je gesammelt hat. Das wird keiner bestreiten, der die Jahre 1918, 1919, 1920 miterlebte. Wir haben es schon in anderem Zusammenhange beklagt, wie von diesem Fonds *unnütz* und *nie wieder*bringlich geopfert wurde. Würde dieser Fonds ganz verlorengehen: Es mag Leute geben, die das leichten Herzens nehmen. Wir glauben, dass die Arbeiterschaft der ganzen Welt seelisch daran verarmen würde und dass die Arbeit von vielleicht Jahrzehnten nötig sein würde, um wieder aufzubauen, was 1918 war.« (Ders. 2020 [1922f]: 1040; Hervorhebungen im Original)[29]

Dass das in den Jahrzehnten, seitdem dieser Text geschrieben wurde, nicht gelungen ist, bedarf keiner Erklärung. Immer noch gilt Levis Feststellung:

»Das schwerste Gewicht, das heute auf dem Sozialismus lastet, heißt Russland ...«

Berlin, 7. November 2021
Jörn Schütrumpf

[28] In diesem Band S. 80
[29] In diesem Band S. 111f.

VORSPIEL

Paul Levi: Vom Anfang der Russischen Revolution

Es war an einem Februartag des Jahres 1917. Ich wohnte in einem kleinen Häuschen außerhalb von Davos-Dorf, in einem Häuschen daneben Karl Radek; über den Häusern lag breit das Basler Hospiz, in dem Radeks Frau als Ärztin waltete.[1] Wir pflegten, wenn ich in Davos war, morgens nach Davos-Platz durch den Schnee zu stapfen und die Depeschen zu lesen, die die Schweizerische Telegraphenagentur dort anschlagen ließ: Das war da oben die unmittelbarste Verbindung mit der sogenannten Welt. An jenem besagten Morgen also gingen Radek und ich wieder nach Davos-Platz, wieder nach dem Kurhaus, wo die Depeschen angeschlagen waren, und fanden dort zwei Telegramme. Das erste Telegramm aus Deutschland: Der Deutsche Sprachverein hatte an den Reichskanzler die Aufforderung erlassen, dass der künftige Frieden nur in deutscher Sprache abgefasst werden dürfe. Das waren ihre Sorgen. Das zweite Telegramm: In Petersburg sind Bewegungen entstanden; es heiße, der Zar sei abgedankt.

Wir wussten genug. Wir gingen, fast ohne ein Wort zu sagen, nach unseren Häuschen zurück, gingen hinaus nach der Basler Heilstätte in Frau Radeks Zimmer: Ich erinnere mich noch des kurzen Wortwechsels – denn es war die Zeit meiner frühesten russischen Sprachstudien – nur der paar Worte, als Radek ins Zimmer trat: revoluzzia w Rossii! Sie ganz erstaunt: Tschto? Antwort: revoluzzia w Rossii! (In Russland ist Revolution! Was? In Russland ist Revolution!)

Sonst besprachen wir an dem Tag kaum etwas anderes, als dass wir am nächsten Morgen nach Zürich reisen würden, wo Lenin wohnte.

*

[1] Rosa Luxemburgs Frankfurter Rechtsanwalt, der Sozialdemokrat und wegen aktivem Antimilitarismus wie viele andere Kriegsgegner an die Front zum Sterben geschickte Dr. Paul Levi (1883–1930), hatte im Februar 1916 einen Nervenzusammenbruch erlitten (»[...] zwei Granaten platzten dicht neben ihm, in seinem Unterstand [...]« (Luxemburg 1984 [1916]: 111.). Nach einem erfolglosen Kuraufenthalt in Deutschland war Levi am 19. Juli 1916 in die Schweiz ausgereist. In der Basler Heilstätte in Davos betrieb die Reichswehr, getarnt als Lungenheilstätte, eine Nervenheilanstalt für Offiziere und für Angehörige niederer Dienstränge, die es sich leisten konnten, einen solchen Aufenthalt privat zu finanzieren. Zur letzteren Gruppe zählte der Gefreite Levi. Er, der Antimilitarist, war – Ironie des Schicksals – als einer der wenigen Überlebenden der schweren Kämpfe am Hartmannsweilerkopf am 21. und 22. Dezember 1915 befördert worden – was er aber stets verschwieg, um jeglichen Anlässen für Fragen aus dem Weg zu gehen, ob er an der Front gewesen und ihm dort etwas widerfahren sei.

Das Zimmer Lenins in Zürich ist eine Unvergesslichkeit. Er wohnte – ich glaube bei Schneidersleuten – in der Spiegelgasse in Zürich, einer alten Gasse in einem noch älteren, dunklen winkligen Hause. Wenn man in den Flur trat, sah man keine Treppe, sondern musste sich emportasten; eine Treppe hoch, links, eine Glastür, an der man keine Schelle fand und darum klopfen musste; es wurde geöffnet, man ging durch einen Gang und trat dann endlich wieder ins Licht. Ein Zimmer mit zwei armseligen Betten, ein kleiner Tisch, zwei oder drei Stühle, ein großer Koffer und eine Nähmaschine: Das war das gesamte Reich, das der künftige Herrscher Russlands sein nannte, und auch das nur als Mieter. Dort wohnte er mit seiner Frau. In puritanischer Einfachheit und fast gewollter Armut pflegte er im »Olivenbaum« in Zürich oder einem anderen alkoholfreien Restaurant in Zürich für 60 Rappen zu Mittag zu essen, und nur manchmal, wenn wir jüngeren »Verschwender« da waren, ließ er sich verführen, das »bessere« Menü für 80 Rappen zu essen.

An jenem Tage nun, als wir kamen, sah es in dieser Bude seltsam aus. Die Nachricht von der Revolution in Russland hatte nicht nur uns in die Spiegelgasse getrieben. Ich glaube, es war Sinowjew aus Bern herübergekommen, ich glaube, es war auch Broński da, der gerade an diesem Tage den dümmsten Artikel seines Lebens geschrieben hatte – im Züricher »Volksrecht«: dass diese ganze russische Revolution nur eine bürgerliche Komödie sei. Jedenfalls es saß[en] auf Betten, Koffern, Stühlen und standen in den Ecken Menschen über Menschen. Auf dem Tisch lag – ich erinnere mich noch genau – ein Buch, das mit geheimer Schrift aus Schweden gekommen war, und vor diesem Buch saß Lenin und entwickelte die seltsamsten Ideen. Fest stand für ihn nur eines: Er musste nach Russland um jeden Preis. Aber wie? Dass er den damals einzigen Weg – über Paris–London–Kristiana–Stockholm–Finnland – nicht würde nehmen können, weil die »verbündeten« Franzosen und Engländer ihn nicht würden passieren lassen: Das stand für ihn fest. Also blieb nur der Weg über Deutschland. Er entwickelte den Plan, als Blinder die Reise über Deutschland anzutreten. Wir stellten ihm entgegen, dass das nichts anderes sei, als sich wegen Spionageverdachts in Deutschland erschießen zu lassen.

Ein paar Wochen später – ich war wieder nach Zürich gefahren – tauchte der Plan auf, sich offiziell an die deutsche Regierung zu wenden und Durchlass zu begehren.

Die Geschichte dieser Verhandlungen ist ein Kapitel für sich: Sie besteht aus zwei Teilen, den Verhandlungen mit den anderen russischen Emigranten-Gruppen, mit Martow zumal, der damals auch in Zürich war, und den Verhandlungen mit der deutschen Gesandtschaft in Bern. Doch diese Geschichte ein andermal.

*

Ich erinnere mich noch des Tages der Abreise der »Russen« aus Bern. Lenin war die letzten Tage vor der Abreise, der Schlussverhandlungen mit dem deutschen Gesandten von Romberg,[2] nach Bern gekommen, um dabei zu sein, wenn der Mittelsmann mit den einzelnen Propositionen kam und ging. Als alles geregelt und der Fahrplan festgelegt war, saßen wir die letzte Nacht in einem Fremdenzimmer des Volkshauses, um die letzten Dinge zu besprechen. Lenin hinterließ seine Instruktionen für seine zurückbleibenden engeren Parteigenossen und schrieb wer weiß noch was. Ich erinnere mich, in jener Nacht noch irgendeinen Aufruf entworfen zu haben, weiß aber nicht mehr, was es war; war es ein Abschiedsbrief an die Schweizer oder was sonst; ich müsste die Originale sehen.[3] Ich war um 4 Uhr morgens so müde, dass ich mich in diesem Zimmer voll Rauch und Lärm und Menschen auszog, mich in das einzige Bett legte und zwei Stunden schlief. So gegen sieben gingen wir an die Bahn, frühstückten noch im Wartesaal, und dann stand der reservierte Wagen da.

Das war ein seltsamer Zug, der sich dahin begab. Meist recht dürftige Gestalten mit Holzkoffern, vernähten Säcken, Gepäck wie Sachsengänger,[4] stiegen da ein; darum herum standen behäbige, dickwänstige Eidgenossen, die froh waren, die »lästigen Ausländer« loszuwerden. So fast als Letzter stieg Lenin ein. Ich sehe ihn noch, wie er auf der Plattform des Wagens stand und sich mit den zwei oder drei Zurückbleibenden unterhielt. Ich weiß noch, wie ich ihm, als der Zug schon anfuhr, zurief: Na, also, feste druff! Und er fast wehmütig lächelnd antwortete: ja, ja, feste druff.

---

[2] Der deutsche Generalkonsul in Bern, Gisberg von Romberg (1866–1939), hatte im Auftrag des Auswärtigen Amtes den Kontakt zu Lenin über Levi hergestellt; vgl. Pearson 1975: 67.

[3] Wenn es »irgendein Aufruf« gewesen wäre, hätte ihn Levi hier nicht erwähnt. Er hatte unter seinem Kampfnamen »Hartstein« (nach der Burg Hart in der Nähe seines Geburtsortes Hechingen) mit einer Erklärung, die später in der Presse der während des Ersten Weltkrieges neutralen Staaten veröffentlicht wurde, nicht nur für die Integrität des durch das verfeindete Deutschland aus seinem Schweizer Exil heimkehrenden Lenin, sondern auch für die der ihn begleitenden Bolschewiki, darunter Sinowjew und Radek, gebürgt. Vgl. Lenin 1955 [1917a]: 10; die Erklärung mit den Unterschriften von Hartstein (Levi), Henri Guilbeaux, Fernand Loriot, Mieczysław Broński und Fritz Platten in: o.A. 1917.

[4] Gemeint sind – vor allem polnische – Saisonarbeitskräfte, die alljährlich während der Zuckerrübenernte in die Magdeburger Börde, gelegen in der preußischen Provinz Sachsen, zogen.

Dann fuhr der Zug zum Berner Bahnhof hinaus, und die Schweizer waren die Gäste los, die sie so oft zum Teufel gewünscht.

Das nächste Mal habe ich Lenin erst wieder im Sommer 1920 in Petrograd gesehen, als zweihunderttausend Menschen vor ihm vorbeizogen.

Aus: Sozialistische Politik und Wirtschaft, 4. Jg., Nr. 47, 25. November 1926; wiederveröffentlicht in: Levi (2016ff.): Ohne einen Tropfen Lakaienblut, Bd. II/2, S. 978–980.

Paul Levi an Iskero,[5] Juli 1921

Werter Genosse Iskero,
ich danke Ihnen für Ihren Brief, und ich erinnere mich auch Ihrer sehr wohl und des Tages, an dem ich Sie im Reichstag sprach. Ich habe veranlasst, dass Ihnen die Hefte meiner Zeitschrift zugehen.[6] Clara [Zetkin] ist immer noch bei unserer Gruppe. Ich habe erst in diesen Tagen Nachricht von ihr bekommen, und ich hoffe, dass sie schon in acht Tagen etwa zurück sein wird. In Moskau stehen Lenin, Trotzki und viele andere vollständig auf meinem Standpunkt, nur wird mir eben nicht verziehen, dass ich so rücksichtslos war, aus der Krone des Exekutivkomitees einen Stein zu brechen.[7] Es ist sehr bedauerlich, dass das sein

[5] Handschriftlich ergänzt, wahrscheinlich durch Mathilde Jacob: »(wohl Schwiegersohn von Wengels)« sowie die Anmerkung von Richard Löwenthal (1908–1991), der im Archiv der sozialen Demokratie der Friedrich-Ebert-Stiftung die Levi-Papiere kommentierte: »während 3 Weltkongress«. – Iskero: искър (bulgarisch), deutsch: »Funke«; die Schwiegereltern Margarete (1856–1931) und Robert Wengels (1850–1930) waren führende Mitglieder der SPD und USPD und mit Clara Zetkin sowie mit Rosa Luxemburg befreundet.

[6] Gemeint ist »Unser Weg (Sowjet)«, eine kommunistische Zeitschrift, die Levi ab 1. Mai 1921 privat herausgab.

[7] Nachdem im Herbst 1920 die sehr heterogene USPD, eine Massenpartei, auseinandergebrochen [worden] war, hatte sich im Dezember 1920 ihr Mehrheitsflügel mit der viel kleineren KPD, geführt von Levi und Clara Zetkin, zur Vereinigten Kommunistischen Partei Deutschlands (VKPD) zusammengeschlossen. Damit verfügte die von Moskau aus Politik treibende Kommunistische Internationale plötzlich außerhalb Sowjetrusslands – neben den italienischen Sozialisten – über eine zweite Massenpartei. Um aus der Defensive zu gelangen, in der sich die Bolschewiki zu dieser Zeit innenpolitisch befanden, sollte die neu entstandene deutsche Macht sofort eingesetzt und zu »Teilaktionen« gedrängt werden, was aber auf den Widerstand der VKPD-Führung um Levi, Ernst Däumig (er war von der USPD dazugekommen) und Clara Zetkin stieß – sie schätzten die deutsche Situation nüchterner als die Bolschewiki ein. Deshalb wurde die im Dezember 1920 gewählte VKPD-Zentrale auf Druck

musste, aber: Es musste sein. Das meiste, was über die Sünden – wenn man kein schärferes Wort gebrauchen will – zu sagen ist, konnte und wollte ich öffentlich nicht sagen; Sie können mir aber glauben: Es war toll genug, ehe ich mich entschloss loszuschlagen. Ich bin auch in der italienischen Frage ganz Ihrer Meinung. Es ist der alte Unsinn, dass man in Moskau immer glaubt, wenn Serrati[8] in Italien oder Levi in Deutschland nicht die Sowjetrepublik verhinderten: Dann wäre sie schon längst gekommen. Die Moskauer vergessen vollständig die ganz und gar anderen Verhältnisse in Westeuropa und in Russland. Hier war eine Agrarrevolution und durchweg 95 Prozent der Bevölkerung revolutionär; in Italien spielen die Bauern nur eine geringere revolutionäre Rolle und in Deutschland eine gegenrevolutionäre. In Westeuropa ist das Proletariat zäh organisiert, in Russland war es die Masse nicht. Das sind so Unterschiede, die man eines Tages auch in Moskau wird begreifen müssen. Leider haben sich die guten Leute in den Kopf gesetzt, nur durch Schaden klug werden zu wollen.

Mit besten Grüßen Ihr

Manuskript und Durchschlag des Typoskriptes aus: Friedrich-Ebert-Stiftung. Archiv der sozialen Demokratie, Nachlass Paul Levi, 1/PLAA000044; veröffentlicht in: Levi (2016ff.): Ohne einen Tropfen Lakaienblut, Bd. I/3, S. 820f.

---

aus Moskau Ende Februar 1921 von einer Bolschewiki-hörigen Führung verdrängt, die die VKPD Mitte März 1921 in Mitteldeutschland in einen sinnlosen Aufstand hineinhetzte – eine Politik, die Levi in seiner Broschüre (2022 [1921a]) »Unser Weg. Wider den Putschismus« öffentlich kritisiert hatte, damit »aus der Krone des Exekutivkomitees einen Stein« gebrochen hatte und sofort aus der von ihm mitbegründeten Partei ausgeschlossen worden war.

[8] Giacinto Menotti Serrati (1872–1926), Herausgeber des »Avanti!«, Organ der seit 1912 durch die Parteilinke geführten Sozialistischen Partei Italiens (PSI), und Aktivist der Zimmerwalder Bewegung, führte die PSI in die Komintern – während des II. Kongresses der Komintern zusammen mit Lenin, Radek und Levi eines der vier Mitglieder des Präsidialausschusses –, Wahl in das EKKI; widersetzte sich jedoch dem Prinzip der Komintern, die Reformisten aus der Partei auszuschließen, und blieb 1921, nach der Abspaltung einer italienischen kommunistischen Partei, Vorsitzender der PSI. Er führte allerdings 1924 – aus nie geklärten Gründen – den linken Flügel der PSI in die Fusion mit der italienischen kommunistischen Partei, in deren ZK er gewählt wurde.

Paul Levi an Mathilde Jacob,[9] 5. August 1921

Berlin NW 7, 5. VIII. 1921

Liebe Mathilde,

also Clara [Zetkin] ist regelrecht umgefallen. Sie kam mit drei Vorschlägen an mich: 1.) viele Grüße[10] (wozu die alten Juden sagen: Mach Schabbes davon![11]) 2.) »Sowjet«[12] und jede Organisation einstellen. 3.) Reise nach Mekka,[13] sechs Monate Buße und bei guter Führung und Lobpreisung des bolschewistischen Allwissens die Aussicht auf einen Leninschen Ablassbrief. Sie[14] kam so kurz vor dem Zentralausschuss[15] an, dass es nicht möglich war, ihr diese Dinge als unmöglich wieder auszureden. So brachte sie es zuwege, auf dem Z[entralausschuss] unsere Leute durcheinander zu machen. Man hat sie in Mekka mit allerhand Ehrenämtern beladen, und so kam sie hierher im Vollgefühl, jetzt allüberall als Retterin erscheinen zu können.

So ging sie mit aller Unbezähmbarkeit, die sie in solchen Dingen hat, davon aus – neben [Hugo] Eberlein, [Ernst] Meyer, [Emil] Höllein, [Walter] Stoecker, [Wilhelm] Koenen – in die Zentrale zu kommen. Gute Rat-

---

[9] Mathilde Jacob (1873–1943) – betrieb in Berlin-Tiergarten ein Schreib- und Übersetzungsbüro und wurde ab 1913 zur Vertrauten von Rosa Luxemburg, vor allem während deren Haft zwischen 1915 und November 1918. Hintereinander war Mathilde Jacob Mitglied der illegalen antimilitaristischen Spartakusgruppe (dort liefen an der Seite von Rosa Luxemburgs Alter ego Leo Jogiches [1867–1919] quasi alle Vorgänge durch ihre Hände), der KPD, der KAG, der USPD und der SPD. Mit dem ersten KPD-Vorsitzenden Paul Levi arbeitete sie bis zu dessen Unfalltod 1930 politisch und journalistisch eng zusammen. Die Schwester von Paul Levi, Jeanette Herz, sowie Angelica Balabanoff (1869–1965) versuchten nach 1933, Mathilde Jacob in die USA zu holen (vgl. Balabanoff 2016: 13f.), die vor ihrer Ausreise jedoch noch Rosa Luxemburgs Nachlass sichern wollte – was ihr auch gelang, allerdings erst Ende Juni 1939 (vgl. Knobloch 1985: 256–268). An die Jüdin, die als 70-jährige im KZ Theresienstadt Opfer des Holocaust wurde, erinnerte bis 2021 am Franz-Mehring-Platz in Berlin ein von Ingeborg Hunzinger geschaffenes Doppel-Relief mit ihr und Karl Liebknecht (jetzt in Karl Liebknechts Geburtsstadt Leipzig); der Rathausvorplatz des ehemaligen Berliner Bezirkes Tiergarten trägt seit 1995 Mathilde Jacobs Namen – gegen den Widerstand der heimischen CDU.

[10] Von Lenin.

[11] Mach Schabbes davon: jiddisch, eigentlich: Lass es dir die Kosten einbringen, die ein Sabbat erfordert. Diese Wendung wird jedoch schon seit langem benutzt, um etwas als uninteressant zu apostrophieren im Sinne von: Na wenn schon, was kann ich damit anfangen?

[12] »Sowjet«: Levis Zeitschrift »Unser Weg (Sowjet)«.

[13] Mekka: Moskau.

[14] Clara Zetkin.

[15] Gemeint ist die Sitzung des Zentralausschusses der VKPD.

schläge halfen nichts. Also mussten Prügel helfen. Die hat ihr der Z[entralausschuss] gegeben, indem er sie nicht wählte. Für die Ohrfeige hätte ich 100 M gezahlt, wenn sie sie nicht gratis bekommen hätte. Ich habe nunmehr gestern sehr lange mit ihr geredet, und es besteht noch Aussicht, sie noch einmal zur Raison zu bringen. Ihre Spekulation ist die, dass ich in der Stille sterbe, dass sie nicht öffentlich mich zu desavouieren braucht; denn sie weiß, was es bedeutet, wenn sie das tun muss. Ich werde es ihr aber nicht ersparen, offen entweder für oder gegen mich zu sein.

Im Übrigen ist die Sache so dreckig wie nur möglich. Die Partei hat 100 000, maximal 120 000 Mitglieder. Die Korruption ist über die Maßen, und ich sehe eigentlich nicht, was da noch viel zu holen ist. Über eines bin ich mir jedenfalls sonnenklar. Bei »U[nser] W[eg]«[16] ist heute der bessere Teil derer, mit denen man kommunistische Politik machen kann. Jedenfalls: Wenn unsere Gruppe nicht stark bleibt und beieinander, so ist aus dieser (unserer) Partei nichts, gar nichts herauszuholen. Man muss jetzt das noch abwarten. Am Dienstag kam ein Telegramm aus Mekka, das Däumig und Adolph H[offmann] nach dorten entbietet. An D[äumigs] Stelle wird Braß fahren, von dem ich hoffe, dass er fest bleibt.

Ich bin überzeugt: Bleiben wir fest, so wird uns das E[xekutiv-]K[omitee] alles geben, was wir wollen, und noch mehr; denn sie fangen an zu begreifen, dass ohne unsere Gruppe die Partei erledigt ist.[17] Und ich bin dafür, das auszunützen, und ich gebe nicht nach. Die nächste N[ummer] der Zeitschrift erscheint und erscheint mit Namenszeichnung, und wer für uns ist jetzt, ist für uns, und wer dagegen ist, dagegen, und damit hoffe ich, weiterzukommen als mit Ablassbriefen und Bußfertigkeit.

Mit bestem Gruß Ihr P

Handschriftlicher Brief auf einem Kopfbogen des Reichstags, aus: Friedrich-Ebert-Stiftung. Archiv der sozialen Demokratie, Nachlass Paul Levi, 1/PLAA000044; veröffentlicht in: Levi (2016ff.): Ohne einen Tropfen Lakaienblut, Bd. I/3, S. 821f.

---

[16] Levis Zeitschrift, ursprünglich »Sowjet«.

[17] In Moskau hatte sich allerdings längst der Flügel um Grigori Sinowjew und Nikolai Bucharin, der sich selbst als »Chef des Kampfstabs der Weltrevolution« bezeichnete (Radek/Bucharin 2019 [1920]: 200) durchgesetzt, der die Kommunistische Internationale nicht als Organisation von Gleichen und Gleichberechtigten, sondern als Werkzeug der Bolschewiki betrieb. Hatte das zaristische Russland nach der Niederlage Napoleons mit August von Kotzebue (1761–1819), dem Generalkonsul Russlands, einen Einflussagenten (der bald einem Attentat zum Opfer fiel), so bauten die Bolschewiki mit der Kommunistischen Internationale eine weltweit agierende Kotzebue-Organisation auf.

Paul Levi an Mathilde Jacob, 23. August 1921 (Fragment)

23. VIII 1921

Liebe Mathilde,
also Clara ist endgültig umgefallen. Nicht nur uns hat sie verraten, sie hat die Sache gleich konsequent gemacht und auch noch Trotzki verraten, indem sie heute eine Resolution angenommen hat – von Maslow bis Clara –, in der die Trotzkische Auffassung vom März-Putsch[18] zurückgewiesen wird. Das war selbst Malzahn und Neumann zu bunt: Sie haben sich wieder von Clara getrennt. Ich wünsche ihr gute Reise und werde das noch öffentlich tun; wir werden morgen wieder ein Extrablatt herausgeben[19] wie das beigefügte.[20]

Handschriftlicher Brief auf einem Kopfbogen des Reichstags und Typoskript (Abschrift nach Levis Tod) aus: Friedrich-Ebert-Stiftung. Archiv der sozialen Demokratie, Nachlass Paul Levi, 1/PLAA000044; veröffentlicht in: Levi (2016ff.): Ohne einen Tropfen Lakaienblut, Bd. I/3, S. 896.

Paul Levi
Vorwort zu Rosa Luxemburg: Die Russische Revolution

Ich glaube, in jeder Beziehung ein Recht zu haben, diese Broschüre zu veröffentlichen. Ihre Entstehungsgeschichte ist diese: Im Sommer 1918 schrieb Rosa Luxemburg Artikel für die »Spartakusbriefe« aus dem Breslauer Gefängnis, in denen sie sich kritisch mit der Politik der Bolschewiki auseinandersetzte. Es war die Zeit nach Brest-Litowsk, die Zeit der Zusatzverträge. Ihre Freunde hielten die Veröffentlichung damals nicht für opportun, und ich schloss mich ihnen an. Da Rosa Luxemburg hart-

[18] Vgl. Trotzki 1921: 637–650.

[19] Diese weitere Extra-Ausgabe wurde wegen des Parteiausschlusses von Curt Geyer und Bernhard Düwell auf dem Jenaer Parteitag am 23. August 1921 nicht mehr produziert. Beim – nicht immer ganz zuverlässigen – Curt Geyer heißt es: »[…] [A]m Nachmittag setzten sich Paul Levi, Düwell und ich zusammen, und wir verfassten eine umfangreiche Antwort auf den Beschluss des Parteitags. Ich brachte das Manuskript nach der Thüringer Verlagsanstalt, dem Verlag der sozialdemokratischen Zeitung in Jena, und gab es dort in Druckauftrag. Am nächsten Morgen ließen wir unsere Antwort wieder vor dem Parteitag verteilen.« (Geyer 1976: 288) Die Antwort war keineswegs »umfangreich«; vgl. Geyer/Düwell 2020: 897.

[20] Der weitere Text fehlt, da das Blatt abgeschnitten wurde.

näckig auf der Veröffentlichung beharrte, reiste ich im September 1918 zu ihr nach Breslau, wo ich sie nach langer, ausführlicher Unterredung im Gefängnis zwar nicht überzeugte, aber bestimmte, von dem Druck eines neuerlich von ihr geschriebenen Artikels gegen die Taktik der Bolschewiki Abstand zu nehmen.

Um mich von der Richtigkeit ihrer Kritik zu überzeugen, schrieb Rosa Luxemburg die vorliegende Broschüre. Sie teilte mir den Inhalt aus dem Gefängnis in großen Zügen durch eine vertraute Freundin mit,[21] wobei sie bemerkte, sie sei eifrig an der Arbeit, eine ausführliche Kritik über die Vorgänge in Russland zu schreiben. »Ich schreibe diese Broschüre für Sie« – fügte Rosa Luxemburg hinzu – »und wenn ich nur Sie damit überzeugt haben werde, so habe ich diese Arbeit nicht vergeblich geleistet.« Als Material für die Broschüre dienten ihr nicht nur die deutschen Zeitungen, sondern die gesamte bis dahin erschienene russische Zeitungs- und Broschürenliteratur, die damals durch die Russische Botschaft nach Deutschland kamen und die ihr von vertrauten Freunden ins Gefängnis geschmuggelt wurden.

Man wird mir von zwei Seiten Vorwürfe machen; die einen, dass ich sie erst jetzt, die anderen, dass ich sie schon jetzt oder überhaupt veröffentliche (denn von gewisser Seite war der Broschüre der Flammentod zugedacht).[22]

Was den Zeitpunkt der Veröffentlichung angeht, so versteht sich, dass er unabhängig war von Auseinandersetzungen, die ich aus bekanntem Anlass mit den Bolschewiki hatte. Nach meiner Meinung wird der Zeitpunkt einmal bestimmt dadurch, dass die Herrschaft der Bolschewiki in Russland heute gesicherter ist denn je und so sicher als sie überhaupt

---

[21] Gemeint ist Mathilde Jacob, die im September 1918 in Schreckendorf (Glatzer Gebirge, heute Strachocin) ihren Urlaub verbrachte. Auf der Hin- und Rückreise, die jeweils über Breslau ging, besuchte sie Rosa Luxemburg im Gefängnis. Die Begegnung, die Levi hier erwähnt, fand auf der Rückreise, wahrscheinlich Anfang Oktober 1918, statt; vgl. Luxemburg 1984 [1918i]: 411; dies. 1984 [1918j]: 412.

[22] »[W]eshalb Leo Jogiches, der vertrauteste und ebenbürtige Kampfesgenosse ihres ganzen Lebens bis zu ihrem Tode, ihr ›kritisches Gewissen‹, nicht nur gegen die Veröffentlichung der Broschüre war, sondern sogar einige Blätter, Notizen mit Aufzeichnungen zu einem Entwurfe, den Flammen übergeben haben wollte.« (Warski/ Zetkin 2017 [1921]: 33) – Leo Jogiches wurde in der Nacht vom 9. zum 10. März 1919 in Berlin-Moabit von einem Polizisten ermordet. Mathilde Jacob hatte mit Sicherheit nicht nur Paul Levi von dem Manuskript erzählt (vgl. Levi 2020 [1922e], sondern auch Jogiches – allerdings kannte er das Manuskript nicht, denn es kam erst Ende März 1919 aus Breslau nach Berlin, wo es Rosa Luxemburg am 9. November 1918 zusammen mit einem zweiten Manuskript (Luxemburg 1974 [1918a]: 366–373) bei Genossen – der Familie Schlich – hinterlegt hatte. (Vgl. Luban 2008: 37).

sein kann, solange nicht das westliche Proletariat Russland aus seiner Isolierung befreit. Dann aber wird der Zeitpunkt bestimmt durch die Tatsache, dass die jetzige bolschewistische Politik von den schwersten Folgen für die Arbeiterbewegung Europas begleitet sein wird und alles getan werden muss, die Selbständigkeit der Kritik an den russischen Vorgängen zu fördern. Denn nur der, der kritisch denkt, vermag die Wahrheit von der Lüge, das Dauernde vom Zufälligen, den Edelstein vom Schutt zu sondern.

So scheint mir die Veröffentlichung möglich und dringend.

Die »Rote Fahne« wird schreien: Antibolschewismus! Dieses vermag ich nicht zu wenden; das liegt an ihren Redakteuren. Die Broschüre ist, wie ersichtlich, nicht vollendet. An einzelnen Stellen ist der Gedankengang nur leicht, aber doch deutlich skizziert. Ich hätte es vorgezogen, ihn sinngemäß auszugestalten, habe aber davon Abstand genommen, um keinen Missdeutungen Raum zu geben. Ich habe lediglich einzelne Zitate, die im Manuskript nur nach Schlagworten zitiert waren, wörtlich eingesetzt, so, wie der freigelassene Raum die Absicht der Verfasserin bekundete.

Ich habe in dem Nachstehenden mit Vorliebe und fast ausschließlich Lenin oder Trotzki zitiert. Ich fürchte, dass daraus der Eindruck entstanden sein könnte, als käme es mir darauf an, mich an Lenin »zu reiben«. Nichts lag mir ferner als das. Ich habe im Wesentlichen ihn zitiert, weil man die russische Revolution und ihre Werke beurteilen soll nach den großen Männern, die sie führen; nicht nach den Schreibereien: weder ihres Narkissos[23] noch ihres Thersites.[24]

Frankfurt a.M., 14. November 1921 Paul Levi

Aus: Rosa Luxemburg: Die Russische Revolution. Eine kritische Würdigung. Aus dem Nachlass hrsg. und eingel. von Paul Levi, Berlin 1922, S. III–V; wiederveröffentlicht in: Levi (2016ff.): Ohne einen Tropfen Lakaienblut, Bd. I/4, S. 1001f.

[23] Narkissos (griech.): Narziss – Sohn des Flussgottes Kephissos und der Leiriope, der die Liebe anderer zurückwies und sich in sein eigenes Spiegelbild verliebte. Gemeint ist Grigori Sinowjew.

[24] Thersites: hässlicher, schmähsüchtiger, allseits verachteter, verhasster und erfolgloser Demagoge. Gemeint ist Karl Radek.

DAS ORIGINAL

Rosa Luxemburg
Zur russischen Revolution[1]

I

Die russische Revolution ist das gewaltigste Faktum des Weltkrieges. Ihr Ausbruch, ihr beispielloser Radikalismus, ihre dauerhafte Wirkung strafen am besten die Phrase Lügen, mit der die offizielle deutsche Sozialdemokratie den Eroberungsfeldzug des deutschen Imperialismus im Anfang diensteifrig ideologisch bemäntelt hat: die Phrase von der Mission der deutschen Bajonette, den russischen Zarismus zu stürzen und seine unterdrückten Völker zu befreien. Der gewaltige Umfang, den die Revolution in Russland angenommen hat, die tiefgehende Wirkung, womit sie alle Klassenverhältnisse erschüttert, sämtliche sozialen und wirtschaftlichen Probleme aufgerollt, sich folgerichtig vom ersten Stadium der bürgerlichen Republik zu immer weiteren Phasen mit der Fatalität der inneren Logik voranbewegt hat – wobei der Sturz des Zarismus nur eine knappe Episode, beinahe eine Lappalie geblieben ist –, all dies zeigt auf flacher Hand, dass die Befreiung Russlands nicht das Werk des Krieges und der militärischen Niederlage des Zarismus war, nicht das Verdienst »deutscher Bajonette in deutschen Fäusten«, wie die »Neue Zeit« unter der Redaktion Kautskys im Leitartikel versprach, sondern dass sie im eigenen Lande tiefe Wurzeln hatte und innerlich vollkommen reif war. Das Kriegsabenteuer des deutschen Imperialismus unter ideologischem Schilde der deutschen Sozialdemokratie hat die Revolution in Russland nicht herbeigeführt, sondern nur für eine Zeitlang anfänglich – nach ihrer ersten steigenden Sturmflut in den Jahren 1911 bis 1913 – unterbrochen und dann – nach ihrem Ausbruch – ihr die schwierigsten, abnormsten Bedingungen geschaffen.

Dieser Verlauf ist aber für jeden denkenden Beobachter auch ein schlagender Beweis gegen die doktrinäre Theorie, die Kautsky mit der Partei der Regierungssozialisten teilt, wonach Russland als wirtschaftlich zurückgebliebenes, vorwiegend agrarisches Land für die soziale Revolution und für eine Diktatur des Proletariats noch nicht reif wäre. Diese Theorie, die in Russland nur eine bürgerliche Revolution für angängig hält – aus welcher Auffassung sich dann auch die Taktik der Koalition der Sozialisten in Russland mit dem bürgerlichen Liberalismus ergibt –, ist zugleich diejenige des opportunistischen Flügels in der russischen Arbeiter-

[1] Redaktionelle Überschrift – Ein unvollendetes Manuskript, wiedergegeben nach Luxemburg 1974 [1918l]: 332–365 – mit einer Änderung auf S. 67f.

bewegung, der sogenannten Menschewiki unter der bewährten Führung Axelrods und Dans. Beide, die russischen wie die deutschen Opportunisten, treffen in dieser grundsätzlichen Auffassung der russischen Revolution, aus der sich die Stellungnahme zu den Detailfragen der Taktik von selbst ergibt, vollkommen mit den deutschen Regierungssozialisten zusammen: Nach der Meinung aller drei hätte die russische Revolution bei jenem Stadium haltmachen sollen, das sich die Kriegführung des deutschen Imperialismus nach der Mythologie der deutschen Sozialdemokratie zur edlen Aufgabe stellt: beim Sturz des Zarismus. Wenn sie darüber hinausgegangen ist, wenn sie die Diktatur des Proletariats zur Aufgabe gestellt hat, so ist das nach jener Doktrin ein einfacher Fehler des radikalen Flügels der russischen Arbeiterbewegung, der Bolschewiki, gewesen, und alle Unbilden, die der Revolution in ihrem weiteren Verlauf zugestoßen sind, alle Wirren, denen sie zum Opfer gefallen, stellen sich eben als ein einfaches Ergebnis dieses verhängnisvollen Fehlers dar. Theoretisch läuft diese Doktrin, die vom Stampferischen »Vorwärts« wie von Kautsky gleichermaßen als Frucht »marxistischen Denkens« empfohlen wird, auf die originelle »marxistische« Entdeckung hinaus, dass die sozialistische Umwälzung eine nationale, sozusagen häusliche Angelegenheit jedes modernen Staates für sich sei. In dem blauen Dunst des abstrakten Schemas weiß ein Kautsky natürlich sehr eingehend die weltwirtschaftlichen Verknüpfungen des Kapitalismus auszumalen, die aus allen modernen Ländern einen zusammenhängenden Organismus machen.

Russlands Revolution – eine Frucht der internationalen Entwicklung und Agrarfrage – unmöglich in den Schranken der bürgerlichen Gesellschaft zu lösen.

Praktisch hat diese Doktrin die Tendenz, die Verantwortlichkeit des internationalen, in erster Linie des deutschen Proletariats für die Geschicke der russischen Revolution abzuwälzen, die internationalen Zusammenhänge dieser Revolution zu leugnen. Nicht Russlands Unreife, sondern die Unreife des deutschen Proletariats zur Erfüllung der historischen Aufgaben hat der Verlauf des Krieges und der russischen Revolution erwiesen, und dies mit aller Deutlichkeit hervorzukehren ist die erste Aufgabe einer kritischen Betrachtung der russischen Revolution. Die Revolution Russlands war in ihren Schicksalen völlig von den internationalen [Schicksalen] abhängig. Dass die Bolschewiki ihre Politik gänzlich auf die Weltrevolution des Proletariats stellten, ist gerade das glänzendste Zeugnis ihres politischen Weitblicks und ihrer grundsätzlichen Treue, des kühnen Wurfs ihrer Politik. Darin der kolossale Sprung sichtbar, den die kapitalistische Entwicklung in dem letzten Jahrzehnt gemacht hatte. Die Revolution 1905–1907 fand nur ein schwaches Echo in Europa. Sie musste deshalb ein Anfangskapitel bleiben. Fortsetzung und Lösung war an die europäische Entwicklung gebunden.

Es ist klar, dass nicht kritikloses Apologetentum, sondern nur eingehende, nachdenkliche Kritik imstande ist, die Schätze an Erfahrungen und Lehren zu heben. Es wäre in der Tat eine wahnwitzige Vorstellung, dass bei dem ersten welthistorischen Experiment mit der Diktatur der Arbeiterklasse, und zwar unter den denkbar schwersten Bedingungen: mitten im Weltbrand und Chaos eines imperialistischen Völkermordens, in der eisernen Schlinge der reaktionärsten Militärmacht Europas, unter völligem Versagen des internationalen Proletariats, dass bei einem Experiment der Arbeiterdiktatur unter so abnormen Bedingungen just alles, was in Russland getan und gelassen wurde, der Gipfel der Vollkommenheit gewesen sei. Umgekehrt zwingen die elementaren Begriffe der sozialistischen Politik und die Einsicht in ihre notwendigen historischen Voraussetzungen zu der Annahme, dass unter so fatalen Bedingungen auch der riesenhafteste Idealismus und die sturmfesteste revolutionäre Energie nicht Demokratie und nicht Sozialismus, sondern nur ohnmächtige, verzerrte Anläufe zu beiden zu verwirklichen imstande seien.

Sich dies in allen tiefgehenden Zusammenhängen und Wirkungen klar vor die Augen zu führen, ist geradezu elementare Pflicht der Sozialisten in allen Ländern; denn nur an einer solchen bitteren Erkenntnis ist die ganze Größe der eigenen Verantwortung des internationalen Proletariats für die Schicksale der russischen Revolution zu ermessen. Andererseits kommt nur auf diesem Wege die entscheidende Wichtigkeit des geschlossenen internationalen Vorgehens der proletarischen Revolution zur Geltung – als eine Grundbedingung, ohne die auch die größte Tüchtigkeit und die höchsten Opfer des Proletariats in einem einzelnen Lande sich unvermeidlich in ein Wirrsal von Widersprüchen und Fehlgriffen verwickeln müssen.

Es unterliegt auch keinem Zweifel, dass die klugen Köpfe an der Spitze der russischen Revolution, dass Lenin und Trotzki auf ihrem dornenvollen, von Schlingen aller Art umstellten Weg gar manchen entscheidenden Schritt nur unter größten inneren Zweifeln und mit dem heftigsten inneren Widerstreben taten und dass ihnen selbst nichts ferner liegen kann, als all ihr unter dem bitteren Zwange und Drange in gärendem Strudel der Geschehnisse eingegebenes Tun und Lassen von der Internationale als erhabenes Muster der sozialistischen Politik hingenommen zu sehen, für das nur kritiklose Bewunderung und eifrige Nachahmung am Platze wäre.

Es wäre ebenso verfehlt zu befürchten, eine kritische Sichtung der bisherigen Wege, die die russische Revolution gewandelt, sei eine gefährliche Untergrabung des Ansehens und des faszinierenden Beispiels der russischen Proletarier, das allein die fatale Trägheit der deutschen Massen überwinden könne. Nichts verkehrter als dies. Das Erwachen der revolutionären Tatkraft der Arbeiterklasse in Deutschland kann nimmermehr im Geiste der Bevormundungsmethoden der deutschen Sozialdemokratie seligen Angedenkens durch irgendeine Massensuggestion, durch den blinden Glauben an irgendeine fleckenlose Autorität, sei es die der eigenen »Instanzen« oder die des »russischen Beispiels«, hervorgezaubert werden. Nicht durch Erzeugung einer revolutionären Hurrastimmung, sondern umgekehrt nur durch Einsicht in den ganzen furchtbaren Ernst, die ganze Kompliziertheit der Aufgaben, aus politischer Reife und geistiger Selbständigkeit, aus kritischer Urteilsfähigkeit der Massen, die von der deutschen Sozialdemokratie unter verschiedensten Vorwänden jahrzehntelang systematisch ertötet wurde, kann die geschichtliche Aktionsfähigkeit des deutschen Proletariats geboren werden. Sich kritisch mit der russischen Revolution in allen ihren historischen Zusammenhängen auseinanderzusetzen, ist die beste Schulung der deutschen wie der internationalen Arbeiter für die Aufgaben, die ihnen aus der gegenwärtigen Situation erwachsen.

II

Die erste Periode der russischen Revolution, von deren Ausbruch im März bis zum Oktoberumsturz, entspricht in ihrem allgemeinen Verlauf genau dem Entwicklungsschema sowohl der großen englischen wie der Großen Französischen Revolution. Es ist der typische Werdegang jeder ersten großen Generalauseinandersetzung der im Schoße der bürgerlichen Gesellschaft erzeugten revolutionären Kräfte mit den Fesseln der alten Gesellschaft.

Ihre Entfaltung bewegt sich naturgemäß auf aufsteigender Linie: von gemäßigten Anfängen zu immer größerer Radikalisierung der Ziele und parallel damit von der Koalition der Klassen und Parteien zur Alleinherrschaft der radikalsten Partei.

Im ersten Moment, im März 1917, standen an der Spitze der Revolution die »Kadetten«, d.h. die liberale Bourgeoisie. Der allgemeine erste Hochgang der revolutionären Flut riss alle und alles mit: die vierte Duma, das reaktionärste Produkt des aus dem Staatsstreich[2] hervorgegangenen

[2] Die zaristische Regierung hatte am 3. Juni 1907 die II. Reichsduma aufgelöst und die Mitglieder der sozialdemokratischen Fraktion verhaften lassen. Gleichzeitig führte sie, ohne die Zustimmung der Reichsduma einzuholen, ein neues Wahlgesetz ein.

reaktionärsten Vierklassenwahlrechts[3], verwandelte sich plötzlich in ein Organ der Revolution. Sämtliche bürgerliche Parteien, einschließlich der nationalistischen Rechten, bildeten plötzlich eine Phalanx gegen den Absolutismus. Dieser fiel auf den ersten Ansturm fast ohne Kampf, wie ein abgestorbenes Organ, das nur angerührt zu werden brauchte, um dahin zu fallen. Auch der kurze Versuch der liberalen Bourgeoisie, wenigstens die Dynastie und den Thron zu retten, zerschellte in wenigen Stunden. Der reißende Fortgang der Entwicklung übersprang in Tagen und Stunden Strecken, zu denen Frankreich einst Jahrzehnte brauchte. Hier zeigte sich, dass Russland die Resultate der europäischen Entwicklung eines Jahrhunderts realisierte und vor allem – dass die Revolution des Jahres 1917 eine direkte Fortsetzung der Revolution von 1905–1907, nicht ein Geschenk der deutschen »Befreier« war. Die Bewegung im März 1917 knüpfte unmittelbar dort an, wo die vor zehn Jahren ihr Werk abgebrochen hatte. Die demokratische Republik war das fertige, innerlich reife Produkt gleich des ersten Ansturms der Revolution.

Jetzt begann aber die zweite, schwierigere Aufgabe. Die treibende Kraft der Revolution war vom ersten Augenblick an die Masse des städtischen Proletariats. Seine Forderungen erschöpften sich aber nicht in der politischen Demokratie, sondern richteten sich auf die brennende Frage der internationalen Politik: sofortigen Frieden. Zugleich stützte sich die Revolution auf die Masse des Heeres, das dieselbe Forderung nach sofortigem Frieden erhob, und auf die Masse des Bauerntums, das die Agrarfrage, diesen Drehpunkt der Revolution schon seit 1905, in den Vordergrund schob. Sofortiger Frieden und Land – mit diesen beiden Zielen war die innere Spaltung der revolutionären Phalanx gegeben. Die Forderung des sofortigen Friedens setzte sich in schärfsten Widerspruch mit der imperialistischen Tendenz der liberalen Bourgeoisie, deren Wortführer Miljukow[4] war; die Landfrage war das Schreckgespenst zunächst für den anderen Flügel der Bourgeoisie: für das Landjunkertum, sodann aber, als Attentat auf das heilige Privateigentum überhaupt, ein wunder Punkt für die gesamten bürgerlichen Klassen.

---

[3] Nach dem Wahlgesetz vom Dezember 1905 wurden die Wähler nach Stand und Besitz in vier Kurien eingeteilt, wobei die Grundbesitzer besondere Privilegien erhielten und die Zahl der Arbeiter- und Bauerndeputierten beschränkt wurde. Diesem undemokratischen Wahlrecht wurden nach dem Staatsstreich 1907 neue Begrenzungen hinzugefügt, sodass die Herrschaft der Großgrundbesitzer und der Großbourgeoisie in der Duma garantiert wurde und die Völker der nationalen Randgebiete Russlands entweder kein oder nur ein äußerst beschränktes Wahlrecht besaßen.

[4] Der Führer der Kadetten, Pawel N. Miljukow, war Außenminister der Provisorischen Regierung.

So begann am andern Tage nach dem ersten Siege der Revolution ein innerer Kampf in ihrem Schoße um die beiden Brennpunkte: Frieden und Landfrage. Die liberale Bourgeoisie begann eine Taktik der Verschleppung und der Ausflüchte. Die Arbeitermassen, die Armee, das Bauerntum drängten immer ungestümer. Es unterliegt keinem Zweifel, dass mit der Frage des Friedens und der Landfrage auch die Schicksale selbst der politischen Demokratie der Republik verknüpft waren. Die bürgerlichen Klassen, die, von der ersten Sturmwelle der Revolution überspült, sich bis zur republikanischen Staatsform hatten mit fortreißen lassen, begannen alsbald nach rückwärts Stützpunkte zu suchen und im Stillen die Konterrevolution zu organisieren. Der Kaledinsche Kosakenfeldzug gegen Petersburg[5] hat dieser Tendenz deutlichen Ausdruck gegeben. Wäre dieser Vorstoß von Erfolg gekrönt gewesen, dann war nicht nur die Friedens- und die Agrarfrage, sondern auch das Schicksal der Demokratie, der Republik selbst besiegelt. Militärdiktatur mit einer Schreckensherrschaft gegen das Proletariat und dann Rückkehr zur Monarchie wären die unausbleibliche Folge [gewesen].

Daran kann man das Utopische und im Kern Reaktionäre der Taktik ermessen, von der sich die russischen Sozialisten der Kautskyschen Richtung, die Menschewiki, leiten ließen.

Es ist geradezu erstaunlich zu beobachten, wie dieser fleißige Mann[6] in den vier Jahren des Weltkriegs durch seine unermüdliche Schreibarbeit ruhig und methodisch ein theoretisches Loch nach dem anderen in den Sozialismus reißt, eine Arbeit, aus der der Sozialismus wie ein Sieb ohne eine heile Stelle hervorgeht. Der kritiklose Gleichmut, mit dem seine Gefolgschaft dieser fleißigen Arbeit ihres offiziellen Theoretikers zusieht und seine immer neuen Entdeckungen schluckt, ohne mit der Wimper zu zucken, findet nur ihre Analogie in dem Gleichmut, mit dem die Gefolgschaft der Scheidemann und Co. zusieht, wie diese letzteren den Sozialismus praktisch Schritt für Schritt durchlöchern. In der Tat ergänzen sich die beiden Arbeiten vollkommen, und Kautsky, der offizielle Tempelwächter des Marxismus, verrichtet seit Ausbruch des Krieges in Wirklichkeit nur theoretisch dasselbe, was die Scheidemänner praktisch:

---

[5] Der Kosakenataman Alexei Kaledin (1861–1918) hatte die Donkosaken mobilisiert und die konterrevolutionären Truppen unterstützt, die im August 1917 unter Führung Lawr Kornilows (1870–1918) auf Petrograd rückten, um die Revolution niederzuwerfen und eine Militärdiktatur zu errichten. Arbeiter und Soldaten stellten sich den Konterrevolutionären entgegen und bereiteten ihnen eine totale Niederlage. Kaledin beging Selbstmord.

[6] Gemeint ist Karl Kautsky.

1. die Internationale ein Instrument des Friedens; 2. Abrüstung und Völkerbund, Nationalismus; endlich 3. Demokratie, nicht Sozialismus.

In die Fiktion von dem bürgerlichen Charakter der russischen Revolution festgebissen – dieweil ja Russland für die soziale Revolution noch nicht reif sei –, klammerten sie sich verzweifelt an die Koalition mit den bürgerlichen Liberalen, d.h. an die gewaltsame Verbindung derjenigen Elemente, die, durch den natürlichen inneren Gang der revolutionären Entwicklung gespalten, in schärfsten Widerspruch zueinander geraten waren. Die Axelrod und Dan wollten um jeden Preis mit denjenigen Klassen und Parteien zusammenarbeiten, von denen der Revolution und ihrer ersten Errungenschaft, der Demokratie, die größten Gefahren drohten.

In dieser Situation gebührt denn der bolschewistischen Richtung das geschichtliche Verdienst, von Anfang an diejenige Taktik proklamiert und mit eiserner Konsequenz verfolgt zu haben, die allein die Demokratie retten und die Revolution vorwärtstreiben konnte. Die ganze Macht ausschließlich in die Hände der Arbeiter- und Bauernmasse, in die Hände der Sowjets – dies war in der Tat der einzige Ausweg aus der Schwierigkeit, in die die Revolution geraten war, das war der Schwertstreich, womit der gordische Knoten durchhauen, die Revolution aus dem Engpass hinausgeführt und vor ihr das freie Blachfeld einer ungehemmten weiteren Entfaltung geöffnet wurde.

Die Lenin-Partei war somit die einzige in Russland, welche die wahren Interessen der Revolution in jener ersten Periode begriff, sie war ihr vorwärtstreibendes Element, also in diesem Sinne die einzige Partei, die wirklich sozialistische Politik trieb.

Dadurch erklärt sich auch, dass die Bolschewiki, im Beginn der Revolution eine von allen Seiten verfemte, verleumdete und gehetzte Minderheit, in kürzester Zeit an die Spitze der Revolution geführt wurden und alle wirklichen Volksmassen: das städtische Proletariat, die Armee, das Bauerntum sowie die revolutionären Elemente der Demokratie, den linken Flügel der Sozialisten-Revolutionäre, unter ihrer Fahne sammeln konnten.

Die wirkliche Situation der russischen Revolution erschöpfte sich nach wenigen Monaten in der Alternative: Sieg der Konterrevolution oder Diktatur des Proletariats, Kaledin oder Lenin. Das war die objektive Lage, die sich in jeder Revolution sehr bald, nachdem der erste Rausch verflogen ist, ergibt und die sich in Russland aus den konkreten brennenden Fragen nach dem Frieden und der Landfrage ergab, für die im Rahmen der »bürgerlichen« Revolution keine Lösung vorhanden war.

Die russische Revolution hat hier nur bestätigt die Grundlehre jeder großen Revolution, deren Lebensgesetz lautet: Entweder muss sie sehr rasch und entschlossen vorwärtsstürmen, mit eiserner Hand alle Hindernisse niederwerfen und ihre Ziele immer weiter stecken, oder sie wird sehr bald hinter ihren schwächlichen Ausgangspunkt zurückgeworfen und von der Konterrevolution erdrückt. Ein Stillstehen, ein Trippeln auf demselben Fleck, ein Selbstbescheiden mit dem ersten einmal erreichten Ziel gibt es in der Revolution nicht. Und wer diese hausbackenen Weisheiten aus den parlamentarischen Froschmäusekriegen auf die revolutionäre Taktik übertragen will, zeigt nur, dass ihm die Psychologie, das Lebensgesetz selbst der Revolution ebenso fremd wie alle historische Erfahrung, ein Buch mit sieben Siegeln ist.

Der Verlauf der englischen Revolution seit ihrem Ausbruch 1642. Wie die Logik der Dinge dazu trieb, dass erst die schwächlichen Schwankungen der Presbyterianer, der zaudernde Krieg gegen die royalistische Armee, in dem die presbyterianischen Häupter einer entscheidenden Schlacht und einem Siege über Karl I. geflissentlich auswichen, es zur unabweisbaren Notwendigkeit machten, dass die Independenten sie aus dem Parlament vertrieben und die Gewalt an sich rissen. Und ebenso war es weiter innerhalb des Independentenheeres die untere kleinbürgerliche Masse der Soldaten, die Lilburnschen »Gleichmacher«, die die Stoßkraft der ganzen Independentenbewegung bildete, sowie endlich die proletarischen Elemente der Soldatenmasse, die am weitesten gehenden sozialumstürzlerischen Elemente, die in der Digger-Bewegung ihren Ausdruck fanden, ihrerseits den Sauerteig der demokratischen »Gleichmacher«-Partei darstellten.

Ohne die geistige Wirkung der revolutionären proletarischen Elemente auf die Soldatenmasse, ohne den Druck der demokratischen Soldatenmasse auf die bürgerliche Oberschicht der Independentenpartei wäre es weder zur »Reinigung« des Langen Parlaments von den Presbyterianern noch zur siegreichen Beendigung des Krieges mit dem Heer der Kavaliere und mit den Schotten, noch zum Prozess und zur Hinrichtung Karls I., noch zur Abschaffung der Lordskammer und zur Proklamierung der Republik gekommen.

Wie war es in der Großen Französischen Revolution? Die Machtergreifung der Jakobiner erwies sich hier nach vierjährigen Kämpfen als das einzige Mittel, die Errungenschaften der Revolution zu retten, die Republik zu verwirklichen, den Feudalismus zu zerschmettern, die revolutionäre Verteidigung nach innen wie nach außen zu organisieren, die Konspirationen der Konterrevolution zu erdrücken, die revolutionäre Welle aus Frankreich über ganz Europa zu verbreiten.

Kautsky und seine russischen Gesinnungsgenossen, die der russischen Revolution ihren »bürgerlichen Charakter« der ersten Phase bewahrt wissen wollten, sind ein genaues Gegenstück zu jenen deutschen und englischen Liberalen des vorigen Jahrhunderts, die in der Großen Französischen Revolution die bekannten zwei Perioden unterschieden: die »gute« Revolution der ersten, girondistischen Phase und die »schlechte« seit dem jakobinischen Umsturz. Die liberale Seichtheit der Geschichtsauffassung brauchte natürlich nicht zu begreifen, dass ohne den Umsturz der »maßlosen« Jakobiner auch die ersten zaghaften und halben Errungenschaften der girondistischen Phase alsbald unter den Trümmern der Revolution begraben worden wären, dass die wirkliche Alternative zu der Jakobinerdiktatur, wie sie der eherne Gang der geschichtlichen Entwicklung im Jahre 1793 stellte, nicht »gemäßigte« Demokratie war, sondern – Restauration der Bourbonen! Der »goldene Mittelweg« lässt sich eben in keiner Revolution aufrechterhalten, ihr Naturgesetz fordert eine rasche Entscheidung: Entweder wird die Lokomotive Volldampf den geschichtlichen Anstieg bis zum äußersten Punkt vorangetrieben, oder sie rollt durch die eigene Schwerkraft wieder in die Ausgangsniederung zurück und reißt diejenigen, die sie auf halbem Wege mit ihren schwachen Kräften aufhalten wollten, rettungslos in den Abgrund mit.

Dadurch erklärt sich, dass in jeder Revolution nur diejenige Partei die Führung und die Macht an sich zu reißen vermag, die den Mut hat, die vorwärtstreibende Parole auszugeben und alle Konsequenzen daraus zu ziehen. Daraus erklärt sich die klägliche Rolle der russischen Menschewiki, der Dan, Zereteli u.a., die, anfänglich von ungeheurem Einfluss auf die Massen, nach längerem Hin- und Herpendeln, nachdem sie sich gegen die Übernahme der Macht und Verantwortung mit Händen und Füßen gesträubt hatten, ruhmlos von der Bühne weggefegt worden sind.

Die Lenin-Partei war die einzige, die das Gebot und die Pflicht einer wirklich revolutionären Partei begriff, die durch die Losung: Alle Macht in die Hände des Proletariats und des Bauerntums! den Fortgang der Revolution gesichert hat.

Damit haben die Bolschewiki die berühmte Frage nach der »Mehrheit des Volkes« gelöst, die den deutschen Sozialdemokraten seit jeher wie ein Alp auf der Brust liegt. Als eingefleischte Zöglinge des parlamentarischen Kretinismus übertragen sie auf die Revolution einfach die hausbackene Weisheit aus der parlamentarischen Kinderstube: Um etwas durchzusetzen, müsse man erst die Mehrheit haben. Also auch in der Revolution: Zuerst werben wir eine »Mehrheit«. Die wirkliche Dialektik der Revolutionen stellt aber diese parlamentarische Maulwurfsweisheit auf den Kopf: Nicht durch Mehrheit zur revolutionären Taktik, sondern durch revolutionäre Taktik zur Mehrheit geht der Weg. Nur eine Partei, die zu führen, d.h. vorwärtszutreiben versteht, erwirbt sich im Sturm die Anhängerschaft. Die Entschlossenheit, mit der die Lenin und Genossen im entscheidenden Moment die einzige vorwärtstreibende Losung ausgegeben haben: Die ganze Macht in die Hände des Proletariats und der Bauern! hat sie fast über Nacht aus einer verfolgten, verleumdeten, »illegalen« Minderheit, deren Führer sich wie Marat in den Kellern verstecken mussten, zur absoluten Herrin der Situation gemacht.

Die Bolschewiki haben auch sofort als Zweck dieser Machtergreifung das ganze und weitgehendste revolutionäre Programm aufgestellt: nicht etwa Sicherung der bürgerlichen Demokratie, sondern Diktatur des Proletariats zum Zwecke der Verwirklichung des Sozialismus. Sie haben sich damit das unvergängliche geschichtliche Verdienst erworben, zum ersten Mal die Endziele des Sozialismus als unmittelbares Programm der praktischen Politik zu proklamieren.

Was eine Partei in geschichtlicher Stunde an Mut, Tatkraft, revolutionärem Weitblick und Konsequenz aufzubringen vermag, das haben die Lenin, Trotzki und Genossen vollauf geleistet. Die ganze revolutionäre Ehre und Aktionsfähigkeit, die der Sozialdemokratie im Westen gebrach, war in den Bolschewiki vertreten. Ihr Oktoberaufstand war nicht nur eine tatsächliche Rettung für die russische Revolution, sondern auch eine Ehrenrettung des internationalen Sozialismus.

III

Die Bolschewiki sind die historischen Erben der englischen Gleichmacher und der französischen Jakobiner. Aber die konkrete Aufgabe, die ihnen in der russischen Revolution nach der Machtergreifung zugefallen ist, war unvergleichlich schwieriger als diejenige ihrer geschichtlichen Vorgänger.[7] Gewiss war die Losung der unmittelbaren, sofortigen Ergreifung und Aufteilung des Grund und Bodens durch die Bauern[8] die kürzeste, einfachste, lapidarste Formel, um zweierlei zu erreichen: den Großgrundbesitz zu zertrümmern und die Bauern sofort an die revolu-

---

[7] Notiz Rosa Luxemburgs am oberen Rand ohne Einordnungshinweis: »(Bedeutung der Agrarfrage. Schon 1905. Dann in der 3. Duma die rechten Bauern! Bauernfrage und Verteidigung, Armee.)«

[8] Entsprechend dem vom 2. Gesamtrussischen Sowjetkongress beschlossenen Dekret vom 8. November 1917 und dem darin enthaltenen »bäuerlichen Wählerauftrag« wurde das Privateigentum an Grund und Boden aufgehoben und das Eigentum der Gutsbesitzer, die Apanage-, Kloster- und Kirchenländereien entschädigungslos enteignet. Der Boden wurde nach dem Prinzip der ausgleichenden Bodennutzung, d.h. nach bestimmten Arbeits- und Verbrauchsnormen aufgeteilt. Die Form der Bodennutzung, ob Einzelwirtschaft, Gemeinde- oder Artelwirtschaft, wurde den Dörfern freigestellt. Ländereien mit hochentwickelten Wirtschaften sollten nicht aufgeteilt werden, sondern in die Hände der Gemeinde oder des Staates übergehen.

tionäre Regierung zu fesseln. Als politische Maßnahme zur Befestigung der proletarisch-sozialistischen Regierung war dies eine vorzügliche Taktik. Sie hatte aber leider ihre zwei Seiten, und die Kehrseite bestand darin, dass die unmittelbare Landergreifung durch die Bauern mit sozialistischer Bewirtschaftung gar nichts gemein hat.

Die sozialistische Umgestaltung der Wirtschaftsverhältnisse setzt in Bezug auf die Agrarverhältnisse zweierlei voraus. – Zunächst die Nationalisierung gerade des Großgrundbesitzes als derjenigen technisch fortschrittlichsten Konzentration der agrarischen Produktionsmittel und Methoden, die allein zum Ausgangspunkt der sozialistischen Wirtschaftsweise auf dem Lande dienen kann. Wenn man natürlich dem Kleinbauern seine Parzelle nicht wegzunehmen braucht und es ihm ruhig anheimstellen kann, sich durch Vorteile des gesellschaftlichen Betriebes freiwillig zuerst für den Weg des genossenschaftlichen Zusammenschlusses und schließlich für die Einordnung in den sozialen Gesamtbetrieb gewinnen zu lassen, so muss jede sozialistische Wirtschaftsreform auf dem Lande selbstverständlich mit dem Groß- und Mittelgrundbesitz anfangen. Sie muss hier das Eigentumsrecht vor allem auf die Nation oder, was bei sozialistischer Regierung dasselbe, auf den Staat übertragen; denn nur dies gewährt die Möglichkeit, die landwirtschaftliche Produktion nach zusammenhängenden großen sozialistischen Gesichtspunkten zu organisieren.

Zweitens aber ist eine der Voraussetzungen dieser Umgestaltung, dass die Trennung der Landwirtschaft von der Industrie, dieser charakteristische Zug der bürgerlichen Gesellschaft, aufgehoben wird, um einer gegenseitigen Durchdringung und Verschmelzung beider, einer umfassenden Ausgestaltung sowohl der Agrar- wie der Industrieproduktion nach einheitlichen Gesichtspunkten Platz zu machen. Wie im einzelnen die praktische Bewirtschaftung sein mag: ob durch städtische Gemeinden, wie die einen vorschlagen, oder vom staatlichen Zentrum aus – auf jeden Fall ist Voraussetzung eine einheitlich durchgeführte, vom Zentrum aus eingeleitete Reform und als ihre Voraussetzung Nationalisierung des Grund und Bodens. Nationalisierung des großen und mittleren Grundbesitzes, Vereinigung der Industrie und der Landwirtschaft, das sind zwei grundlegende Gesichtspunkte jeder sozialistischen Wirtschaftsreform, ohne die es keinen Sozialismus gibt.

Dass die Sowjetregierung in Russland diese gewaltigen Reformen nicht durchgeführt hat – wer kann ihr das zum Vorwurf machen! Es wäre ein übler Spaß, von Lenin und Genossen zu verlangen oder zu erwarten, dass sie in der kurzen Zeit ihrer Herrschaft, mitten im reißenden Strudel der inneren und äußeren Kämpfe, von zahllosen Feinden und Widerständen ringsherum bedrängt, eine der schwierigsten, ja, wir können ruhig sagen, die schwierigste Aufgabe der sozialistischen Umwälzung lösen oder auch nur in Angriff nehmen sollten! Wir werden uns, einmal zur Macht gelangt, auch im Westen und unter den günstigsten Bedingungen an dieser harten Nuss manchen Zahn ausbrechen, ehe wir nur aus den gröbsten der tausend komplizierten Schwierigkeiten dieser Riesenaufgabe heraus sind!

Eine sozialistische Regierung, die zur Macht gelangt ist, muss aber auf jeden Fall eins tun: Maßnahmen ergreifen, die in der Richtung auf jene grundlegenden Voraussetzungen einer späteren sozialistischen Reform der Agrarverhältnisse liegen, sie muss zum mindesten alles vermeiden, was ihr den Weg zu jenen Maßnahmen verrammelt.

Die Parole nun, die von den Bolschewiki herausgegeben wurde: sofortige Besitzergreifung und Aufteilung des Grund und Bodens durch die Bauern, musste geradezu nach der entgegengesetzten Richtung wirken. Sie ist nicht nur keine sozialistische Maßnahme, sondern sie schneidet den Weg zu einer solchen ab, sie türmt vor der Umgestaltung der Agrarverhältnisse im sozialistischen Sinne unüberwindliche Schwierigkeiten auf.

Die Besitzergreifung der Ländereien durch die Bauern auf die kurze und lapidare Parole Lenins und seiner Freunde hin: Geht und nehmet euch das Land! führte einfach zur plötzlichen chaotischen Überführung des Großgrundbesitzes in bäuerlichen Grundbesitz. Was geschaffen wurde, ist nicht gesellschaftliches Eigentum, sondern neues Privateigentum, und zwar Zerschlagung des großen Eigentums in mittleren und kleineren Besitz, des relativ fortgeschrittenen Großbetriebes in primitiven Kleinbetrieb, der technisch mit den Mitteln aus der Zeit der Pharaonen arbeitet. Nicht genug: Durch diese Maßnahme und die chaotische, rein willkürliche Art ihrer Ausführung wurden die Eigentumsunterschiede auf dem Lande nicht beseitigt, sondern nur verschärft. Obwohl die Bolschewiki die Bauernschaft aufforderten, Bauernkomitees zu bilden, um die Besitzergreifung der adligen Ländereien irgendwie zu einer Kollektivaktion zu machen, so ist es klar, dass dieser allgemeine Rat an der wirklichen Praxis und den wirklichen Machtverhältnissen auf dem Lande nichts zu ändern vermochte. Ob mit oder ohne Komitees, sind die reichen Bauern und Wucherer, welche die Dorfbourgeoisie bildeten und in jedem russischen Dorf die tatsächliche lokale Macht in ihren Händen haben, sicher die Hauptnutznießer der Agrarrevolution geworden. Unbesehen kann jeder sich an den Fingern abzählen, dass im Ergebnis der Aufteilung des Landes die soziale und wirtschaftliche Ungleichheit im Schoße des Bauerntums nicht beseitigt, sondern nur gesteigert, die Klassengegensätze dort verschärft worden sind. Diese Machtverschiebung hat aber entschieden zuungunsten der proletarischen und sozialistischen Interessen stattgefunden.

Lenins Rede über notwendige Zentralisation in der Industrie, Nationalisierung der Banken, des Handels und der Industrie. Warum nicht des Grund und Bodens? Hier im Gegenteil Dezentralisation und Privateigentum. Lenins eigenes Agrarprogramm vor der Revolution war anders. Die Losung übernommen von den vielgeschmähten Sozialisten-Revolutionären oder, richtiger, von der spontanen Bewegung der Bauernschaft.

Um sozialistische Grundsätze in die Agrarverhältnisse einzuführen, suchte die Sowjetregierung nunmehr aus Proletariern – meist städtischen, arbeitslosen Elementen – Agrarkommunen zu schaffen. Allein es lässt sich leicht im Voraus erraten, dass die Ergebnisse dieser Anstrengungen, gemessen an dem ganzen Umfang der Agrarverhältnisse, nur verschwindend winzige bleiben mussten und für die Beurteilung der Frage gar nicht in Betracht fallen.[9] (Nachdem man den Großgrundbesitz, den geeignetsten Ansatzpunkt für die sozialistische Wirtschaft, in Kleinbetrieb zerschlagen, sucht man jetzt aus kleinen Anfängen kommunistische Musterbetriebe aufzubauen.) Unter den gegebenen Verhältnissen beanspruchen diese Kommunen nur den Wert eines Experiments, nicht einer umfassenden sozialen Reform.

Früher stand einer sozialistischen Reform auf dem Lande allenfalls der Widerstand einer kleinen Kaste adeliger und kapitalistischer Großgrundbesitzer sowie eine kleine Minderheit der reichen Dorfbourgeoisie entgegen, deren Expropriation durch eine revolutionäre Volksmasse ein Kinderspiel ist. Jetzt, nach der »Besitzergreifung« steht als Feind jeder sozialistischen Vergesellschaftung der Landwirtschaft eine enorm angewachsene und erstarkte Masse des besitzenden Bauerntums entgegen, das sein neuerworbenes Eigentum gegen alle sozialistischen Attentate mit Zähnen und mit Nägeln verteidigen wird. Jetzt ist die Frage der künftigen Sozialisierung der Landwirtschaft, also der Produktion überhaupt in Russland, zur Gegensatz- und Kampffrage zwischen dem städtischen Proletariat und der Bauernmasse geworden. Wie scharf der Gegensatz schon jetzt geworden ist, beweist der Boykott der Bauern den Städten gegenüber, denen sie die Lebensmittel vorenthalten, um damit Wuchergeschäfte zu machen, genau wie die preußischen Junker. Der französische Parzellenbauer war zum tapfersten Verteidiger der Großen Französischen Revolution geworden, die ihn mit dem konfiszier-

[9] Notiz Rosa Luxemburgs am linken Rand ohne Einordnungshinweis: »Getreidemonopol mit Prämien. Jetzt post festum wollen sie den Klassenkampf ins Dorf hineintragen!«

ten Land der Emigranten ausgestattet hatte. Er trug als napoleonischer Soldat die Fahne Frankreichs zum Siege, durchquerte ganz Europa und zertrümmerte den Feudalismus in einem Lande nach dem anderen. Lenin und seine Freunde mochten eine ähnliche Wirkung von ihrer Agrarparole erwartet haben. Indes der russische Bauer hat, nachdem er vom Lande auf eigene Faust Besitz ergriffen, nicht im Traume daran gedacht, Russland und die Revolution, der er das Land verdankte, zu verteidigen. Er verbiss sich in seinen neuen Besitz und überließ die Revolution ihren Feinden, den Staat dem Zerfall, die städtische Bevölkerung dem Hunger.

Die Leninsche Agrarreform hat dem Sozialismus auf dem Lande eine neue mächtige Volksschicht von Feinden geschaffen, deren Widerstand viel gefährlicher und zäher sein wird, als es derjenige der adligen Großgrundbesitzer war.

Dass sich die militärische Niederlage in den Zusammenbruch und Zerfall Russlands verwandelte, dafür haben die Bolschewiki einen Teil der Schuld. Diese objektiven Schwierigkeiten der Lage haben sich die Bolschewiki aber selbst in hohem Maße verschärft durch eine Parole,[10] die sie in den Vordergrund ihrer Politik geschoben haben: das sogenannte Selbstbestimmungsrecht der Nationen[11] oder, was unter dieser Phrase in Wirklichkeit steckte: den staatlichen Zerfall Russlands. Die mit doktrinärer Hartnäckigkeit immer wieder proklamierte Formel von dem Recht der verschiedenen Nationalitäten des russischen Reichs, ihre Schicksale selbständig zu bestimmen »bis einschließlich der staatlichen Lostrennung von Russland«, war ein besonderer Schlachtruf Lenins und Genossen während ihrer Opposition gegen den Miljukowschen wie den Kerenskischen Krieg,[12] sie bildete die Achse ihrer inneren Politik nach dem Oktoberumschwung, und sie bildete die ganze Plattform der Bolschewiki

[10] In der Quelle: Politik.

[11] Die Sowjetregierung vertrat den Grundsatz des Selbstbestimmungsrechts der Nationen. Sie ging davon aus, dass die vom Zarismus unterdrückten Nationen nicht gewaltsam an Russland gekettet werden dürfen.

[12] Die Provisorische Regierung mit Pawel Miljukow als Außenminister hatte den Krieg fortgesetzt und den Ententeländern versichert, allen Bündnisverpflichtungen nachzukommen, um den Krieg bis zum »siegreichen Ende« zu führen. Diese Politik wurde von der im Mai 1917 neugebildeten Regierung, der Alexander Kerenski als Kriegs- und Marineminister angehörte, weitergeführt und im Juli 1917 eine Offensive unternommen, die 60 000 Opfer kostete. Die Bolschewiki stellten dem ihre Forderung nach einem sofortigen Frieden ohne Annexionen entgegen, wobei sie es auch als Annexion betrachteten, wenn Polen, Finnland, die Ukraine und die übrigen nicht großrussischen Gebiete zwangsweise beim russischen Staatsverband gehalten würden.

in Brest-Litowsk,[13] ihre einzige Waffe, die sie der Machtstellung des deutschen Imperialismus entgegenzustellen hatten.

Zunächst frappiert an der Hartnäckigkeit und starren Konsequenz, mit der Lenin und Genossen an dieser Parole festhielten, dass sie sowohl in krassem Widerspruch zu ihrem sonstigen ausgesprochenen Zentralismus der Politik wie auch zu der Haltung [steht], die sie den sonstigen demokratischen Grundsätzen gegenüber eingenommen haben. Während sie gegenüber der Konstituierenden Versammlung, dem allgemeinen Wahlrecht, der Presse- und Versammlungsfreiheit, kurz, dem ganzen Apparat der demokratischen Grundfreiheiten der Volksmassen, die alle zusammen das »Selbstbestimmungsrecht« in Russland selbst bildeten, eine sehr kühle Geringschätzung an den Tag legten, behandelten sie das Selbstbestimmungsrecht der Nationen als ein Kleinod der demokratischen Politik, dem zuliebe alle praktischen Gesichtspunkte der realen Kritik zu schweigen hätten. Während sie sich von der Volksabstimmung zur Konstituierenden Versammlung in Russland – einer Volksabstimmung auf Grund des demokratischsten Wahlrechts der Welt und in voller Freiheit einer Volksrepublik – nicht im geringsten hatten imponieren lassen und, von sehr nüchternen, kritischen Erwägungen geleitet, ihre Resultate einfach für null und nichtig erklärten, verfochten sie in Brest die »Volksabstimmung« der fremden Nationen Russlands über ihre staatliche Zugehörigkeit als das wahre Palladium jeglicher Freiheit und Demokratie, als unverfälschte Quintessenzen des Volkswillens und als die höchste, entscheidende Instanz in Fragen des politischen Schicksals der Nationen.

Der Widerspruch, der hier klafft, ist umso unverständlicher, als es sich bei den demokratischen Formen des politischen Lebens in jedem Lande, wie wir das noch weiter sehen werden, tatsächlich um höchst wertvolle, ja unentbehrliche Grundlagen der sozialistischen Politik handelt, während das famose »Selbstbestimmungsrecht der Nationen« nichts als hohle kleinbürgerliche Phraseologie und Humbug ist.

In der Tat, was soll dieses Recht bedeuten? Es gehört zum ABC der sozialistischen Politik, dass sie, wie jede Art Unterdrückung, so auch die einer Nation durch die andere bekämpft.

[13] Während der Friedensverhandlungen in Brest-Litowsk forderte die Sowjetregierung das Selbstbestimmungsrecht aller Nationen der kriegführenden Länder bis zum Recht der Lostrennung und Bildung eines selbständigen Staates für jede Nation. Dieses Recht sollte verwirklicht werden durch ein unter bestimmten Voraussetzungen durchgeführtes Referendum der gesamten Bevölkerung des jeweiligen Gebietes.

Wenn trotz alledem sonst so nüchterne und kritische Politiker wie Lenin und Trotzki mit ihren Freunden, die für jede Art utopistische Phraseologie wie Abrüstung, Völkerbund etc. nur ein ironisches Achselzucken haben, diesmal eine hohle Phrase von genau derselben Kategorie geradezu zu ihrem Steckenpferd machten, so geschah es, wie es uns scheint, aus einer Art Opportunitätspolitik. Lenin und Genossen rechneten offenbar darauf, dass es wohl kein sichereres Mittel gäbe, die vielen fremden Nationalitäten im Schoße des russischen Reiches an die Sache der Revolution, an die Sache des sozialistischen Proletariats zu fesseln, als wenn man ihnen im Namen der Revolution und des Sozialismus die äußerste unbeschränkteste Freiheit gewährte, über ihre Schicksale zu verfügen. Es war dies eine Analogie zu der Politik der Bolschewiki den russischen Bauern gegenüber, deren Landhunger die Parole der direkten Besitzergreifung des adeligen Grund und Bodens befriedigt und die dadurch an die Fahne der Revolution und der proletarischen Regierung gefesselt werden sollten. In beiden Fällen ist die Berechnung leider gänzlich fehlgeschlagen. Während Lenin und Genossen offenbar erwarteten, dass sie als Verfechter der nationalen Freiheit »bis zur staatlichen Absonderung« Finnland, die Ukraine, Polen, Litauen, die Baltenländer, die Kaukasier usw. zu ebenso vielen treuen Verbündeten der russischen Revolution machen würden, erlebten wir das umgekehrte Schauspiel: Eine nach der anderen von diesen »Nationen« benutzte die frisch geschenkte Freiheit dazu, sich als Todfeindin der russischen Revolution gegen sie mit dem deutschen Imperialismus zu verbünden und unter seinem Schutze die Fahne der Konterrevolution nach Russland selbst zu tragen. Das Zwischenspiel mit der Ukraine in Brest,[14] das eine entscheidende Wendung jener Verhandlungen und der ganzen inner- und außenpolitischen Situationen der Bolschewiki herbeigeführt hatte, ist dafür ein Musterbeispiel. Das Verhalten Finnlands, Polens, Litauens, der Baltenländer, der Nationen des Kaukasus zeigt in überzeugendster Weise, dass wir hier nicht etwa mit einer zufälligen Ausnahme, sondern mit einer typischen Entscheidung zu tun haben.

Freilich, es sind in allen diesen Fällen in Wirklichkeit nicht die »Nationen«, die jene reaktionäre Politik betätigen, sondern nur die bürgerlichen und kleinbürgerlichen Klassen, die im schärfsten Gegensatz zu

---

[14] Die Ukrainische Zentralrada hatte am 27. Januar 1918 mit den Mittelmächten einen Vertrag unterzeichnet, obwohl zu diesem Zeitpunkt bereits ihre Herrschaft zusammengebrochen war und die Sowjetmacht fast in der gesamten Ukraine gesiegt hatte. Deutschland erhielt durch den Vertrag das Recht zur Besetzung der Ukraine und erhob während der Verhandlungen in Brest-Litowsk am 27. und 28. Januar 1918 annexionistische Forderungen in ultimativer Form.

den eigenen proletarischen Massen das »nationale Selbstbestimmungsrecht« zu einem Werkzeug ihrer konterrevolutionären Klassenpolitik verkehrten. Aber – damit kommen wir gerade zum Knotenpunkt der Frage – darin liegt eben der utopisch-kleinbürgerliche Charakter dieser nationalistischen Phrase, dass sie in der rauhen Wirklichkeit der Klassengesellschaft, zumal in der Zeit aufs äußerste verschärfter Gegensätze, sich einfach in ein Mittel der bürgerlichen Klassenherrschaft verwandelt. Die Bolschewiki sollten zu ihrem und der Revolution größten Schaden darüber belehrt werden, dass es eben unter der Herrschaft des Kapitalismus keine Selbstbestimmung der »Nation« gibt, dass sich in einer Klassengesellschaft jede Klasse der Nation anders »selbst zu bestimmen« strebt und dass für die bürgerlichen Klassen die Gesichtspunkte der nationalen Freiheit hinter denen der Klassenherrschaft völlig zurücktreten. Das finnische Bürgertum wie das ukrainische Kleinbürgertum waren darin vollkommen einig, die deutsche Gewaltherrschaft der nationalen Freiheit vorzuziehen, wenn diese mit den Gefahren des »Bolschewismus« verbunden werden sollte.

Die Hoffnung, diese realen Klassenverhältnisse etwa durch »Volksabstimmungen«, um die sich alles in Brest drehte, in ihr Gegenteil umzukehren und im Vertrauen auf die revolutionäre Volksmasse ein Mehrheitsvotum für den Zusammenschluss mit der russischen Revolution zu erzielen, war, wenn sie von Lenin-Trotzki ernst gemeint war, ein unbegreiflicher Optimismus, und wenn sie nur ein taktischer Florettstoß im Duell mit der deutschen Gewaltpolitik sein sollte, ein gefährliches Spiel mit dem Feuer. Auch ohne die deutsche militärische Okkupation hätte die famose »Volksabstimmung«, wäre es in den Randländern zu einer solchen gekommen, bei der geistigen Verfassung der Bauernmasse und großer Schichten noch indifferenter Proletarier, bei der reaktionären Tendenz des Kleinbürgertums und den tausend Mitteln der Beeinflussung der Abstimmung durch die Bourgeoisie, mit aller Wahrscheinlichkeit allenthalben ein Resultat ergeben, an dem die Bolschewiki wenig Freude erlebt hätten. Kann es doch in Sachen dieser Volksabstimmungen über die nationale Frage als unverbrüchliche Regel gelten, dass die herrschenden Klassen sie entweder, wo ihnen eine solche nicht in den Kram passt, zu verhindern wissen oder, wo sie etwa zustande käme, ihre Resultate durch all diese Mittel und Mittelchen zu beeinflussen wüssten, die es auch bewirken, dass wir auf dem Wege von Volksabstimmungen keinen Sozialismus einführen können.

Dass überhaupt die Frage der nationalen Bestrebungen und Sondertendenzen mitten in die revolutionären Kämpfe hineingeworfen, ja durch den Brester Frieden in den Vordergrund geschoben und gar zum Schibboleth[15] der sozialistischen und revolutionären Politik gestempelt wurde, hat die größte Verwirrung in die Reihen des Sozialismus getragen und die Position des Proletariats gerade in den Randländern erschüttert. In Finnland hatte das sozialistische Proletariat, solange es als ein Teil der geschlossenen revolutionären Phalanx Russlands kämpfte, bereits eine beherrschende Machtstellung; es besaß die Mehrheit im Landtag, in der Armee, es hatte die Bourgeoisie völlig zur Ohnmacht herabgedrückt und war der Herr der Situation im Lande. Die russische Ukraine war zu Beginn des Jahrhunderts, als die Narreteien des »ukrainischen Nationalismus« mit den »Karbowentzen« und den »Universals« und das Steckenpferd Lenins von einer »selbständigen Ukraine« noch nicht erfunden waren, die Hochburg der russischen revolutionären Bewegung gewesen. Von dort aus, aus Rostow, aus Odessa, aus dem Donezgebiete flossen schon um die Jahre 1902 bis 1904 die ersten Lavaströme der Revolution und entzündeten ganz Südrussland zu einem Flammenmeer, so den Ausbruch von 1905 vorbereitend; dasselbe wiederholte sich in der jetzigen Revolution, in der das südrussische Proletariat die Elitetruppen der proletarischen Phalanx stellte. Polen und die Baltenländer waren seit 1905 die mächtigsten und zuverlässigsten Herde der Revolution, in denen das sozialistische Proletariat eine hervorragende Rolle spielte.

Wie kommt es, dass in allen diesen Ländern plötzlich die Konterrevolution triumphiert? Die nationalistische Bewegung hat eben das Proletariat dadurch, dass sie es von Russland losgerissen hat, gelähmt und der nationalen Bourgeoisie in den Randländern ausgeliefert. Statt gerade im Geiste der reinen internationalen Klassenpolitik, die sie sonst vertraten, die kompakteste Zusammenfassung der revolutionären Kräfte auf dem ganzen Gebiet des Reiches anzustreben, die Integrität des russischen Reiches als Revolutionsgebiet mit Zähnen und Nägeln zu verteidigen, die Zusammengehörigkeit und Unzertrennlichkeit der Proletarier aller Nationen im Bereiche der russischen Revolution als oberstes Gebot der Politik allen nationalistischen Sonderbestrebungen entgegenzustellen, haben die Bolschewiki durch die dröhnende nationalistische Phraseologie von dem »Selbstbestimmungsrecht bis zur staatlichen Lostrennung« gerade umgekehrt der Bourgeoisie in allen Randländern den erwünschtesten, glänzendsten Vorwand, geradezu das Banner für ihre konterrevolutionären Bestrebungen geliefert. Statt die Proletarier in den Randländern vor jeglichem Separatismus als vor rein bürgerlichem Fallstrick zu warnen und die separatistischen Bestrebungen mit eiserner Hand, deren Gebrauch in diesem Falle wahrhaft im Sinne und Geist der proletari-

[15] Schibboleth: hier im Sinne von Code verwendet.

schen Diktatur lag, im Keime zu ersticken, haben sie vielmehr die Massen in allen Randländern durch ihre Parole verwirrt und der Demagogie der bürgerlichen Klassen ausgeliefert. Sie haben durch diese Förderung des Nationalismus den Zerfall Russlands selbst herbeigeführt, vorbereitet und so den eigenen Feinden das Messer in die Hand gedrückt, das sie der russischen Revolution ins Herz stoßen sollten.

Freilich, ohne die Hilfe des deutschen Imperialismus, ohne »die deutschen Gewehrkolben in deutschen Fäusten«, wie die »Neue Zeit« Kautskys schrieb, wären die Lubinskys und die anderen Schufterles der Ukraine sowie die Erichs und Mannerheims in Finnland und die baltischen Barone mit den sozialistischen Proletariermassen ihrer Länder nimmermehr fertig geworden. Aber der nationale Separatismus war das Trojanische Pferd, in dem die deutschen »Genossen« mit Bajonetten in den Fäusten in all jene Länder eingezogen kamen. Die realen Klassengegensätze und die militärischen Machtverhältnisse haben die Intervention Deutschlands herbeigeführt. Aber die Bolschewiki haben die Ideologie geliefert, die diesen Feldzug der Konterrevolution maskiert hat, sie haben die Position der Bourgeoisie gestärkt und die der Proletarier geschwächt. Der beste Beweis ist die Ukraine, die eine so fatale Rolle in den Geschicken der russischen Revolution spielen sollte. Der ukrainische Nationalismus war in Russland ganz anders als etwa der tschechische, polnische oder finnische, nichts als eine einfache Schrulle, eine Fatzkerei von ein paar Dutzend kleinbürgerlichen Intelligenzlern, ohne die geringsten Wurzeln in den wirtschaftlichen, politischen oder geistigen Verhältnissen des Landes, ohne jegliche historische Tradition, da die Ukraine niemals eine Nation oder einen Staat gebildet hatte, ohne irgendeine nationale Kultur, außer den reaktionär-romantischen Gedichten Schewtschenkos. Es ist förmlich, als wenn eines schönen Morgens die von der Waterkant auf den Fritz Reuter hin eine neue plattdeutsche Nation und einen selbständigen Staat gründen wollten! Und diese lächerliche Posse von ein paar Universitätsprofessoren und Studenten bauschten die Lenin und Genossen durch ihre doktrinäre Agitation mit dem »Selbstbestimmungsrecht bis einschließlich« usw. künstlich zu einem politischen Faktor auf. Sie verliehen der anfänglichen Posse eine Wichtigkeit, bis die Posse zum blutigsten Ernst wurde: nämlich nicht zu einer ernsten nationalen Bewegung, für die es nach wie vor gar keine Wurzeln gibt, sondern zum Aushängeschild und zur Sammelfahne der Konterrevolution! Aus diesem Windei krochen in Brest die deutschen Bajonette.

Phrasen haben in der Geschichte der Klassenkämpfe zu Zeiten eine sehr reale Bedeutung. Es ist das fatale Los des Sozialismus, dass er in diesem Weltkriege dazu ausersehen war, ideologische Vorwände für die konterrevolutionäre Politik zu liefern. Die deutsche Sozialdemokratie beeilte sich beim Ausbruch des Krieges, den Raubzug des deutschen Imperialismus mit einem ideologischen Schild aus der Rumpelkammer des Marxismus zu schmücken, indem sie ihn für den von unseren Altmeistern 1848 herbeigesehnten Befreierfeldzug gegen den russischen Zarismus erklärte. Den Antipoden der Regierungssozialisten, den Bolschewiki, war es beschieden, mit der Phrase von der »Selbstbestimmung« Wasser auf die Mühle der Konterrevolution zu liefern und damit eine Ideologie nicht nur für die Erdrosselung der russischen Revolution selbst, sondern für die geplante konterrevolutionäre Liquidierung des ganzen Weltkrieges zu liefern. Wir haben allen Grund, uns die Politik der Bolschewiki in dieser Hinsicht sehr gründlich anzusehen. Das »Selbstbestimmungsrecht der Nationen«, verkoppelt mit dem Völkerbund und der Abrüstung von Wilsons Gnaden, bildet den Schlachtruf, dem sich die bevorstehende Auseinandersetzung des internationalen Sozialismus mit der bürgerlichen Welt abspielen wird. Es liegt klar zutage, dass die Phrase von der Selbstbestimmung und die ganze nationale Bewegung, die gegenwärtig die größte Gefahr für den internationalen Sozialismus bildet, gerade durch die russische Revolution und die Brester Verhandlungen eine außerordentliche Stärkung erfahren haben. Wir werden uns mit dieser Plattform noch eingehend zu befassen haben. Die tragischen Schicksale dieser Phraseologie in der russischen Revolution, in deren Stacheln sich die Bolschewiki verfangen und blutig ritzen sollten, muss dem internationalen Proletariat als warnendes Exempel dienen.

Nun folgte aus alledem die Diktatur Deutschlands. Vom Brester Frieden bis zum »Zusatzvertrag«![16] Die 200 Sühneopfer in Moskau.[17] Aus dieser Lage ergab sich der Terror und die Erdrückung der Demokratie.

[16] Der deutsch-russische Ergänzungsvertrag vom 27. August 1918 legte fest, dass Deutschland nach Bestimmung der Ostgrenzen Estlands und Livlands das von ihm besetzte Gebiet östlich davon zu räumen hatte. Das Gebiet östlich der Beresina wollte Deutschland in dem Maße räumen, wie Sowjetrussland seinen im Finanzabkommen festgelegten Zahlungen nachkam. Sowjetrussland verzichtete auf die Staatshoheit über Estland, Livland und Georgien. Im deutsch-russischen Finanzabkommen vom 27. August 1918 wurde Sowjetrussland verpflichtet, sechs Milliarden Mark an Deutschland zu zahlen.

[17] Mit der Ermordung des deutschen Botschafters Wilhelm Graf von Mirbach-Harff hatten die linken Sozialisten-Revolutionäre am 6. Juli 1918 in Moskau einen Putsch zur Beseitigung der Sowjetregierung begonnen. Der Aufstand wurde niedergeschlagen und Hunderte Sozialisten-Revolutionäre verhaftet.

IV

Wir wollen dies an einigen Beispielen näher prüfen.

Eine hervorragende Rolle in der Politik der Bolschewiki spielte die bekannte Auflösung der Konstituierenden Versammlung im November 1917.[18] Diese Maßnahme war bestimmend für ihre weitere Position, sie war gewissermaßen der Wendepunkt ihrer Taktik. Es ist eine Tatsache, dass Lenin und Genossen bis zu ihrem Oktobersiege die Einberufung der Konstituierenden Versammlung stürmisch forderten, dass gerade die Verschleppungspolitik der Kerenski-Regierung in dieser Sache einen der Anklagepunkte der Bolschewiki gegen jene Regierung bildete und ihnen zu heftigsten Ausfällen Anlass gab. Ja, Trotzki sagt in seinem interessanten Schriftchen »Von der Oktober-Revolution bis zum Brester Friedens-Vertrag«, der Oktoberumschwung sei geradezu »eine Rettung für die Konstituante« gewesen wie für die Revolution überhaupt. »Und als wir sagten«, fährt er fort, »dass der Eingang zur Konstituierenden Versammlung nicht über das Vorparlament Zeretelis, sondern über die Machtergreifung der Sowjets führe, waren wir vollkommen aufrichtig.«[19]

Und nun war nach diesen Ankündigungen der erste Schritt Lenins nach der Oktoberrevolution: die Auseinandertreibung derselben Konstituierenden Versammlung, zu der sie den Eingang bilden sollte. Welche Gründe konnten für eine so verblüffende Wendung maßgebend sein? Trotzki äußert sich darüber in der erwähnten Schrift ausführlich, und wir wollen seine Argumente hierher setzen:[20]

---

[18] So im Original. Die Auflösung der Konstituierenden Versammlung durch die Bolschewiki erfolgte am 19. Januar 1918.

[19] Trotzki 1918: 90.

[20] Diese Argumentation, auch Hinweise auf Trotzkis Schrift fehlen in der Quelle. Trotzkis Argumentation lautet: »Wenn die Monate, die dem Oktoberumsturz vorangingen, eine Zeit der Linksverschiebung der Massen und des elementaren Zustroms der Arbeiter, Soldaten und Bauern zu den Bolschewiki waren, so drückte sich innerhalb der Partei der Sozialisten-Revolutionäre dieser Prozess in der Verstärkung des linken Flügels auf Kosten des rechten aus. Aber immer noch dominierten in den Parteilisten der Sozialisten-Revolutionäre zu drei Vierteln die alten Namen des rechten Flügels. [...] Dazu kam noch der Umstand, dass die Wahlen selbst im Laufe der ersten Wochen nach dem Oktoberumsturz stattfanden. Die Nachricht von der Veränderung, die stattgefunden hatte, verbreitete sich verhältnismäßig langsam, in konzentrischen Kreisen von der Hauptstadt nach der Provinz und aus den Städten nach den Dörfern. Die Bauernmassen waren sich an vielen Orten recht wenig klar darüber, was in Petrograd und Moskau vorging. Sie stimmten für ›Land und Freiheit‹ und stimmten für ihre Vertreter in den Landkomitees, die meistenteils unter dem Banner der ›Narodniki‹ standen, damit aber stimmten sie für Kerenski und Awxentjew, die diese Landkomitees auflösten und deren Mitglieder verhaften ließen. [...] Dieser Sachverhalt gibt

Das alles ist ganz ausgezeichnet und sehr überzeugend. Nur muss man sich wundern, dass so kluge Leute wie Lenin und Trotzki nicht auf die nächstliegende Schlussfolgerung geraten sind, die sich aus den obigen Tatsachen ergab. Da die Konstituierende Versammlung lange vor dem entscheidenden Wendepunkt, dem Oktoberumschwung, gewählt und in ihrer Zusammensetzung das Bild der überholten Vergangenheit, nicht der neuen Sachlage spiegelte, so ergab sich von selbst der Schluss, dass sie eben die verjährte, also totgeborene Konstituierende Versammlung kassierten und ungesäumt Neuwahlen zu einer neuen Konstituante ausschrieben! Sie wollten und durften die Geschicke der Revolution nicht einer Versammlung anvertrauen, die das gestrige Kerenskische Russland, die Periode der Schwankungen und der Koalition mit der Bourgeoisie spiegelte. Wohlan, es blieb nur übrig, sofort an ihre Stelle eine aus dem erneuerten, weitergegangenen Russland hervorgegangene Versammlung einzuberufen.

Statt dessen schließt Trotzki aus der speziellen Unzulänglichkeit der im Oktober zusammengetretenen Konstituierenden Versammlung auf die Überflüssigkeit jeder Konstituierenden Versammlung, ja, er verallgemeinert sie zu der Untauglichkeit jeder aus den allgemeinen Volkswahlen hervorgegangenen Volksvertretung während der Revolution überhaupt.

»Dank dem offenen und unmittelbaren Kampf um die Regierungsgewalt häufen die arbeitenden Massen in kürzester Zeit eine Menge politischer Erfahrung an und steigen in ihrer Entwicklung schnell von einer Stufe auf die andere. Der schwerfällige Mechanismus der demokratischen Institutionen kommt dieser Entwicklung umso weniger nach, je größer das Land und je unvollkommener sein technischer Apparat ist.« (Trotzki, S. 93.)

Hier haben wir schon den »Mechanismus der demokratischen Institution überhaupt«. Demgegenüber ist zunächst hervorzuheben, dass in dieser Einschätzung der Vertretungsinstitutionen eine etwas schematische, steife Auffassung zum Ausdruck kommt, der die historische Erfahrung gerade aller revolutionären Epochen nachdrücklich widerspricht. Nach Trotzkis Theorie widerspiegelt jede gewählte Versammlung ein für allemal nur die geistige Verfassung, politische Reife und Stimmung ihrer Wählerschaft just in dem Moment, wo sie zur Wahlurne schritt. Die demokratische Körperschaft ist demnach stets das Spiegelbild der Masse vom Wahltermin, gleichsam wie der Herschelsche Sternhimmel uns stets die Weltkörper nicht zeigt, wie sie sind, da wir auf sie blicken, sondern

---

eine klare Vorstellung, in welchem Maße die Konstituante hinter der Entwicklung des politischen Kampfes und den Parteigruppierungen zurückgeblieben war.« (Ebd.: 92)

wie sie im Moment der Versendung ihrer Lichtboten aus unermesslichen Weiten zur Erde waren. Jeder lebendige geistige Zusammenhang zwischen den einmal Gewählten und der Wählerschaft, jede dauernde Wechselwirkung zwischen beiden wird hier geleugnet.

Wie sehr widerspricht dem alle geschichtliche Erfahrung! Diese zeigt uns umgekehrt, dass das lebendige Fluidum der Volksstimmung beständig die Vertretungskörperschaften umspült, in sie eindringt, sie lenkt. Wie wäre es sonst möglich, dass wir in jedem bürgerlichen Parlament zuzeiten die ergötzlichsten Kapriolen der »Volksvertreter« erleben, die, plötzlich von einem »neuen Geist« belebt, ganz unerwartete Töne hervorbringen, dass die vertrocknetsten Mumien sich zu Zeiten jugendlich gebärden und verschiedene Scheidemännchen auf einmal in ihrer Brust revolutionäre Töne finden – wenn es in den Fabriken, Werkstätten und auf der Straße rumort?

Und diese ständige lebendige Einwirkung der Stimmung und der politischen Reife der Massen auf die gewählten Körperschaften sollte gerade in einer Revolution vor dem starren Schema der Parteischilder und der Wahllisten versagen? Gerade umgekehrt! Gerade die Revolution schafft durch ihre Gluthitze jene dünne, vibrierende, empfängliche politische Luft, in der die Wellen der Volksstimmung, der Pulsschlag des Volkslebens augenblicklich in wunderbarster Weise auf die Vertretungskörperschaften einwirken. Gerade darauf beruhen ja immer die bekannten effektvollen Szenen aus dem Anfangsstadium aller Revolutionen, wo alte reaktionäre oder höchst gemäßigte, unter altem Regime aus beschränktem Wahlrecht gewählte Parlamente plötzlich zu heroischen Wortführern des Umsturzes, zu Stürmern und Drängern werden. Das klassische Beispiel bietet ja das berühmte Lange Parlament in England, das, 1642 gewählt und zusammengetreten, sieben Jahre lang auf dem Posten blieb und in seinem Innern alle Wechselverschiebungen der Volksstimmung, der politischen Reife, der Klassenspaltung, des Fortgangs der Revolution bis zu ihrem Höhepunkt, von der anfänglichen devoten Plänkelei mit der Krone unter einem auf den Knien stehenden »Sprecher« bis zur Abschaffung des Hauses der Lords, Hinrichtung Karls und Proklamierung der Republik [widerspiegelt].

Und hat sich nicht dieselbe wunderbare Wandlung in den Generalständen[21] Frankreichs, im Zensusparlament Louis-Philippes, ja – das letzte frappanteste Beispiel liegt Trotzki so nahe – in der vierten russischen Duma wiederholt, die, im Jahre des Heils 1912,[22] unter der starrs-

[21] In der Quelle: Generalstaaten.

[22] In der Quelle: 1909.

ten Herrschaft der Konterrevolution gewählt, im Februar 1917 plötzlich den Johannistrieb des Umsturzes verspürte und zum Ausgangspunkt der Revolution ward?

Das alles zeigt, dass »der schwerfällige Mechanismus der demokratischen…«[23] ein kräftiges Korrektiv hat – eben in der lebendigen Bewegung der Masse, in ihrem unausgesetzten Druck. Und je demokratischer die Institution, je lebendiger und kräftiger der Pulsschlag des politischen Lebens der Masse, umso unmittelbarer und genauer die Wirkung – trotz starrer Parteischilder, veralteter Wahllisten etc. Gewiss, jede demokratische Institution hat ihre Schranken und Mängel, was sie wohl mit sämtlichen menschlichen Institutionen teilt. Nur ist das Heilmittel, das Trotzki und Lenin gefunden: die Beseitigung der Demokratie überhaupt, noch schlimmer als das Übel, dem es steuern soll: Es verschüttet nämlich den lebendigen Quell selbst, aus dem heraus alle angeborenen Unzulänglichkeiten der sozialen Institutionen allein korrigiert werden können: das aktive, ungehemmte, energische politische Leben der breitesten Volksmassen.

Nehmen wir ein anderes frappantes Beispiel: das von der Sowjetregierung ausgearbeitete Wahlrecht.[24] Es ist nicht ganz klar, welche praktische Bedeutung diesem Wahlrecht beigemessen ist. Aus der Kritik Trotzkis und Lenins an den demokratischen Institutionen geht hervor, dass sie Volksvertretungen aus allgemeinen Wahlen grundsätzlich ablehnen und sich nur auf die Sowjets stützen wollen. Weshalb dann überhaupt ein allgemeines Wahlrecht ausgearbeitet wurde, ist eigentlich nicht ersichtlich. Es ist uns auch nicht bekannt, dass dieses Wahlrecht irgendwie ins Leben eingeführt worden wäre; von Wahlen zu einer Art Volksvertretung auf seiner Grundlage hat man nichts gehört. Wahrscheinlicher ist die Annahme, dass es nur ein theoretisches Produkt sozusagen vom grünen Tisch aus geblieben ist; aber, so wie es ist, bildet es ein sehr merkwürdiges Produkt der bolschewistischen Diktaturtheorie. Jedes Wahlrecht wie überhaupt jedes politische Recht ist nicht nach irgendwelchen

---

[23] Punkte in der Quelle. – Das vollständige Zitat lautet: »der schwerfällige Mechanismus der demokratischen Institutionen«.

[24] Das aktive und passive Wahlrecht besaßen laut Verfassung unabhängig von Glaubensbekenntnis, Nationalität und Ansässigkeit folgende Bürger, die das 18. Lebensjahr vollendet hatten: »All diejenigen, die ihren Lebensunterhalt aus produktiver und gesellschaftlich nützlicher Arbeit bestreiten, ebenso Personen, die im Haushalt tätig sind, wodurch den ersteren das produktive Arbeiten ermöglicht wird, wie Arbeiter und Angestellte aller Arten und Kategorien, die in der Industrie, im Handel, in der Landwirtschaft usw. beschäftigt sind, Bauern und ackerbautreibende Kosaken, insofern sie sich keiner Lohnarbeiter zur Erzielung von Gewinn bedienen.«

abstrakten Schemen der »Gerechtigkeit« und ähnlicher bürgerlich demokratischer Phraseologie zu messen, sondern an den sozialen und wirtschaftlichen Verhältnissen, auf die es zugeschnitten ist. Das von der Sowjetregierung ausgearbeitete Wahlrecht ist eben auf die Übergangsperiode von der bürgerlich-kapitalistischen zur sozialistischen Gesellschaftsform berechnet, auf die Periode der proletarischen Diktatur. Im Sinne der Auslegung, die Lenin-Trotzki von dieser Diktatur vertreten, wird das Wahlrecht nur denjenigen verliehen, die von eigener Arbeit leben, und allen anderen verweigert.

Nun ist es klar, dass ein solches Wahlrecht nur in einer Gesellschaft Sinn hat, die auch wirtschaftlich in der Lage ist, allen, die arbeiten wollen, ein auskömmliches, kulturwürdiges Leben von eigener Arbeit zu ermöglichen. Trifft das auf das jetzige Russland zu? Bei den ungeheuren Schwierigkeiten, mit denen das vom Weltmarkt abgesperrte, von seinen wichtigsten Rohstoffquellen abgeschnürte Sowjet-Russland zu ringen hat, bei der allgemeinen, furchtbaren Zerrüttung des Wirtschaftslebens, bei dem schroffen Umsturz der Produktionsverhältnisse infolge der Umwälzungen der Eigentumsverhältnisse in der Landwirtschaft wie in der Industrie und im Handel liegt es auf der Hand, dass ungezählte Existenzen ganz plötzlich entwurzelt, aus ihrer Bahn herausgeschleudert werden, ohne jede objektive Möglichkeit, in dem wirtschaftlichen Mechanismus irgendeine Anwendung für ihre Arbeitskraft zu finden. Das bezieht sich nicht bloß auf die Kapitalisten- und Grundbesitzerklasse, sondern auch auf die breite Schicht des kleinen Mittelstandes und auf die Arbeiterklasse selbst. Ist es doch Tatsache, dass das Zusammenschrumpfen der Industrie ein massenhaftes Abfluten des städtischen Proletariats aufs platte Land hervorgerufen hat, das in der Landwirtschaft Unterkunft sucht. Unter solchen Umständen ist ein politisches Wahlrecht, das den allgemeinen Arbeitszwang zur wirtschaftlichen Voraussetzung hat, eine ganz unbegreifliche Maßregel. Der Tendenz nach soll es die Ausbeuter allein politisch rechtlos machen. Und während produktive Arbeitskräfte massenhaft entwurzelt werden, sieht sich die Sowjetregierung umgekehrt vielfach gezwungen, die nationale Industrie den früheren kapitalistischen Eigentümern sozusagen in Pacht zu überlassen. Desgleichen sah sich [im] April 1918 die Sowjetregierung gezwungen, auch mit den bürgerlichen Konsumgenossenschaften ein Kompromiss zu schließen. Ferner [hat sich die] Benutzung von bürgerlichen Fachleuten als unumgänglich [erwiesen]. Eine andere Folge derselben Richtung ist, dass wachsende Schichten des Proletariats als Rotgardisten etc. vom Staate aus öffentlichen Mitteln erhalten werden. In Wirklichkeit macht es rechtlos breite und wachsende Schichten des Kleinbürgertums und des Proletariats, für die der wirtschaftliche Organismus keinerlei Mittel zur Ausübung des Arbeitszwanges vorsieht.

Das ist eine Ungereimtheit, die das Wahlrecht als ein utopisches, von der sozialen Wirklichkeit losgelöstes Phantasieprodukt qualifiziert. Und gerade deshalb ist es kein ernsthaftes Werkzeug der proletarischen Diktatur.[25]

Als der ganze Mittelstand, die bürgerliche und kleinbürgerliche Intelligenz nach der Oktoberrevolution die Sowjetregierung monatelang boykottierten, den Eisenbahn-, Post- und Telegraphenverkehr, den Schulbetrieb, den Verwaltungsapparat lahmlegten und sich auf diese Weise gegen die Arbeiterregierung auflehnten, da waren selbstverständlich alle Maßregeln des Druckes gegen sie: durch Entziehung politischer Rechte, wirtschaftlicher Existenzmittel etc. geboten, um den Widerstand mit eiserner Faust zu brechen. Da kam eben die sozialistische Diktatur zum Ausdruck, die vor keinem Machtaufgebot zurückschrecken darf, um bestimmte Maßnahmen im Interesse des Ganzen zu erzwingen oder zu verhindern. Hingegen ein Wahlrecht, das eine allgemeine Entrechtung ganz breiter Schichten der Gesellschaft ausspricht, das sie politisch außerhalb des Rahmens der Gesellschaft stellt, während es für sie wirtschaftlich innerhalb ihres Rahmens selbst keine Platz zu schaffen imstande ist, eine Entrechtung nicht als konkrete Maßnahme zu einem konkreten Zweck, sondern als allgemeine Regel von dauernder Wirkung, das ist nicht eine Notwendigkeit der Diktatur, sondern eine lebensunfähige Improvisation.[26]

Doch mit der konstituierenden Versammlung und dem Wahlrecht ist die Frage nicht erschöpft, es kommt noch die Abschaffung der wichtigsten demokratischen Garantien eines gesunden öffentlichen Lebens und der politischen Aktivität der arbeitenden Massen in Betracht: der Pressefreiheit, des Vereins- und Versammlungsrechts, die für alle Gegner der Sowjetregierung vogelfrei geworden sind.[27] Für diese Eingriffe reicht die

---

[25] Bemerkung am linken Rand ohne Einordnungshinweis: »Ein Anachronismus, eine Vorwegnahme der rechtlichen Lage, die auf einer schon fertigen sozialistischen Wirtschaftsbasis am Platze ist, nicht in der Übergangsperiode der proletarischen Diktatur.«

[26] Bemerkung am linken Rand ohne Einordnungshinweis: »Sowohl Sowjets als Rückgrat wie Konstituante und allgemeines Wahlrecht.« Auf losem, unnumeriertem Blatt die Notiz: »Die Bolschewiki bezeichneten die Sowjets als reaktionär, weil die Mehrheit darin Bauern seien (Bauerndelegierte und Soldatendelegierte). Nachdem sich die Sowjets auf ihre Seite stellten, wurden sie die richtigen Vertreter der Volksmeinung. Aber dieser plötzliche Umschwung hing nur mit Frieden und Landfrage zusammen.«

[27] »Die proletarische Diktatur hält die Ausbeuter, die Bourgeoisie nieder – darum heuchelt sie nicht, verspricht ihnen nicht Freiheit und Demokratie –, den Werktätigen

obige Argumentation Trotzkis über die Schwerfälligkeit der demokratischen Wahlkörper nicht entfernt aus. Hingegen ist es eine offenkundige, unbestreitbare Tatsache, dass ohne freie, ungehemmte Presse, ohne ungehindertes Vereins- und Versammlungsleben gerade die Herrschaft breiter Volksmassen völlig undenkbar ist.

Lenin sagt: Der bürgerliche Staat sei ein Werkzeug zur Unterdrückung der Arbeiterklasse, der sozialistische – zur Unterdrückung der Bourgeoisie. Es sei bloß gewissermaßen der auf den Kopf gestellte kapitalistische Staat. Diese vereinfachte Auffassung sieht von dem Wesentlichsten ab: Die bürgerliche Klassenherrschaft braucht keine politische Schulung und Erziehung der ganzen Volksmasse, wenigstens nicht über gewisse enggezogene Grenzen hinaus. Für die proletarische Diktatur ist sie das Lebenselement, die Luft, ohne die sie nicht zu existieren vermag.

»Dank dem offenen und unmittelbaren Kampf um die Regierungsgewalt...«[28] Hier widerlegt Trotzki sich selbst und seine eigenen Parteifreunde aufs treffendste. Eben weil dies zutrifft, haben sie durch Erdrückung des öffentlichen Lebens die Quelle der politischen Erfahrung und das Steigen der Entwicklung verstopft. Oder aber müsste man annehmen, dass die Erfahrung und Entwicklung bis zur Machtergreifung der Bolschewiki nötig war, den höchsten Grad erreicht hatte und von nun an überflüssig wurde. (Rede Lenins: Russland ist überzeugt für den Sozialismus!!!)[29]

In Wirklichkeit umgekehrt! Gerade die riesigen Aufgaben, an die die Bolschewiki mit Mut und Entschlossenheit herantraten, erforderten die intensivste politische Schulung der Massen und Sammlung der Erfahrung ... [Freiheit nur für die Anhänger der Regierung, nur für die Mit-

aber gibt sie die wahre Demokratie. Erst Sowjetrussland hat dem Proletariat und der ganzen gewaltigen werktätigen Mehrheit Russlands eine Freiheit und Demokratie gegeben, wie sie in keiner bürgerlichen demokratischen Republik bekannt, möglich und denkbar ist; zu diesem Zweck hat es z.B. der Bourgeoisie ihre Paläste und Villen abgenommen (sonst ist die Versammlungsfreiheit eine Heuchelei), zu diesem Zweck hat es den Kapitalisten die Druckereien und das Papier abgenommen (sonst ist die Pressefreiheit für die werktätige Mehrheit der Nation eine Lüge).« (Lenin 1970 [1918c]: 97f.)

[28] Punkte in der Quelle. – Das vollständige Zitat lautet: »Dank dem offenen und unmittelbaren Kampf um die Regierungsgewalt häufen die arbeitenden Massen in kürzester Zeit eine Menge politischer Erfahrung an und steigen in ihrer Entwicklung schnell von einer Stufe auf die andere.« (Trotzki 1918: 93)

[29] In der Quelle gibt Rosa Luxemburg irrtümlich Nr. 29 an. Der Artikel »Nach der russischen Revolution« wurde veröffentlicht im Mitteilungs-Blatt des Verbandes der sozialdemokratischen Wahlvereine Berlins und Umgegend, Nr. 36 vom 8. Dezember 1918 (o.A. 1918). Er enthält eine sehr ausführlich, teilweise wörtliche Wiedergabe der Arbeit »Die nächsten Aufgaben der Sowjetmacht« von W.I. Lenin 1918a.

glieder einer Partei – mögen sie noch so zahlreich sein – ist keine Freiheit. Freiheit ist immer Freiheit der Andersdenkenden. Nicht wegen des Fanatismus der »Gerechtigkeit«, sondern weil all das Belebende, Heilsame und Reinigende der politischen Freiheit an diesem Wesen hängt und seine Wirkung versagt, wenn die »Freiheit« zum Privilegium wird.][30]

Die stillschweigende Voraussetzung der Diktaturtheorie im Lenin-Trotzkischen Sinn ist, dass die sozialistische Umwälzung eine Sache sei, für die ein fertiges Rezept in der Tasche der Revolutionspartei liege, das dann nur mit Energie verwirklicht zu werden brauche.[31] Dem ist leider – oder je nachdem: zum Glück – nicht so. Weit entfernt, eine Summe fertiger Vorschriften zu sein, die man nur anzuwenden hätte, ist die praktische Verwirklichung des Sozialismus als eines wirtschaftlichen, sozialen und rechtlichen Systems eine Sache, die völlig im Nebel der Zukunft liegt. Was wir in unserem Programm besitzen, sind nur wenige große Wegweiser, die die Richtung anzeigen, in der die Maßnahmen gesucht werden müssen, dazu vorwiegend negativen Charakters. Wir wissen so ungefähr, was wir zu allererst zu beseitigen haben, um der sozialistischen Wirtschaft die Bahn frei zu machen, welcher Art hingegen die tausend konkreten, praktischen großen und kleinen Maßnahmen sind, die auf jedem Schritt zu ergreifen sind, um die sozialistischen Grundsätze in die Wirtschaft, in das Recht, in alle gesellschaftlichen Beziehungen einzuführen, darüber gibt kein sozialistisches Parteiprogramm und kein sozialistisches Lehrbuch Aufschluss. Das ist kein Mangel, sondern gerade der Vorzug des wissenschaftlichen Sozialismus vor dem utopischen: Das sozialistische Gesellschaftssystem soll und kann nur ein geschichtliches Produkt sein, geboren aus der eigenen Schule der Erfahrung, in der Stunde der Erfüllung, aus dem Werden der lebendigen Geschichte, die genau wie die organische Natur, deren Teil sie letzten Endes ist, die schöne Gepflogenheit hat, zusammen mit einem wirklichen gesellschaftlichen Bedürfnis stets auch die Mittel zu seiner Befriedigung, mit der Aufgabe zugleich die Lösung hervorzubringen. Ist dem aber so, dann ist es klar, dass der Sozia-

---

[30] Bei den in [] gestellten Sätzen folgt »Zur russischen Revolution« (Luxemburg 2007 [1918m]: 34) einer textkritischen Ausgabe. Der Satz: »Freiheit ist immer Freiheit der Andersdenkenden« wird allerdings ohne den dort vorgenommenen Zusatz: »sich zu äußern« wiedergegeben. Hier folgen wir der Argumentation von Laschitza 2007: 3.

[31] Bemerkung am linken Rand ohne Einordnungshinweis: »Die Bolschewiki werden selbst mit der Hand auf dem Herzen nicht leugnen wollen, dass sie auf Schritt und Tritt tasten, versuchen, experimentieren, hin- und herprobieren mussten und dass ein gut Teil ihrer Maßnahmen keine Perle darstellt. So muss und wird es uns allen gehen, wenn wir daran gehen – wenn auch nicht überall so schwierige Verhältnisse herrschen mögen.«

lismus sich seiner Natur nach nicht oktroyieren lässt, durch Ukase einführen. Er hat zur Voraussetzung eine Reihe Gewaltmaßnahmen – gegen Eigentum etc. Das Negative, den Abbau kann man dekretieren, den Aufbau, das Positive, nicht. Neuland. Tausend Probleme. Nur Erfahrung [ist] imstande, zu korrigieren und neue Wege zu eröffnen. Nur ungehemmtes, schäumendes Leben verfällt auf tausend neue Formen, Improvisationen, erhält schöpferische Kraft, korrigiert selbst alle Fehlgriffe. Das öffentliche Leben der Staaten mit beschränkter Freiheit ist eben deshalb so dürftig, so armselig, so schematisch, so unfruchtbar, weil es sich durch Ausschließung der Demokratie die lebendigen Quellen allen geistigen Reichtums und Fortschritts absperrt. (Beweis: die Jahre 1905 und die [Monate] Februar bis Oktober 1917.) Wie dort politisch, so auch ökonomisch und sozial. Die ganze Volksmasse muss daran teilnehmen. Sonst wird der Sozialismus vom grünen Tisch eines Dutzends Intellektueller dekretiert, oktroyiert.

Unbedingt öffentliche Kontrolle notwendig. Sonst bleibt der Austausch der Erfahrungen nur in dem geschlossenen Kreis der Beamten der neuen Regierung. Korruption unvermeidlich. (Lenins Worte, Mitteilungs-Blatt Nr. 36.)[32] Die Praxis des Sozialismus erfordert eine ganze geistige Umwälzung in den durch Jahrhunderte der bürgerlichen Klassenherrschaft degradierten Massen. Soziale Instinkte anstelle egoistischer; Masseninitiative anstelle der Trägheit; Idealismus, der über alle Leiden hinwegbringt usw. usw. Niemand weiß das besser, schildert das eindringlicher, wiederholt das hartnäckiger als Lenin.[33] Nur vergreift er sich völlig im

[32] In der Quelle gibt Rosa Luxemburg irrtümlich Nr. 29 an. Der Artikel »Nach der russischen Revolution« wurde veröffentlicht im Mitteilungs-Blatt des Verbandes der sozialdemokratischen Wahlvereine Berlins und Umgegend, Nr. 36 vom 8. Dezember 1918 (o.A. 1918). Er enthält eine sehr ausführlich, teilweise wörtliche Wiedergabe der Arbeit »Die nächsten Aufgaben der Sowjetmacht« von W.I. Lenin 1918a.

[33] Bemerkung am linken Rand ohne Einordnungshinweis: »Lenins Rede über Disziplin und Korruption. Anarchie wird auch bei uns und überall unvermeidlich sein. Lumpenproletarisches Element haftet der bürgerlichen Gesellschaft an und lässt sich nicht von ihr trennen: Beweise:

1. Ostpreußen, die ›Kosaken‹-Plünderungen. 2. Der generelle Ausbruch von Raub und Diebstahl in Deutschland (›Schiebungen‹, Post- und Eisenbahnpersonal, Polizei, völlige Verwischung der Grenzen zwischen der wohlgeordneten Gesellschaft und dem Zuchthaus). 3. Die rapide Verlumpung der Gewerkschaftsführer. Dagegen sind die drakonischen Terrormaßnahmen machtlos. Im Gegenteil, sie korrumpieren noch mehr. Das einzige Gegengift: Idealismus und soziale Aktivität der Massen, unbeschränkte politische Freiheit.«

Auf einem losen Blatt ohne Einordnungshinweis befindet sich folgende Ausarbeitung: »Ein Problem für sich von hoher Wichtigkeit in jeder Revolution bildet der Kampf mit dem Lumpenproletariat. Auch wir in Deutschland und allerorts werden damit zu tun

Mittel. Dekret, diktatorische Gewalt der Fabrikaufseher, drakonische Strafen, Schreckensherrschaft, das sind alles Palliative. Der einzige Weg zu dieser Wiedergeburt: die Schule des öffentlichen Lebens selbst, uneingeschränkte breiteste Demokratie, öffentliche Meinung. Gerade die Schreckensherrschaft demoralisiert.

Fällt das alles hinweg, was bleibt in Wirklichkeit? Lenin und Trotzki haben an Stelle der aus allgemeinen Volkswahlen hervorgegangenen Vertretungskörperschaften die Sowjets als die einzige wahre Vertretung der arbeitenden Massen hingestellt. Aber mit dem Erdrücken des politischen Lebens im ganzen Lande muss auch das Leben in den Sowjets immer mehr erlahmen. Ohne allgemeine Wahlen, ungehemmte Presse- und Versammlungsfreiheit, freien Meinungskampf erstirbt das Leben in jeder öffentlichen Institution, wird zum Scheinleben, in der die Bürokratie allein das tätige Element bleibt. Das öffentliche Leben schläft

---

haben. Das lumpenproletarische Element haftet tief der bürgerlichen Gesellschaft an, nicht nur als besondere Schicht, als sozialer Abfall, der namentlich in Zeiten riesig anwächst, wo die Mauern der Gesellschaftsordnung zusammenstürzen, sondern als integrierendes Element der gesamten Gesellschaft. Die Vorgänge in Deutschland – und mehr oder minder in allen andern Staaten – haben gezeigt, wie leicht alle Schichten der bürgerlichen Gesellschaft der Verlumpung anheimfallen. Abstufungen zwischen kaufmännischem Preiswucher, Schlachtschitzen-Schiebungen, fiktiven Gelegenheitsgeschäften, Lebensmittelfälschung, Prellerei, Beamtenunterschlagung, Diebstahl, Einbruch und Raub flossen so ineinander, dass die Grenze zwischen dem ehrbaren Bürgertum und dem Zuchthaus verschwand. Hier wiederholt sich dieselbe Erscheinung wie die regelmäßige rasche Verlumpung bürgerlicher Zierden, wenn sie in überseeische koloniale Verhältnisse auf fremden sozialen Boden verpflanzt werden. Mit der Abstreifung der konventionellen Schranken und Stützen für Moral und Recht fällt die bürgerliche Gesellschaft, deren innerstes Lebensgesetz die tiefste Unmoral: die Ausbeutung des Menschen durch den Menschen, unmittelbar und hemmungslos einfacher Verlumpung anheim. Die proletarische Revolution wird überall mit diesem Feind und Werkzeug der Konterrevolution zu ringen haben.

Und doch ist auch in dieser Beziehung der Terror ein stumpfes, ja zweischneidiges Schwert. Die drakonischste Feldjustiz ist ohnmächtig gegen Ausbrüche des lumpenproletarischen Unwesens. Ja, jedes dauernde Regiment des Belagerungszustandes führt unweigerlich zur Willkür, und jede Willkür wirkt depravierend auf die Gesellschaft. Das einzige wirksame Mittel in der Hand der proletarischen Revolution sind auch hier: radikale Maßnahmen politischer und sozialer Natur, rascheste Umwandlung der sozialen Garantien des Lebens der Masse und – Entfachung des revolutionären Idealismus, der sich nur in uneingeschränkter politischer Freiheit durch intensiv aktives Leben der Massen auf die Dauer halten lässt.

Wie gegen Krankheitsinfektionen und -keime die freie Wirkung der Sonnenstrahlen das wirksamste, reinigende und heilende Mittel ist, so ist die Revolution selbst und ihr erneuerndes Prinzip, das von ihr hervorgerufene geistige Leben, Aktivität und Selbstverantwortung der Massen, also die breiteste politische Freiheit als ihre Form, die einzige heilende und reinigende Sonne.«

allmählich ein, einige Dutzend Parteiführer von unerschöpflicher Energie und grenzenlosem Idealismus dirigieren und regieren, unter ihnen leitet in Wirklichkeit ein Dutzend hervorragender Köpfe, und eine Elite der Arbeiterschaft wird von Zeit zu Zeit zu Versammlungen aufgeboten, um den Reden der Führer Beifall zu klatschen, vorgelegten Resolutionen einstimmig zuzustimmen, im Grunde also eine Cliquenwirtschaft – eine Diktatur allerdings, aber nicht die Diktatur des Proletariats, sondern die Diktatur einer Handvoll Politiker, d.h. Diktatur im bürgerlichen Sinne, im Sinne der Jakobinerherrschaft (das Verschieben der Sowjetkongresse von drei Monaten auf sechs Monate!). Ja noch weiter: Solche Zustände müssen eine Verwilderung des öffentlichen Lebens zeitigen: Attentate, Geiselerschießungen usw. Das ist ein übermächtiges, objektives Gesetz, dem sich keine Partei zu entziehen vermag.

Der Grundfehler der Lenin-Trotzkischen Theorie ist eben der, dass sie die Diktatur, genau wie Kautsky, der Demokratie entgegenstellen. »Diktatur oder Demokratie« heißt die Fragestellung sowohl bei den Bolschewiki wie bei Kautsky. Dieser entscheidet sich natürlich für die Demokratie, und zwar für die bürgerliche Demokratie, da er sie eben als die Alternative der sozialistischen Umwälzung hinstellt. Lenin-Trotzki entscheiden sich umgekehrt für die Diktatur im Gegensatz zur Demokratie und damit für die Diktatur einer Handvoll Personen, d.h. für bürgerliche Diktatur. Es sind zwei Gegenpole, beide gleich weit entfernt von der wirklichen sozialistischen Politik. Das Proletariat kann, wenn es die Macht ergreift, nimmermehr nach dem guten Rat Kautskys unter dem Vorwand der »Unreife des Landes« auf die sozialistische Umwälzung verzichten und sich nur der Demokratie widmen, ohne an sich selbst, an der Internationale, an der Revolution Verrat zu üben. Es soll und muss eben sofort sozialistische Maßnahmen in energischster, unnachgiebigster, rücksichtslosester Weise in Angriff nehmen, also Diktatur ausüben, aber Diktatur der Klasse, nicht einer Partei oder Clique, Diktatur der Klasse, d.h. in breitester Öffentlichkeit, unter tätigster ungehemmter Teilnahme der Volksmassen, in unbeschränkter Demokratie. »Als Marxisten sind wir nie Götzendiener der formalen Demokratie gewesen«, schreibt Trotzki.[34] Gewiss, wir sind nie Götzendiener der formalen Demokratie gewesen. Wir sind auch nie Götzendiener des Sozialismus oder des Marxismus gewesen. Folgt etwa daraus, dass wir auch den Sozialismus, den Marxismus à la Cunow-Lensch-Parvus, wenn er uns unbequem wird, in die Rumpelkammer werfen dürfen? Trotzki und Lenin sind die lebendige Verneinung dieser Frage. Wir sind nie Götzendiener der for-

[34] Trotzki 1918: 93.

malen Demokratie gewesen, das heißt nur: Wir unterschieden stets den sozialen Kern von der politischen Form der bürgerlichen Demokratie, wir enthüllten stets den herben Kern der sozialen Ungleichheit und Unfreiheit unter der süßen Schale der formalen Gleichheit und Freiheit – nicht um diese zu verwerfen, sondern um die Arbeiterklasse dazu anzustacheln, sich nicht mit der Schale zu begnügen, vielmehr die politische Macht zu erobern, um sie mit neuem sozialem Inhalt zu füllen. Es ist die historische Aufgabe des Proletariats, wenn es zur Macht gelangt, an Stelle der bürgerlichen Demokratie sozialistische Demokratie zu schaffen, nicht jegliche Demokratie abzuschaffen. Sozialistische Demokratie beginnt aber nicht erst im gelobten Lande, wenn der Unterbau der sozialistischen Wirtschaft geschaffen ist, als fertiges Weihnachtsgeschenk für das brave Volk, das inzwischen treu die Handvoll sozialistischer Diktatoren unterstützt hat. Sozialistische Demokratie beginnt zugleich mit dem Abbau der Klassenherrschaft und dem Aufbau des Sozialismus. Sie beginnt mit dem Moment der Machteroberung durch die sozialistische Partei. Sie ist nichts anderes als die Diktatur des Proletariats.

Jawohl: Diktatur! Aber diese Diktatur besteht in der Art der Verwendung der Demokratie, nicht in ihrer Abschaffung, in energischen, entschlossenen Eingriffen in die wohlerworbenen Rechte und wirtschaftlichen Verhältnisse der bürgerlichen Gesellschaft, ohne welche sich die sozialistische Umwälzung nicht verwirklichen lässt. Aber diese Diktatur muss das Werk der Klasse und nicht einer kleinen, führenden Minderheit im Namen der Klasse sein, d.h. sie muss auf Schritt und Tritt aus der aktiven Teilnahme der Massen hervorgehen, unter ihrer unmittelbaren Beeinflussung stehen, der Kontrolle der gesamten Öffentlichkeit unterstehen, aus der wachsenden politischen Schulung der Volksmassen hervorgehen.

Genauso würden auch sicher die Bolschewiki vorgehen, wenn sie nicht unter dem furchtbaren Zwang des Weltkrieges, der deutschen Okkupation und aller damit verbundenen abnormen Schwierigkeiten litten, die jede von den besten Absichten und den schönsten Grundsätzen erfüllte sozialistische Politik verzerren müssen.

Ein krasses Argument dazu bildet die so reichliche Anwendung des Terrors durch die Räteregierung, und zwar namentlich in der letzten Periode vor dem Zusammenbruch des deutschen Imperialismus, seit dem Attentat auf den deutschen Gesandten. Die Binsenweisheit, dass Revolutionen nicht mit Rosenwasser getauft werden, ist an sich ziemlich dürftig.

Alles, was in Russland vorgeht, ist begreiflich und eine unvermeidliche Kette von Ursachen und Wirkungen, deren Ausgangspunkte und Schlusssteine: das Versagen des deutschen Proletariats und die Okkupation Russlands durch den deutschen Imperialismus. Es hieße, von Lenin und Genossen Übermenschliches verlangen, wollte man ihnen auch noch zumuten, unter solchen Umständen die schönste Demokratie, die vorbildlichste Diktatur des Proletariats und eine blühende sozialistische Wirtschaft hervorzuzaubern. Sie haben durch ihre entschlossene revolutionäre Haltung, ihre vorbildliche Tatkraft und ihre unverbrüchliche Treue dem internationalen Sozialismus wahrhaftig genug geleistet, was unter so verteufelt schwierigen Verhältnissen zu leisten war. Das Gefährliche beginnt dort, wo sie aus der Not die Tugend machen, ihre von diesen fatalen Bedingungen aufgezwungene Taktik nunmehr theoretisch in allen Stücken fixieren und dem internationalen [Proletariat] als das Muster der sozialistischen Taktik zur Nachahmung empfehlen wollen. Wie sie sich damit selbst völlig unnötig im Lichte stehen und ihr wirkliches, unbestreitbares historisches Verdienst unter den Scheffel notgedrungener Fehltritte stellen, so erweisen sie dem internationalen Sozialismus, dem zuliebe und um dessentwillen sie gestritten und gelitten, einen schlechten Dienst, wenn sie in seine Rüstkammer als neue Erkenntnisse all die von Not und Zwang in Russland eingegebenen Schiefheiten eintragen wollen, die letzten Endes nur Ausstrahlungen des Bankerotts des internationalen Sozialismus in diesem Weltkriege waren.

Mögen die deutschen Regierungssozialisten schreien, die Herrschaft der Bolschewiki in Russland sei ein Zerrbild der Diktatur des Proletariats. Wenn sie es war oder ist, so nur, weil sie eben ein Produkt der Haltung des deutschen Proletariats war, die ein Zerrbild auf sozialistischen Klassenkampf war. Wir alle stehen unter dem Gesetz der Geschichte, und die sozialistische Politik lässt sich eben nur international durchführen. Die Bolschewiki haben gezeigt, dass sie alles können, was eine echte revolutionäre Partei in den Grenzen der historischen Möglichkeiten zu leisten imstande ist. Sie sollen nicht Wunder wirken wollen. Denn eine mustergültige und fehlerfreie proletarische Revolution in einem isolierten, vom Weltkrieg erschöpften, vom Imperialismus erdrosselten, vom internationalen Proletariat verratenen Lande wäre ein Wunder. Worauf es ankommt, ist, in der Politik der Bolschewiki das Wesentliche vom Unwesentlichen, den Kern von dem Zufälligen zu unterscheiden. In dieser letzten Periode, in der wir vor entscheidenden Endkämpfen in der ganzen Welt stehen, war und ist das wichtigste Problem des Sozialismus, geradezu die brennende Zeitfrage nicht diese oder jene Detailfrage der Taktik, sondern: die Aktionsfähigkeit des Proletariats, die revolutionäre Tatkraft der Massen, der Wille zur Macht des Sozialismus überhaupt. In dieser Beziehung waren die Lenin und Trotzki mit ihren Freunden die ersten, die dem Weltproletariat mit dem Beispiel vorangegangen sind, sie sind bis jetzt immer noch die einzigen, die mit Hutten ausrufen können: Ich hab's gewagt!

Dies ist das Wesentliche und Bleibende der Bolschewiki-Politik. In diesem Sinne bleibt ihnen das unsterbliche geschichtliche Verdienst, mit der Eroberung der politischen Gewalt und der praktischen Problemstellung der Verwirklichung des Sozialismus dem internationalen Proletariat vorangegangen zu sein und die Auseinandersetzung zwischen Kapital und Arbeit in der ganzen Welt mächtig vorangetrieben zu haben. In Russland konnte das Problem nur gestellt werden. Es konnte nicht in Russland gelöst werden. Es kann nur international gelöst werden. Und in diesem Sinne gehört die Zukunft überall dem »Bolschewismus«.

PAUL LEVI oder:
die in Vergessenheit geratene Fortführung

Paul Levi
Einleitung[1] zu Rosa Luxemburg: Die Russische Revolution

»Auch ein *Klaglied zu sein im Mund der Geliebten ist herrlich...*«
Schiller, Nänie [1800]

I

Es kann kein Zweifel sein: Die Arbeiterschaft der Welt befindet sich in einer schweren Krise. Und oberflächlich wäre es, die Krise darin zu sehen, dass da und dorten in der Arbeiterschaft Verschiedenheiten der Meinungen hervorgetreten sind, die sich parteimäßig in guten oder in schlechten Formen gegenüberstehen. Das wäre an sich nicht schlimm und würde von der Arbeiterschaft nicht als Krise gefühlt, wenn darüber hinaus nicht eine wirkliche Krise wäre. Die Arbeiterschaft der ganzen Welt ist aus dem Kriege herausgekommen in tiefster Not. Sie hat ihre Söhne und Brüder zu Millionen geopfert und erntet nun den Dank: Millionen und aber Millionen von Arbeitslosen, gedrückte Löhne, den Zusammenbruch selbst der dürftigen Hütte, die vor dem Kriege das Proletariat in der kapitalistischen Welt bewohnte. Ein Vorgang wie der, des Zeugen wir sind, ist wohl in der Geschichte noch nie gewesen: dass nicht etwa wie die römischen proletarii in generationenlang dauerndem Geschehen von der Höhe menschenwürdigen Lebens in die Tiefen der Kloaken sanken, sondern dass in zwei, drei Jahren, in einem Lustrum höchstens, ein Wandel sich vollziehen muss, der dem Proletariat die Zeiten vor dem Kriege als die paradiesischen muss erscheinen lassen. Nicht ein Adam soll aus dem Paradiese vertrieben werden, um auf der Erde zu leben, sondern Millionen, die wenigstens schlecht und recht auf der Erde lebten, sollen unter die Erde verbannt werden.

Was Wunder, wenn jetzt mehr denn je die Millionen auf den Sozialismus starren? Was Wunder, wenn sie jetzt von ihm die Wunder erwarten, die niemand geben kann? Was Wunder aber auch, wenn jetzt, gerade in dieser Situation, wo der Sozialismus von heute auf morgen den Hungrigen kein Brot, den Dürstenden keinen Wein geben kann und wo nur die klarste offenste Sprache den Proletariern Auge und Ohr öffnen kann für das, was *ihre eigene* Aufgabe ist, es doppelt schwer wirkt, wenn sie Enttäuschungen sehen selbst da, wo sie bisher am kühnsten den Weg zum Sozialismus beschritten glaubten? Es darf uns allen nicht verborgen bleiben: Wenn heute diese oder jene Rede Lenins, dieses oder jenes Dekret des Rates der Volkskommissare nach dem Westen dringt, in dem die

[1] Levis Text leitet Rosa Luxemburgs Fragment nicht ein, sondern schließt daran an. Deshalb wird er hinter Rosa Luxemburgs Text gestellt.

Massen eben einmal – und da hilft kein Reden und kein Zureden – nicht den Weg zum Kommunismus, sondern den Weg zum Kapitalismus sehen, so ist das keine Angelegenheit, die die Redaktionen der kommunistischen Blätter oder die Zentralleitungen der kommunistischen Parteien in Verlegenheit setzt. Es sind Dinge, die nicht einmal damit erledigt sind, dass die »Vorwärts«-Redaktion darüber boshafte Bemerkungen macht oder irgendein ganz Kluger meint: Also, das haben wir immer gesagt. Es sind Vorgänge, die die *gesamte* Arbeiterschaft, von der Sozialdemokratie bis zu den Kommunisten, aufs tiefste erschüttern und nirgendwo Triumph auslösen, sondern ein dumpfes Gefühl des Zweifels: nicht an der Richtigkeit der kommunistischen Politik in Russland, sondern am Sozialismus überhaupt. Man denke etwa an die deutsche Arbeiterschaft. Sie sieht auf der einen Seite die Sozialdemokratie, die zu Stinnes geht. »Hinan zum Kapitalismus.« Und sie sieht auf der *anderen* Seite den Kommunismus, der sich bisher mit jedem Zuge der russischen Sowjetpolitik identifiziert hat, und auch Lenin sagt: »Hinan zum Kapitalismus.« Die beiden Antipoden der Arbeiterbewegung vereint in demselben Schlachtruf. Wir fürchten, die russischen Kommunisten haben die ganze verhängnisvolle Tragik, die ihre neueste Politik für die ganze Welt enthält, nicht voll erkannt. Wir wollen nur etwa eine Tatsache erwähnen. Die Sowjetregierung hat in einer Note an die Regierung der Entente sich erboten, die russischen Schulden der zarischen Kriegs- und Vorkriegszeit zu bezahlen. Es mag sein – wir vermögen darüber nicht zu urteilen –, dass die Lage des russischen Staates das erforderte. Und wir reden auch gar nicht von den paar Milliarden, die vielleicht die an ungehobenen Schätzen so reiche russische Volkswirtschaft nicht arm und die englisch-französische nicht reich machen. Aber wir reden davon, welcher moralische Wert der internationalen Arbeiterschaft dadurch verlorenging, dass sie sieht, wie ein sichtbares Zeichen des Widerstandes gegen den allbeherrschenden Kapitalismus dahinsinkt.

Denn Tatsache ist doch: Die russische Räterepublik, betrachtet und belächelt von den einen, geliebt und geheiligt von den anderen, ward doch von *allen* Proletariern empfunden als der erste heroische Anlauf gegen die Zwingburg des Kapitalismus. Ihr Bestand war für sie alle das lebendige Zeichen dafür, dass die bestehenden Gewalten des Kapitalismus keine ewigen sind. Sie war für *alle* Proletarier der *erste* Versuch, die Welt *proletarisch* zu gestalten, und sie war so der größte moralische Faktor, den die Arbeiterbewegung der Welt je besessen hat. Wir, die wir glauben, der russischen Revolution nach unseren schwachen Kräften zur Seite gestanden zu haben von ihrem ersten Tage an, wir glauben, auch jetzt mit aller Deutlichkeit sagen zu dürfen: Wir sehen das unvergängliche Verdienst der Bolschewiki darin, dass sie vom ersten Tage der russischen Revolution danach strebten, das zu sein. Nicht das allein ist ihre Größe, dass sie vom ersten Tage an die Errungenschaften der Revolution, die die Entwicklung der Gesellschaftskräfte in Russland ermöglichte, dadurch sicherten, dass sie *die* Klasse an die Spitze der Revolution setzten, deren Ziele in der Zukunft liegen, dass sie den Sieg für die Gegenwart durch ihren Kampf um die zu erringende Zukunft sicherten, sondern mehr: Mit faustischem Trieb wiesen die Bolschewiki in die Ferne, wiesen über die ganze Welt und zeigten, wie all ihr Werk nur Stückwerk sei, solange die Kräfte des Weltproletariats nicht mithelfen, es zu stützen. »Mein Feld ist die Welt.« Das war vom ersten Tage an ihr Wahlspruch. Gewiss: Die Weltproletarier sind nicht zu der russischen Revolution gestoßen, weder so rasch, wie es manche erwartet, noch auf die Weise, wie es einige versucht haben. Aber als Erwecker, als Rufer, als Sammler der proletarischen Kräfte der ganzen Welt hat Sowjet-Russland eine Kraft ausgeübt, größer als je etwas zuvor. Wie sie in Russland und damit auf der Welt »zum ersten Male die Endziele des Sozialismus als unmittelbares Programm der praktischen Politik« proklamierten und dazu, wie die geschichtliche Aufgabe es verlangt, ihre ganze Politik auf das Weltproletariat und seine revolutionäre Erweckung stützten, wie sie die steilste Lebensbahn unerschrocken, ohne Wanken der Knie, erklommen und mit unerschütterlicher Zähigkeit alles Denken auf den Sieg des Proletariates lenkten, so werden die Bolschewiki in fernster Zukunft den Proletariern unvergessen bleiben und »unverweslich sein und glänzen«.

Diese hohe Aufgabe, die ihnen die Geschichte überantwortet hat und die sie selbst freudig auf sich genommen haben, legt aber den Bolschewiki besondere Verantwortung auf, nicht nur gegenüber dem russischen, sondern gegenüber dem Weltproletariat. Ihre Handlungen unterliegen der Kritik; sie müssten es sowohl in Russland wie im Ausland. Über die Zweckmäßigkeit der Maßnahmen, mit denen sie sich dieser Kritik in Russland entziehen, werden wir später noch einige Worte sagen, und auch Rosa Luxemburg hat darüber bereits geredet. Soweit die Gewalt der russischen Sowjetrepublik aber nicht reicht, versucht man, sich Kritik vom Halse zu halten, indem man alle andere Meinung als »Opportunismus« oder »Menschewismus« diffamiert. Rosa Luxemburg hat in ihrer Schrift sich vom »Menschewismus« mit aller Deutlichkeit abgegrenzt und ist doch zu Resultaten gekommen, die ihr Urteil auch über die jetzige Politik der Bolschewiki ahnen lassen. Wir schmeicheln uns deswegen aber nicht, dass nicht auch gegen diese Schrift mit denselben Schlagwörtern werde vorgegangen werden. Das kann uns nicht abhalten von dem, was wir für notwendig halten, umso weniger, als der häufige Gebrauch dieser Worte deren Gefährlichkeit nicht gesteigert hat und wir der durch Tatsachen begründeten Überzeugung leben, dass nicht allzu viele von denen, die das Wort »Menschewist« auf der Zunge führen, damit einen entsprechenden Gedanken verbinden. Es kann uns umso weniger abhalten, als gerade jene Krise, in der die Arbeiterschaft der Welt sich befindet, es gebieterisch verlangt, kritisch Distanz zu gewinnen zu den Ereignissen in Russland. Nur dann, wenn wir zu erkennen uns bemühen, ob und welche Abirrungen in Russland seien, wo die Quellen der Fehler seien, vermögen wir den Massen zu zeigen, dass *doch* der Weg zum Sozialismus *der* Weg ist, der zu ihrer Erlösung führt. Wir hoffen, dass wir so Tausende dem Sozialismus erhalten und gewinnen, die sonst verlorengingen. Die Kritik, die heute an Russland geübt wird, ist Balsam für die proletarische Bewegung. Und selbst dann, wenn die Kritik da und dorten zu weit geht – wir hoffen nicht, dass das in den folgenden Zeilen der Fall sei –, mögen die, die die Kritik angeht, sie so werten, wie Frau Fönss in ihrem letzten Briefe an ihre Kinder tat: »Hättet ihr mich weniger geliebt: Ihr würdet mich jetzt weniger verdammen.«[2]

II

Seit dem Februar 1921 hat die Politik der Bolschewiki einen völligen Umschwung erfahren. Konzession reiht sich an Konzession, Kompromiss an Kompromiss. Wir glauben, über den Verdacht hinweg zu sein, als sähen wir im Kommunismus ein Ding, das irgendwo im strahlenden Blau des Himmels zurechtgezimmert und mit der Alternative: »dieses oder nichts« dem Proletariat irgendeines Landes oder der Welt unter den Christbaum gelegt werde. Kompromisse sind ein Ding, das überhaupt nicht zu umgehen ist; nicht revolutionär wäre es, über dem Kompromiss zu vergessen, die Kräfte des Proletariates nach Möglichkeit anzuspannen oder den von »Führern«, Parlamentariern, Ministern abgeschlossenen Kompromiss als das Werk einer höheren Vorsehung dem traurigen Volke anzupreisen. Ein Kompromiss, der nicht kompromittiert, hat also zwei Voraussetzungen. Die eine ist, dass die Natur des Kompromisses nicht verschleiert, sondern in ihrer Schwäche und Halbheit offen denunziert wird, die andere ist, dass über den Kompromiss hinaus das zu verfolgende Ziel den Massen vor Augen gehalten wird.

Sind die von den Bolschewiki seit Februar d. J. getroffenen Maßnahmen Kompromisse? Darüber ist eine eindeutige Äußerung noch nicht gegeben, und es empfiehlt sich daher, diese Maßnahmen zu vergleichen

---

[2] Im Original heißt es: »… hättet Ihr mich weniger geliebt, so hättet Ihr mich auch ruhiger gehen lassen.« (Jacobsen 1882: 24)

mit den ursprünglichen Absichten der Bolschewiki. Wir haben bereits oben angeführt, wie *Rosa Luxemburg* die Aufgabe der Bolschewiki als der von ihnen gewollten umschrieb.

Lenin selbst definierte die Aufgabe früher folgendermaßen: »Auf der Tagesordnung steht darum eine neue, höhere Form des Kampfes gegen die Bourgeoisie, der Übergang von der einfachsten Aufgabe der weiteren Expropriierung der Kapitalisten zu der erheblich komplizierteren und schwereren Aufgabe der Schaffung von solchen Bedingungen, unter denen die Bourgeoisie weder existieren noch von neuem entstehen könnte.«[3]

Es genügt, mit dieser Umschreibung der Aufgabe durch Lenin im Jahre 1918 die Ausführungen zu vergleichen, die in seinen letzten Kundgebungen enthalten sind.

»Wenn die Geburt der Revolution in Deutschland sich noch verzögert, so ist es unsere Aufgabe, am Staatskapitalismus der Deutschen *zu lernen, alles daranzusetzen,* um ihn auf unseren Sowjetstaat zu übertragen, keine diktatorische Maßnahme zu sparen, um die Übernahme dieses westlichen Kulturerzeugnisses durch das barbarische Russland zu beschleunigen, *keine barbarischen Kampfmittel gegen die Barbarei* zu scheuen.«[4]

»Sollten wir versuchen, die Entwicklung jedes privaten, nicht staatlichen Austausches, d.h. des Handels, des Kapitalismus – eine Entwicklung, die bei Vorhandensein von vielen Millionen Kleinproduzenten unvermeidlich ist – zu verbieten, [...] zu unterbinden? Eine solche Politik wäre eine Torheit, ein Selbstmord der Partei, die sie versuchen würde.«[5]

»Da wir noch nicht die Kraft haben, den unmittelbaren Übergang von der Kleinproduktion zum Sozialismus zu verwirklichen, ist der Kapitalismus als natürliche Folge der Kleinproduktion und des Austausches bis zu einem gewissen Grade unvermeidlich. Wir müssen ihn ausnutzen (namentlich indem wir ihn in das Strombett des Staatskapitalismus lenken) als Bindeglied zwischen der Kleinproduktion und dem Sozialismus, als Mittel, Weg, Maßnahme, Methode zur Hebung der Produktivkräfte.«[6]

Wir glauben, an jenes erste Zitat keine Reminiszenzen aus der russischen Geschichte knüpfen zu müssen: wer etwa ähnlich sprach, ohne durch die Marxsche Schule gegangen zu sein.[7]

---

[3] Lenin 1918a: 10, eine weitere Übersetzung in: Ders. 1960 [1918b]: 234f.

[4] Ders. 1921a: 87, eine weitere Übersetzung in: Ders. 1961 [1921h]: 347; Hervorhebungen im Original, bei Levi entfernt.

[5] Ders. 1921a: 97, eine weitere Übersetzung in: Ders. 1961 [1921h]: 357.

[6] Ders. 1921a: 103, eine weitere Übersetzung in: Ders. 1961 [1921h]: 364.

[7] Gemeint ist der russische Zar Peter I., auch »der Große« genannt (1672–1725). Er versuchte, Russland nach Westen zu öffnen, was am Fehlen eines selbständigen

Wir denken vielmehr, dass diese Gegenüberstellung, die beliebig vermehrt werden kann, für den Zweck genügt, für den wir sie hier vorgenommen haben: nämlich um zu zeigen, dass das Ziel der Bolschewiki 1918 war, Bedingungen zu schaffen, unter denen der Kapitalismus nicht leben und nicht wieder zum Leben auferstehen kann, 1921: Bedingungen zu schaffen, unter denen der Kapitalismus, wenn möglich, als Staatskapitalismus und, wenn nicht möglich, als Privatkapitalismus der gewöhnlichen Feld-, Wald- und Wiesenart wieder auflebe.

Nun geben wir aber eines ohne weiteres zu. Mit einer solchen Gegenüberstellung ist an sich gar nichts bewiesen. Welche Zielsetzung die wahrhaft revolutionäre ist, ergibt sich nie aus der mehr oder weniger »radikalen« Fassung. Nur primitive Kommunisten nach der Art Béla Kuns und seiner deutschen Gefährten (soweit sie nicht umgelernt haben) sagen: Generalaufstand, was darunter ist, ist vom Übel. In Wirklichkeit ergibt sich der revolutionäre oder konterrevolutionäre Charakter irgendeiner Zielsetzung nie aus ihrem *Wortlaut,* sondern aus ihrem geschichtlichen Zusammenhang. Der, der etwa 1910 in Preußen Massendemonstration mit dem Ziele »allgemeines Wahlrecht« verlangte, war viel revolutionärer als der, der etwa »darüber hinaus« Arbeiter- und Soldatenräte verlangt haben würde. So können wir auch aus diesen verschiedenen Zielsetzungen der Bolschewiki 1918 und 1921 unmittelbar keine Schlüsse ziehen, sondern müssen auf den geschichtlichen Zusammenhang zurückgehen, aus dem heraus ihre Zielsetzung jeweils erwachsen ist.

III

Lenin versucht, die Konzessionen an den Kapitalismus auf folgende Weise schmackhaft zu machen: »Der Konzessionär ist ein Kapitalist. Er betreibt sein Geschäft auf kapitalistische Art und Weise, um des Gewinnes willen; er willigt in einen Vertrag mit der proletarischen Macht ein, um einen außergewöhnlich hohen Gewinn zu erzielen oder um sol-

---

städtisch-bürgerlichen Elementes letzten Endes allerdings scheiterte. Die Unmöglichkeit eines Bündnisses zwischen Krone und städtisch-liberalem Bürgertum gegen den Territorialadel zur Durchsetzung eines Zentralstaates – dem Grundzug des Absolutismus im Westen und in der Mitte Europas als Vorbedingung für einen vor staatlicher und sonstiger Willkür geschützten Markt – suchte Peter durch gezielten Terror gegen die Territorialherrscher zu kompensieren. Heraus kam in den folgenden 200 Jahren – nach der staatlich induzierten Etablierung eines (Schein-)Bürgertums (geistig wie politisch verharrte es bis zum Ende in den Fesseln des Zarismus) – eine zwar zunehmend kapitaldominierte, aber bis in ihre Tiefen hinein »unbürgerliche«, statt zur Liberalität allenfalls zur Dekadenz befähigte Gesellschaft: eine Konstellation, die sich nach 1991 »auf höherer Stufenleiter« (Marx) abermals einstellen sollte…

che Rohstoffe zu erhalten, die er auf andere Weise entweder überhaupt nicht oder nur mit größter Schwierigkeit erlangen kann. Die Sowjetmacht zieht ihrerseits Nutzen daraus: Die Produktivkräfte werden entwickelt, das Quantum der Erzeugnisse wird sofort oder in kürzester Frist erheblich vergrößert.«[8]

Es ist durchaus verständlich (wenn auch vielleicht nicht richtig), dass ein kommunistischer Schriftsteller so den Vorgang darstellt. Wie würde ein kapitalistischer Interessent an den Vorgängen sie darstellen? Genau mit denselben Worten, nur umgekehrt.

Die Sowjetmacht – so würde er sagen – ist eine Macht, die die Produktivität nicht entwickeln kann, nicht sofort und nicht in genügend kurzer Frist. Der Kapitalist zieht hieraus Nutzen: Er willigt in einen Vertrag mit der proletarischen Macht ein, umso einen außerordentlich hohen Gewinn zu erzielen... usw.

Es wird niemand bestreiten wollen, dass sie beide Recht hätten, dass aber der Kapitalist seiner Darstellung keine Erläuterung mit auf den Weg zu geben brauchte – denn seine Natur verlangte immer nach außerordentlich hohen Gewinnen –, dass aber die Darstellung des Kommunisten der Erklärung bedarf.

Also, welches war die Entwicklung, auf Grund deren die Bolschewiki zu dieser (kapitalistischen) Zielsetzung kamen, im Gegensatz zu jener sozialistischen im Jahre 1918?

Wir lassen am besten Lenin selbst reden: »*Zunächst* im Verein mit dem ›gesamten‹ Bauerntum gegen die Monarchie, die Gutsbesitzer, das Mittelalter (und so bleibt die Revolution eine bürgerliche, bürgerlich-demokratische). *Nachher* zusammen mit den ärmeren Bauern, mit den Halbproletariern, mit allen Ausgebeuteten, *gegen den Kapitalismus,* einschließlich die Großbauern, Wucherer, Spekulanten (und hier wird die Revolution zu einer *sozialistischen*)...«[9]

»Die *bürgerliche* Revolution war von uns *restlos* durchgeführt worden. Das gesamte Bauerntum ging zusammen mit uns. Sein Antagonismus gegenüber dem sozialistischen Proletariat konnte sich nicht sofort äußern. Die Räte umfassten die Bauern *in ihrer Gesamtheit.* Die Klassenteilung beim Bauerntum war noch nicht reif, äußerte sich noch nicht.

Dieser Prozess kam im Sommer und Herbst 1918 zur Entwicklung. Der tschechoslowakische gegenrevolutionäre Aufstand rüttelte die Dorfwucherer und Spekulanten auf. Sie überzogen ganz Russland mit einer

[8] Ders. 1921a: 98, eine weitere Übersetzung in: Ders. 1961 [1921h]: 359.

[9] Ders. 1919a: 65; eine weitere Übersetzung in: Ders. 1970 [1918c]: 300; Hervorhebungen im Original, bei Levi entfernt.

Flut von Unruhen. Die ärmeren Bauern haben nicht aus Büchern oder Zeitungen, sondern aus dem Leben selbst die Erkenntnis von der Unvereinbarkeit ihrer Interessen mit denen der Dorfwucherer, der Dorfbourgeoisie gewonnen. Die ›linken‹ Sozialisten-Revolutionäre spiegelten, wie jede kleinbürgerliche Partei, das Schwanken der Massen wider und spalteten sich gerade im Sommer 1918: ein Teil ging mit den Tschechoslowaken (der Moskauer Aufstand, bei dem Proschjan das Telegraphenamt – für eine Stunde! – besetzt und in Russland den Sturz der Bolschewiki verkündet hatte; dann der Verrat des Oberbefehlshabers der gegen die Tschechoslowaken kämpfenden Truppen [...] usw.); der andere vorerwähnte Teil blieb auf Seiten der Bolschewiki.«[10]

Und noch knapper, schärfer, präziser drückt Lenin den Gedanken an anderer Stelle aus: »Das Proletariat muss zwischen den werktätigen Bauern und den besitzenden Bauern, zwischen dem Arbeiter und dem Händler [...] eine scharfe Grenze ziehen. In dieser Abgrenzung liegt der *ganze Sinn* des Sozialismus.«[11]

Dieses ist ein Punkt, an dem bereits Rosa Luxemburg mit ihrer Kritik eingesetzt hat. Wobei freilich eines festgestellt werden muss: In einer Hinsicht hat auch sie geirrt. Der russische Muschik kroch nicht, nach getaner Landverteilung, hinter den hohen Ofen und ließ Republik Republik und Revolution Revolution sein. Als die Revolution bedroht war, die ihm, dem Bauern, das Land gegeben hatte, stand der russische Bauer auf und verteidigte sie mit nicht minderem Heroismus als der französische Bauer von 1793 die seine verteidigte. Insofern also hat er sich als brauchbare Stütze der Sowjetrepublik erwiesen. Ja, er ging in seiner Tapferkeit so weit, dass er im Vorbeigehen auch einen anderen Fehler korrigierte, den Rosa Luxemburg in der Politik der Bolschewiki bemerkte: Das »Selbstbestimmungsrecht der Nationen« ist, soweit es als Angriffsmittel gegen seine, des Bauern, revolutionäre Errungenschaften nutzbar war, von ihm erledigt worden.

Auch in einem anderen Punkte hat die Geschichte die Kritik von Rosa Luxemburg kritisiert. Sie befürchtete von der »chaotischen, rein willkürlichen Art« der Landverteilung zweierlei: einmal die Verschärfung der Klassengegensätze innerhalb des Bauerntums statt deren Ausgleichung in Richtung auf den Sozialismus, dann – gleichzeitig – die Verschärfung des Gegensatzes zwischen Bauerntum und Industrieproletariat. Zu diesen

---

[10] Ebd.: 67, eine weitere Übersetzung in: Ders. 1970 [1918c]: 302f. Hervorhebungen im Original, bei Levi entfernt.

[11] Ders. 1919b: 939 eine weitere Übersetzung in: Ders. 1961 [1919c]: 97; Hervorhebung im Original, bei Levi weggelassen.

beiden, aus der gewählten Lösung der Landfrage sich ergebenden Möglichkeiten standen die Bolschewiki so, dass sie auf die erste – die Rosa Luxemburg *befürchtete* – *hofften*, um mit der ersten die zweite zu erledigen.

Die Geschichte hat über Furcht und Hoffnung entschieden. Lenin sagt darüber: »Die Mittelschicht im Bauerntum ist jetzt viel zahlreicher und ausschlaggebender als früher, die Gegensätze sind verwischt, durch die Aufteilung ist die Bodenbenutzung viel gleichmäßiger geworden, das Großbauerntum ist seiner Vormachtstellung verlustig gegangen und sogar zum größten Teil enteignet. In Russland mehr als in der Ukraine, in Sibirien in geringerem Maße, aber im großen und ganzen zeigt uns die Statistik ganz unzweifelhaft, dass das Dorf nivelliert ist; das heißt, der scharfe Gegensatz zwischen Großbauern und mittellosen Kleinbauern ist ausgeglichen, alles ist gleichmäßiger geworden; wir haben es jetzt im großen und ganzen mit einem mittleren Bauerntum zu tun.«[12]

Es ist also heute keine brennende Frage zu entscheiden, was vom sozialistischen Standpunkt richtig war: die Hoffnung oder die Furcht. Denn die Tatsache, auf die Furcht und Hoffnung sich gründete, ist ausgeblieben. Die bolschewistische Rechnung, die auf den stetig und rasch sich zuspitzenden Klassengegensatz im Bauerntum rechnete und hoffte, aus dem so entbrennenden Kampf die Kraft zur Weiterführung der Revolution nach der Richtung auf den Sozialismus zu gewinnen: Diese Rechnung ging fehl. Die Landverteilung hat zu einer Nivellierung der Klassengegensätze auf dem Lande geführt: Wo früher Kulaks und Muschiks, Großbauern und Dorfproleten einander gegenüberstanden, steht heute »im großen und ganzen ein mittleres Bauerntum«. Es ist also auch nicht mit der Lösung jenes ersten Gegensatzes – Dorfproletarier gegen Großbauern – der zweite Gegensatz – Bauern gegen Industriearbeiter – gelöst worden. Ganz im Gegenteil. Wo der Industrieproletarier vor drei Jahren noch Verständnis und Hilfe auf dem Lande finden konnte, findet er heute in breiter, einheitlicher Schicht den Mittelbauern mit seiner – wenn er auch bisher nichts hatte, um sie daran zu erproben – ererbten Besitzerpsychologie und seiner heiligen Scheu vor jeder Antastung des jung erworbenen Besitzes, mag die Antastung von Lenin oder von Denikin[13] kommen. In seiner Nacht sind ihm alle Katzen grau. Das heißt mit anderen Worten: Der Gegensatz zwischen Industrieproletarier und Landbesitzer ist unendlich vertieft; das Gemeinsame, das Stadt- und Landprole-

---

[12] Ders. 1921b: 7, eine weitere Übersetzung in: Ders. 1961 [1921e]: 218.

[13] Anton Denikin (1872–1947) – nach der Revolution 1917 Oberbefehlshaber der Weißen Armee in Südrussland, 1920 aus Russland emigriert.

tarier verband, ist dahin, und geblieben ist nur der Wille zum Besitz auf der einen, der Wille zum Sozialismus auf der anderen Seite.

Ist in den Strebungen der russischen Bauernschaft von heute auch nur noch ein sozialistischer Zug vorhanden? Auch nur noch ein Zug, der die Weiterführung der russischen Revolution zu ihrem sozialistischen Endziel, gestützt auf jene, ermöglichte? Lenin selbst hat dieses Bauerntum sozial richtig bewertet, wenn er schreibt: »Die Bauernschaft fährt fort, ein Kleinbetrieb der Warenproduktion zu bleiben. Hier haben wir eine außerordentlich weite und sehr tief und sehr fest wurzelnde Basis des Kapitalismus. Auf dieser Basis erhält sich der Kapitalismus und entsteht aufs Neue im heftigsten Kampf gegen den Kommunismus. Die Formen dieses Kampfes sind Schleichhandel und Spekulation, welche gegen die staatliche Besorgung des Kornes [...], überhaupt gegen die staatliche Besorgung der Produkte gerichtet sind.«[14]

Diese Charakteristik des Bauerntums, nämlich eben der Schicht, die heute in Russland das Bauerntum schlechthin ist, ist durchaus richtig. Nur ist sie nicht ganz umfassend. Weder ist das Bauerntum die einzige Operationsbasis des Kapitalismus gegen den russischen Kommunismus – in Berlin, in Paris, in London, in Warschau etc. sind die anderen –, noch sind Schleichhandel und Spekulation die einzigen Mittel, mit denen von jener Basis aus operiert wird. Schleichhandel und Spekulation sind lästige und gefährliche Waffen, die das Bauerntum besitzt, aber keine tödlichen. Das Bauerntum in Russland (wie überhaupt in allen Ländern mit ausschlaggebender Bauernschicht) besitzt gefährlichere. Die eine Waffe, die als Hammer, die andere, die als hydraulische Presse wirkt, die eine, die sofort zerschmetternd, die andere, die langsam, aber sicher erdrückend wirkt. Diese ist die Abtrennung des Bauern und der bäuerlichen Produktion vom Markte. Das ist der Zustand, den Rosa Luxemburg mit den Worten umschreibt, »er überlässt die Revolution ihren Feinden, den Staat dem Zerfall, die städtische Bevölkerung dem Hunger«. Der Bauer zieht sich, wie die Schnecke, in die Hauswirtschaft zurück. Diesem Druck kann auf die Dauer ein Staat, der große Städte mit Industrie und städtischem Proletariate hat, nicht standhalten. Der Hammer aber, den die russischen Bauern in Händen halten, das ist der Aufstand. Sie haben in den vielen Kriegen gelernt, die Antastung ihres Besitzes mit dem bewaffneten Angriff abzuwehren. Wir glauben, dass die Wirkung beider Mittel drohte, als die Bolschewiki im Frühjahr 1921 sich zu der radikalen

[14] Ders. 1919b: 937, eine weitere Übersetzung in: Ders. 1961 [1919c]: 94.

Änderung ihrer Politik entschlossen.[15] Und mit dieser Feststellung erst kommen wir zurück zur Beantwortung der Frage, die wir eingangs aufwarfen: War – nicht nach dem Wortlaut, sondern nach dem geschichtlichen Zusammenhang – die bolschewistische Zielsetzung im Jahre 1918 oder die im Jahre 1921 die revolutionäre, d.h. »in der Richtung auf jene grundlegenden Voraussetzungen einer späteren sozialistischen Reform liegend«? Und hier kann die Beantwortung nicht mehr zweifelhaft sein. In ihrem geschichtlichen Zusammenhang, in ihrer Tendenz, objektiv, waren die Maßnahmen der Bolschewiki gegenüber oder vielmehr entgegen den Bauern nicht revolutionär, sondern gegenrevolutionär, getroffen zur Besänftigung einer Klasse, die alle Bande mit ihren Waffengenossen von 1918 gelöst hat, die einheitlich, geschlossen, unerschütterlich antisozialistisch, konterrevolutionär ist. Nicht anders bewertet Lenin diese Strebungen, die – wie auch die Kronstädter – unter der Losung des freien Handels ans Licht traten: »Hier kam das kleinbürgerliche demokratische Element mit den Losungen vom freien Handel zum Durchbruch, die gegen die Diktatur des Proletariats gerichtet waren.«[16]

Damit erledigt Lenin zugleich auch die Einwendungen, die gegen diese Feststellungen von anderer Seite gemacht wurden. Spektator sagt in einer Polemik gegen Otto Bauer:[17] »Hat aber Bauer dort etwa die Sozialisierung der kleinen oder mittleren Betriebe empfohlen oder die Nationalisierung des Handels? Keineswegs. Warum denn also, wenn die Sozialisierung davon absieht, diese zu sozialisieren, bedeutet es schon Rückkehr zum Kapitalismus?«[18]

Die Antwort ist nach dem oben Gesagten, nach der Relativität des Wertes von politischen Maßnahmen, nicht schwer. Es gibt viele Maßnahmen und Ziele, die getroffen oder gesteckt werden können, die ein Minus sind gegenüber der Sozialisierung des Handels und die doch revolutionär, d.h. in Richtung auf das sozialistische Endziel liegend sind. Eine Maßnahme, erzwungen von kapitalistischen Kräften, den Bauern, die eine frühere – mag auch sein frühzeitige – revolutionäre Maßregel beseitigt, ist kein Schritt in Richtung auf den Sozialismus, sondern einer in Richtung auf den Kapitalismus.

---

15 Dass seit Winter 1920 in Sowjetrussland große Bauernaufstände tobten, ist im Westen erst später bekannt geworden.

16 Ders. 1921f: 27, eine weitere Übersetzung in: Ders. 1961 [1921d]: 183.

17 Otto Bauer (1882–1938), österreichischer Sozialdemokrat, Wortführer des Austromarxismus.

18 Spectator (d.i. Miron Nachimson) 1921: 10.

IV

»Aber, wir haben die Herrschaft der Arbeiterklasse, die Diktatur des Proletariates aufrechterhalten!« Dieses ist ja wohl der Einwand, mit dem alle jene, größtenteils wohl unbestrittenen Anführungen paralysiert werden sollen. Und zugleich ist dieses der Punkt, in dem derzeit – die Unterscheidungsmerkmale sind keine feststehenden – der Kommunist sich von dem »Menschewik«, die »loyale Opposition« sich von dem »Seelenfang« unterscheidet. Wir glauben also, diesem Argument besondere Sorgfalt widmen zu müssen.

Wir glauben, den Kern des Streites zu erfassen, wenn wir folgende Ausführungen Lenins voranstellen. Er zitiert zunächst wörtlich folgende Sätze von Kautsky: »Der Ausdruck ›Diktatur des Proletariates‹, also Diktatur nicht eines einzelnen, sondern einer Klasse, schließt bereits aus, dass Marx hierbei an eine Diktatur im buchstäblichen Sinn des Ausdrucks gedacht hat.

Er sprach hier nicht von einer *Regierungsform,* sondern von einem *Zustande,* der notwendigerweise überall eintreten müsse, wo das Proletariat die politische Macht erobert hat. Dass er hier keine Regierungsform im Auge hatte, wird schon dadurch bezeugt, dass er der Ansicht war, in England und Amerika könne sich der Übergang friedlich [...] vollziehen.«[19]

Dem stellt nun Lenin folgende Definition des Begriffes Diktatur gegenüber: »Die Diktatur ist eine unmittelbar auf Gewalt begründete Herrschaft, die an keinerlei Gesetze gebunden ist. Die revolutionäre Diktatur des Proletariats ist eine von dem Proletariat erkämpfte und auf der Gewalt des Proletariats gegenüber der Bourgeoisie begründete Herrschaft, die an keinerlei Gesetze gebunden ist.«[20]

Dieser Definition fügt dann Lenin folgende Erläuterung an: (S. 6) »Kautsky *muss* die Diktatur als ›Zustand der Herrschaft‹ auslegen, denn dann *verschwindet die revolutionäre Gewalt, verschwindet die gewaltsame Revolution.* ›Der Zustand der Herrschaft‹ ist ein Zustand, bei dem eine beliebige Mehrheit unter der [...] ›Demokratie‹ vorhanden ist! Infolge eines solchen Gaunertricks *verschwindet* glücklich *die Revolution* [...]

Die Unsinnigkeit der Unterscheidung zwischen ›Zustand‹ und ›Regierungsform‹ tritt zutage. Hier von der Regierungsform zu reden, ist doppelt dumm; denn jeder Knabe weiß, dass Monarchie und Republik verschiedene Regierungsformen sind. Herrn Kautsky muss man erst beweisen, dass diese beiden Regierungsformen, wie überhaupt alle ›Re-

[19] Lenin 1919a: 3f., eine weitere Übersetzung in: Ders. 1970 [1918c]: 232; Hervorhebungen im Original, bei Levi entfernt.

[20] Ders. 1919a: 5, eine weitere Übersetzung in: Ders. 1970 [1918c]: 234.

gierungsformen‹ der Übergangszeit unter dem Kapitalismus, nur Abarten des *bürgerlichen Staates d.h. der Diktatur der Bourgeoisie sind.*

Von der Regierungsform zu sprechen, ist endlich nicht nur eine dumme, sondern eine plumpe Verfälschung von Marx, der hier sonnenklar von der Form und der Art *des Staates* und nicht von der Regierungsform spricht.

Die proletarische Revolution ist ohne gewaltsame Vernichtung der bürgerlichen Staatsmaschinerie und ohne Ersetzung dieser durch eine neue, die nach Engels ›schon kein Staat im eigentlichen Sinne mehr‹ ist, nicht möglich.«[21]

Nachdem wir so Ansicht gegen Ansicht gestellt haben, glauben wir zunächst folgendes sagen zu können. Die ganze Schwäche und Unhaltbarkeit der Kautskyschen Definition des Diktaturbegriffes und die Richtigkeit der Leninschen Kritik daran springt in die Augen. Denn die Geschichte spielt sich nun einmal nicht in »Zuständen« ab. Gewiss werden die durch die Entwicklung der Ökonomie geschaffenen »Zustände«, d.h. wohl sozialen Schichtungen und Lagerungen, in gewisser Weise stets sichtbaren Ausdruck bekommen. Aber das geschichtlich und politisch Entscheidende ist eben die Tat, durch die ein gegenüber früher veränderter Zustand *sichtbar* wird. »Zustände« unter der Decke des Staates, unter der Decke der Regierungsform wandeln sich immer; wir selbst sind des Zeugen, wie weit sie sich von ihrem Ausgangspunkt entfernen und in Widerspruch geraten können zu der – im Großen und Ganzen – starren »Regierungsform«, ohne dass der Widerspruch ein flagranter wird. Solange die gesellschaftlichen Kräfte, die »Zustände«, diese Decke nicht zerreißen, gelten sie dem Politiker nicht mehr als dem Jäger die Hasen, die nicht gefangen sind. Und in der Tat hat so die Kautskysche Theorie die große Gefahr in sich: Sie lenkt den Blick von der Bühne politischen Geschehens in das weite Reich einer »Zustandsphilosophie«, der sozialphilosophischen Kontemplation, jenes Land der himmelblauen Beschaulichkeit. *Politisch* bedeutet das Knochenerweichung.

Wenden wir uns nun den Leninschen Kommentaren und zumal seinen Definitionen zu, so ist zunächst ein Charakteristikum festzustellen, das vielen seiner Äußerungen eignet: Sie erinnern etwas an Heraklit, den Dunklen von Ephesus, und es ist nicht immer leicht festzustellen, wie er es meine.

Es entspricht der ganzen Wesenheit von Lenin, wenn er das Pferd genau von der Kautsky entgegengesetzten Seite aufzäumt und beginnt mit

[21] Ders. 1919a: 6f., eine weitere Übersetzung in: Ders. 1970 [1918c]: 235f.; Hervorhebungen im Original, bei Levi weggelassen.

dem, was *geschichtlich* und *politisch* das Entscheidende ist, der Sichtbarwerdung, der Organisationsform der Diktatur des Proletariates. Und dabei macht Lenin eine Unterscheidung, die, glauben wir, am tiefsten in seine Gedankengänge blicken lässt. Er unterscheidet – und auch diese Unterscheidung ist zutreffend – zwischen »Regierungsform« und »Staatsform«.

Regierungsform ist für ihn ein Ding von untergeordneter Bedeutung. Monarchie oder Republik sind nur Verkleidungen desselben Wesens, der Diktatur der Bourgeoisie. Anders aber mit der Staatsform. Aufgabe der Revolution ist, die bürgerliche Staatsmaschinerie zu zerschlagen und an die Stelle der bürgerlichen Staatsform die proletarische Staatsform zu setzen. So weit, glauben wir, werden alle Revolutionäre mit Lenin übereinstimmen.

Die Frage ist nur die: *Gibt es eine Form von proletarischem Staat, der allein durch seine Existenz als Form die Herrschaft des Proletariats sicherstellt, oder ist auch unter der Decke der proletarischen Form des Staates seine Wandelung möglich, dergestalt, dass nicht mehr proletarische, sondern andere Kräfte entscheidend werden?*

Lenin selbst hat u. W. diese Frage nie scharf gestellt und also auch nicht in dieser Schärfe beantwortet. Es geht also nicht an, seine Ansicht ohne weiteres mit der ersten Alternative gleichzustellen – obwohl auf Grund seiner Polemik gegen Kautsky das vielleicht möglich wäre –, sondern wir können lediglich versuchen zu zeigen, wie tatsächlich seine ganze Auffassung vom Sowjetstaat und seiner Bedeutung auf jene erste Formel zurückgeht.

Was ist die Sowjetmacht? Wir wollen von den verschiedenen Definitionen, die in den verschiedensten Druckwerken enthalten sind, drei von Lenin herausgreifen.

1. »Die Sowjetmacht ist nichts anderes als die Organisationsform der Diktatur des Proletariats, der Diktatur der vorgeschrittenen Klasse, die zum neuen Demokratismus, zur selbständigen Anteilnahme an der Staatsverwaltung Millionen und abermals Millionen von Arbeitenden und Ausgebeuteten erhebt, die durch ihre Erfahrungen lernen, in der disziplinierten und zielbewussten Avantgarde des Proletariats ihre zuverlässigsten Führer zu sehen.«

2. »Die Rätemacht ist die *erste* in der Welt (strenggenommen die zweite, denn auch die Pariser Kommune machte den Anfang dazu), die die Massen, gerade die *ausgebeuteten,* zur Beteiligung an die Verwaltung *heranzieht.«* [Hervorhebung von Lenin].[22]

[22] Ders. 1919a: 15, eine weitere Übersetzung in: Ders. 1970 [1918c]: 246; Hervorhebungen im Original, bei Levi entfernt.

3. Daselbst, nur acht Zeilen später heißt es: »Die Räte bilden eine unmittelbare Organisation der werktätigen und ausgebeuteten Klassen selbst, die ihnen die Möglichkeit *erleichtert,* den Staat selbst einzurichten und zu leiten. Es ist ihnen denkbar leicht gemacht, zu wählen und die Wahlen zu kontrollieren. Gerade der Vortrupp der Werktätigen und Ausgebeuteten, das städtische Proletariat, hat dabei den Vorzug, dass es in den Großunternehmungen am besten zusammengeschlossen ist. Die Räteorganisation erleichtert selbsttätig die Vereinigung aller Werktätigen und Ausgebeuteten mit dem Vortrupp des Proletariates«.[23]

Zunächst eines: In diesen Definitionen wie auch in zahlreichen anderen sind drei Stufen zu unterscheiden: 1. die Masse der Ausgebeuteten und Unterdrückten, d.h. die Masse der Industrieproletarier und (damaligen) Bauern; 2. der *Vortrupp* der Masse der Ausgebeuteten und Unterdrückten, d.h. das städtische Industrieproletariat; 3. die *Vorhut* des Industrieproletariates, d.h. die Kommunisten.

Diese grundsätzliche Trennung, die durch die gesamte bolschewistische Literatur festgehalten ist, hat zur Folge, dass jede der drei Stufen ihren besonderen Aufgabenkreis hat und dass eine wesentliche Aufgabe ist, die Verbindung zwischen diesen drei Kreisen aufrechtzuerhalten.

Was zunächst den Aufgabenkreis angeht, so ergibt sich aus den oben angeführten Stellen (die beliebig vermehrt werden können) folgendes: 1. Aufgabe der Vorhut, d.h. der Kommunisten, ist es, sich durch Diszipliniertheit und Zielbewusstsein als die zuverlässigsten Führer des Proletariates zu erweisen; 2. Aufgabe des Vortrupps, d.h. des Industrieproletariates ist es, den Apparat des proletarischen Staates technisch in Gang zu setzen, in Gang zu halten und zu kontrollieren, also das, was Lenin unvollkommen mit den Worten »zu wählen und die Wahlen zu kontrollieren« ausdrückt; 3. die Aufgabe der breiten Masse der Unterdrückten ist es – hier schwankt der Leninsche Wortlaut bedenklich –, »zur Beteiligung an der Verwaltung« *herangezogen* zu werden, oder »durch Erfahrungen zu *lernen,* in der disziplinierten und zielbewussten Avantgarde (Vorhut) des Proletariates ihre zuverlässigen Führer zu sehen«.

Indem wir hier lediglich diese drei verschiedenen Stufen und Aufgabenkreise feststellen, wenden wir uns sofort der zweiten Frage zu:

Welches ist die Verbindung, die zwischen diesen Kreisen bestehen kann und besteht? Darüber bestand, glauben wir, unter den Bolschewiki zu Beginn der russischen Revolution nur eine Meinung. Lenin sagt an dem oben aufgeführten Orte:

[23] Ebd.; Hervorhebung im Original, bei Levi weggelassen.

»Die Räteorganisation erleichtert selbsttätig die Vereinigung aller Werktätigen und Ausgebeuteten mit dem Vortrupp des Proletariates«.[24]

Trotzki schrieb darüber:

»Ihre unmittelbare Vertretung fanden die revolutionären Massen in der einfachsten und allgemein zugänglichen Delegiertenorganisation, dem – Sowjet [...] Der Sowjet umfasst Arbeiter aller Unternehmungen, aller Berufe, aller Stufen kultureller Entwicklung, aller Grade politischer Erkenntnis, und eben dadurch wird er objektiv genötigt, die *gemeinsamen* Interessen des Proletariats zu formulieren...

In der Form der allumfassenden Klassenorganisation [...] nimmt die Bewegung sich selbst ›als Ganzes‹.«[25]

Das Verbindungsmittel also ist der Sowjet. Und doch besteht in diesen Formulierungen Lenins und Trotzkis ein Unterschied. Während Trotzki gerade den *Vorzug,* ja das *Wesen* der Sowjets darin sieht, dass sie allumfassend, eine Totalität sind, sind sie für Lenin ein Mittel, das »den Massen die Möglichkeit erleichtert«, das die Massen »heranzieht«. Für Trotzki also, nach jener Definition, ist das Wesen der Sowjets zerstört, wenn sie ihre Totalität einbüßen. Lenin spricht nur von der »Möglichkeit« der Teilnahme. Ihm schwebt also unzweifelhaft auch der Fall vor, dass die Massen von jener Möglichkeit keinen Gebrauch machen und das Sowjetsystem dann doch funktioniert. Für ihn zerfällt das Proletariat ganz offenbar in zwei scharf getrennte Teile: den einen Teil, der »heranzieht«, den anderen Teil, der »herangezogen« wird und die Verbindung zwischen diesen beiden Teilen ist, wie das Bild des Heranziehens oder das so häufig gebrauchte Bild des »Hebels« zeigt, dem Gebiete der Mechanik entnommen. Für Lenin sind beide Teile einer getrennten Existenz fähig: Die Vorhut des Proletariates, die das Sowjetsystem geschaffen hat und es trägt, kann leben und existieren und kann das Sowjetsystem weitertragen, bis die große Masse von der ihr gebotenen »Möglichkeit« Gebrauch macht, durch »Erfahrungen gelernt hat«, in jenen »ihre zuverlässigsten Führer« zu erblicken; die breite Schicht der Ausgebeuteten und Unterdrückten, Gros und Nachhut, das Objekt, an dem der »Hebel« angesetzt wird, an dem die Hebelkünste erwiesen werden bis zu dem Tage, an dem sie den Segen der ihnen im Sowjetsystem gebotenen »Möglichkeiten« und die treue Vorsorge ihrer »zuverlässigsten Führer« erkennen und in Linie einrücken mit dem, was bisher die Vorhut war. Wie eine treue Mutter hat die Vorhut im Sowjetsystem ein Hemd zurechtgemacht, sie wartet – geduldig oder ungeduldig –, bis das Kind das Hemd tragen kann.

[24] Ebd.

[25] Trotzki 1920: 85; Hervorhebung bei Trotzki und Levi.

Solange das nicht ist, bleibt trotzdem Mutter Mutter und Hemd Hemd, Vorhut Vorhut und Sowjetsystem Sowjetsystem.

Tun wir Lenin unrecht mit dieser Darstellung? Beileibe nicht. Der eine geschlossene Mann ist der eine und selbe gewesen und geblieben seit Jahrzehnten. Und das, was vor bald zwanzig Jahren der Gegenstand einer rein literarischen Kontroverse zwischen ihm und Rosa Luxemburg war, was damals erschien in dem geringen Gewande eines Streites um die Organisationsform, das hat heute seine Probe zu bestehen gehabt im großen weltgeschichtlichen Maßstab. Die größte revolutionäre Bewegung der Weltgeschichte hat über die Lenin-Luxemburgische Kontroverse aus dem Jahre 1904 entschieden, in dem der beiderseitige Standpunkt aus den nachfolgenden Zeilen von Rosa Luxemburg zu erkennen ist:

»Vom Standpunkt der formalen Aufgaben der Sozialdemokratie als einer Kampfpartei erscheint der Zentralismus in ihrer Organisation von vornherein als eine Bedingung, von deren Erfüllung die Kampffähigkeit und die Tatkraft der Partei in direktem Verhältnis abhängen. Allein viel wichtiger als die Gesichtspunkte der formalen Erfordernisse jeder Kampforganisation sind hier die spezifischen historischen Bedingungen des proletarischen Kampfes.

Die sozialdemokratische Bewegung ist die erste in der Geschichte der Klassengesellschaften, die in allen ihren Momenten, im ganzen Verlauf auf die Organisation und die selbständige direkte Aktion der Masse berechnet ist.

In dieser Beziehung schafft die Sozialdemokratie einen ganz anderen Organisationstypus als die früheren sozialistischen Bewegungen, zum Beispiel die des jakobinisch-blanquistischen Typus.

Lenin scheint dies zu unterschätzen, wenn er in seinem Buche [...] meint, der revolutionäre Sozialdemokrat sei doch nichts anderes als ›der mit der *Organisation* des *klassenbewussten* Proletariats unzertrennlich verbundene Jakobiner‹.[26] In der Organisation und dem Klassenbewusstsein des Proletariats im Gegensatz zur Verschwörung einer kleinen Minderheit erblickt Lenin die erschöpfenden Unterschiedsmomente zwischen der Sozialdemokratie und dem Blanquismus. Er vergisst, dass damit auch eine völlige Umwertung der Organisationsbegriffe, ein ganz neuer Inhalt für den Begriff des Zentralismus, eine ganz neue Auffassung von dem wechselseitigen Verhältnis der Organisation und des Kampfes gegeben ist.

Der Blanquismus war weder auf die unmittelbare Klassenaktion der Arbeitermasse berechnet, noch brauchte er deshalb auch eine Massenor-

[26] Vgl. Lenin 1904: 140.

ganisation. Im Gegenteil, da die breite Volksmasse erst im Moment der Revolution auf dem Kampfplatz erscheinen sollte, die vorläufige Aktion aber in der Vorbereitung eines revolutionären Handstreichs durch eine kleine Minderheit bestand, so war die scharfe Abgrenzung der mit dieser bestimmten Aktion betrauten Personen von der Volksmasse zum Gelingen ihrer Aufgabe direkt erforderlich. Sie war aber auch möglich und ausführbar, weil zwischen der konspiratorischen Tätigkeit einer blanquistischen Organisation und dem alltäglichen Leben der Volksmasse gar kein innerer Zusammenhang bestand.

Zugleich waren auch die Taktik und die näheren Aufgaben der Tätigkeit, da diese ohne Zusammenhang mit dem Boden des elementaren Klassenkampfes, aus freien Stücken, aus dem Handgelenk improvisiert wurde, im voraus bis ins Detail ausgearbeitet, als bestimmter Plan fixiert und vorgeschrieben. Deshalb verwandelten sich die tätigen Mitglieder der Organisation naturgemäß in reine Ausführungsorgane eines außerhalb ihres eigenen Tätigkeitsfeldes im voraus bestimmten Willens, in *Werkzeuge* eines Zentralkomitees. Damit war auch das zweite Moment des verschwörerischen Zentralismus gegeben: die absolute, blinde Unterordnung der Einzelorgane der Partei unter ihre Zentralbehörde und die Erweiterung der entscheidenden Machtbefugnisse dieser letzteren bis an die äußerste Peripherie der Parteiorganisation.

Grundverschieden sind die Bedingungen der sozialdemokratischen Aktion. Diese wächst historisch aus dem elementaren Klassenkampfe heraus. Sie bewegt sich dabei in dem dialektischen Widerspruch, dass hier die proletarische Armee sich erst im Kampfe selbst rekrutiert und erst im Kampf auch über die Aufgaben des Kampfes klar wird. Organisation, Aufklärung und Kampf sind hier nicht getrennte, mechanisch und auch zeitlich gesonderte Momente wie bei einer blanquistischen Bewegung, sondern sie sind nur verschiedene Seiten desselben Prozesses. Einerseits gibt es – abgesehen von allgemeinen Grundsätzen des Kampfes – keine fertige, im voraus festgesetzte detaillierte Kampftaktik, in die die sozialdemokratische Mitgliedschaft von einem Zentralkomitee eingedrillt werden könnte. Andererseits bedingt der die Organisation schaffende Prozess des Kampfes ein beständiges Fluktuieren der Einflusssphäre der Sozialdemokratie.

Daraus ergibt sich schon, dass die sozialdemokratische Zentralisation nicht auf blindem Gehorsam, nicht auf der mechanischen Unterordnung der Parteikämpfer ihrer Zentralgewalt basieren kann und dass andererseits zwischen dem bereits in feste Parteikadres organisierten Kern des klassenbewussten Proletariats und der vom Klassenkampf bereits ergriffenen, im Prozess der Klassenaufklärung befindlichen umliegenden

Schicht nie eine absolute Scheidewand aufgerichtet werden kann. Die Aufrichtung der Zentralisation in der Sozialdemokratie auf diesen zwei Grundsätzen – auf der blinden Unterordnung aller Parteiorganisationen mit ihrer Tätigkeit bis ins kleinste Detail unter eine Zentralgewalt, die allein für alle denkt, schafft und entscheidet, sowie auf der schroffen Abgrenzung des organisierten Kernes der Partei von dem ihn umgebenden revolutionären Milieu, wie sie von Lenin verfochten wird – erscheint uns deshalb als eine mechanische Übertragung der Organisationsprinzipien der blanquistischen Bewegung von Verschwörerzirkeln auf die sozialdemokratische Bewegung der Arbeitermassen. Und Lenin hat seinen Standpunkt vielleicht scharfsinniger gekennzeichnet, als es irgendeiner seiner Opponenten tun könnte, indem er seinen ›revolutionären Sozialdemokraten‹ als den ›*mit* der Organisation der klassenbewussten Arbeiter *verbundenen* Jakobiner‹ definierte. Tatsächlich ist die Sozialdemokratie aber nicht mit der Organisation der Arbeiterklassen *verbunden,* sondern sie ist *die eigene Bewegung* der Arbeiterklasse. Der sozialdemokratische Zentralismus muss also von wesentlich anderer Beschaffenheit sein als der blanquistische. Er kann nichts anderes als die gebieterische Zusammenfassung des Willens der aufgeklärten und kämpfenden Vorhut der Arbeiterschaft ihren einzelnen Gruppen und Individuen gegenüber sein, es ist dies sozusagen ein ›Selbstzentralismus‹ der führenden Schicht des Proletariats, ihre Majoritätsherrschaft innerhalb ihrer eigenen Parteiorganisation.«[27]

Wir sind heute aufgrund der Erfahrungen der russischen Revolution in der Lage, die praktischen Lehren aus jener literarischen Kontroverse zu ziehen. Bevor wir aber das tun, möchten wir noch in gewissem Umfang die Formen betrachten, zu denen die Leninsche Auffassung von der Diktatur des Proletariats geführt hat.

V

Wir haben gesehen, wie die Sowjetregierung eine Staatsform ist, die in Russland unter Zerbrechung der russischen feudalen Staatsform vom siegreichen Proletariat als die seinige aufgerichtet wurde.

Mit der Staatsform an sich und mit der gegebenen »Möglichkeit« für die breiten proletarischen Massen, sich am Staatsleben zu beteiligen, ist aber noch nicht viel gesagt. Die Frage ist vielmehr weiter die: Sind in dieser »Staatsform« auch verschiedene »Regierungsformen« möglich, ebenso wie in der Staatsform der Bourgeoisie die verschiedensten Regierungsformen (Republik, Monarchie, Parlamentarismus usw.) denk-

[27] Luxemburg 1972 [1904]: 427–429.

bar sind. Ohne dass (soweit uns ersichtlich) Lenin diese Frage untersucht und beantwortet hätte, lässt sich aus seinen verschiedenen Äußerungen entnehmen, dass er sie bejaht.

Zunächst das eine: Die Masse und deren Anteilnahme ist ihm im Sowjetsystem nur eine »Möglichkeit«. Eine Möglichkeit ist aber nicht der solide Grund, auf dem ein Staatswesen aufgebaut werden kann. Die feste Mauer, die das Sowjetgebäude stützt, ist die *Vorhut* des Proletariers, d.h. die Kommunistische Partei, und jedenfalls im ersten Stadium der Revolution haben die Bolschewiki – und zunächst auch richtig – damit gerechnet, dass auch der *Vortrupp,* d.h. das Industrieproletariat sich daran lebendig beteiligen werde. Weil aber die Anteilnahme des Gros nur eine Möglichkeit, die des Industrieproletariates keine Sicherheit bedeutet, müssen die Beziehungen zwischen dem einzigen festen Punkt, der Vorhut, einerseits, dem Vortrupp und dem Gros andererseits, variabel sein.

Lenin sagt darüber: »Eine Diktatur muss nicht durchaus eine Aufhebung der Demokratie für diejenige Klasse bedeuten, die diese Diktatur gegenüber den andern Klassen ausübt. Sie bedeutet jedoch unbedingt die Beseitigung oder wesentliche Beschränkung der Demokratie (die auch einer Art Beseitigung gleichkommt) für jene Klasse, der gegenüber die Diktatur ausgeübt wird.«[28]

Daraus ergibt sich: Die Regierungsform unter dem Sowjetsystem kann zunächst variiert sein durch ein mehr oder weniger großes Maß von Demokratie sowohl der diktierenden als der »diktierten« Klasse gegenüber.

Aufhebung der Demokratie gegenüber der Bourgeoisie ist notwendig, der Grad nicht bestimmt. Jedenfalls »bildet die Entziehung des Stimmrechts der Bourgeoisie kein notwendiges und unbedingtes Kennzeichen der Diktatur des Proletariates«.[29]

»Es wäre [...] ein Fehler, vorweg dafür garantieren zu wollen, dass die kommenden proletarischen Revolutionen in Europa, alle oder die Mehrzahl derselben, unbedingt eine Beschränkung des Wahlrechts für die Bourgeoisie bringen werden. Es kann so kommen. Nach dem Kriege und nach den Erfahrungen der russischen Revolution wird dies wahrscheinlich auch so kommen, aber es ist nicht *unbedingt notwendig* zur Verwirklichung der Diktatur, es bildet kein *durchaus notwendiges* Kennzeichen

[28] Lenin 1919a: 4, eine weitere Übersetzung in: Ders. 1970 [1918c]: 233.

[29] Dieses Zitat lässt sich nicht nachweisen. Bei Lenin heißt es: »Die gegen die Entziehung des Stimmrechts der Bourgeoisie gerichtete ›Kritik‹ Kautskys [...].« (Lenin 1919a: 39) An anderer Stelle heißt es, dass die »Beschränkung des Wahlrechts [...] keine allgemeine Frage der Diktatur ist« (ebd.: 23, eine weitere Übersetzung in: Ders. 1970 [1918c]: 254).

des logischen Begriffs der Diktatur, es bildet keine *unerlässliche* Vorbedingung zu dem historischen und Klassenbegriff von der Diktatur.«[30]

Wir werden später sehen, dass und aus welchen Gründen Rosa Luxemburg diesen Standpunkt nicht vertrat. Wir möchten hier nur noch weiter hervorheben, dass, nach der Leninschen Doktrin, die Diktatur des Proletariates »nicht durchaus« eine Aufhebung der Demokratie gegenüber der herrschenden (proletarischen) Klasse bedeuten muss. Die *Regel* allerdings, das ergibt diese Fassung, wird die Aufhebung der Demokratie *auch* gegenüber der proletarischen Klasse sein.

Wo also: Wo ist das große Ich, das über allem thront, das der Demokratie erträgliches Maß, nicht zu wenig, nicht zu viel, den Klassen spendet, der »herrschenden« wie der beherrschten, der »Einzige«, der von sich sagen kann:

»dass er allein in seinen Händen
den Reichtum allen Rechtes hält,
um an die Völker auszuspenden so viel,
so wenig ihm gefällt?«[31]

Wir haben bereits oben darauf hingewiesen, welche Rolle der kommunistischen Partei, der Vorhut, in diesem Zusammenhange zufällt. Aber auch damit sind nicht alle Möglichkeiten erschöpft. Denn vielleicht fällt auch die kommunistische Partei mit in jenes unbegrenzte Reich der »Möglichkeiten«. Lenin denkt gradlinig weiter.

»Darum gibt es entschieden keinen prinzipiellen Gegensatz zwischen dem Sowjet- (d.h. sozialistischen) Demokratismus und der Anwendung der diktatorischen Macht von einzelnen Personen. Der Unterschied zwischen der proletarischen Diktatur und der bürgerlichen besteht darin, dass die erste ihre Schläge gegen die ausbeuterische Minderheit im Interesse der ausgebeuteten Mehrheit richtet, und dann darin, dass die erste – auch durch *einzelne* Personen – nicht bloß durch die Massen der Arbeitenden und der Ausgebeuteten verwirklicht wird, sondern auch durch die Organisationen verwirklicht wird, die so aufgebaut sind, dass durch sie die Massen erweckt und zum historischen Schaffen gehoben werden. (Die Sowjetorganisationen gehören zu dieser Art von Organisationen.)«[32]

---

[30] Ders. 1919a: 23f., eine weitere Übersetzung in: Ders. 1970 [1918c]: 254f.; Hervorhebungen im Original, bei Levi entfernt.

[31] »Noch ist kein Fürst so hochgefürstet, / So auserwählt kein ird'scher Mann, / Dass, wenn die Welt nach Freiheit dürstet, / Er sie mit Freiheit tränken kann, / Dass er allein in seinen Händen / Den Reichtum alles Rechtes hält, / Um an die Völker auszuspenden / So viel, so wenig ihm gefällt.« Uhland 1980 [1817]: 75–76.

[32] Lenin [1918a]: 43, eine weitere Übersetzung in: Ders. 1960 [1918b]: 259; Hervorhebung im Original, bei Levi weggelassen.

Damit ist die Diktatur des Proletariates auf einen völlig neuen Boden gestellt. Demokratie oder nicht Demokratie, Partei oder nicht Partei, Vorhut oder nicht Vorhut, ein einzelner oder mehrere: All das verträgt sich mit der Diktatur des Proletariates, die gekennzeichnet wird durch zwei Momente, ein subjektives und ein objektives: das subjektive Moment, dass der Diktator diktiert »im Interesse der ausgebeuteten Mehrheit«, das objektive Moment, »dass sie nicht bloß durch die Massen verwirklicht wird, sondern auch durch Organisationen, die so aufgebaut sind, dass durch sie die Massen erweckt« werden.

Indem wir auch hier nur kurz darauf hinweisen, wie die Anschauungen von Rosa Luxemburg hierüber geradewegs entgegengesetzte waren, stellen wir also fest: Auch unter dem Sowjetsystem, d.h. der der proletarischen Diktatur eigentümlichen Staatsform, sind die Regierungsformen die denkbar verschiedensten. Von der freien Demokratie, unter Umständen sogar für die Bourgeoisie, bis zur starren Diktatur eines einzelnen.

Es versteht sich, dass in diesem System der Zwang eine erhebliche Rolle spielt. Denn alle Mechanik geht doch zum letzten Ende auf Kraftübertragung und Kraftäußerung hinaus, und es versteht sich, dass danach der Zwang, gesteigert bis zu seinen äußersten Formen, dem Terrorismus, seine Rolle spielt. Wir wollen hier nicht die Formen der Zwangsäußerung in Russland erörtern, wir möchten uns auf einige Bemerkungen für Deutschland beschränken. Man kann ruhig zugeben, dass die Anwendung schärfster, auch terroristischer Mittel für den, der um sein Leben kämpft, so wie die Bolschewiki [es] oft taten, eine Notwendigkeit ist und als solche anerkannt werden muss auch von dem, der in ihnen nicht die schönste Blüte staatlicher Machtentfaltung sieht. In Europa und in Deutschland aber hat der Terrorismus stellenweise zu einem wahren Kultus geführt, und es gibt Kommunisten, die das Kennzeichen darin sehen, dass einer täglich auf dem Altare des Vitzliputzli[33] opfere. Wir brauchen uns nicht zu verhehlen, dass diese Verhimmelung des Terrorismus gar nichts anderes ist als das Zeichen einer großen Schwäche, gepaart mit dem Bewusstsein dieser Schwäche. Der kleine Junge, der von einem größeren zu Unrecht verprügelt wird, pflegt tagelang zu schwelgen in den Bildern von der Rache, die er blutig nehmen wird »wenn einmal...«. Wir können noch nicht einmal eine Förderung des revolutionären Willens der Arbeiterklasse darin erblicken, wenn man solcher Phantasie geflissentlich neuen Nährstoff gibt, und glauben, dass man der revolutionären Bewegung nur einen Dienst erweist, wenn man solchen Kindereien klar und deutlich entgegentritt. Rosa Luxemburg hatte kein Verständnis

[33] Vitzliputzli: Teufel, Schreckgestalt, Kinderschreck.

für solche Indianerromantik. Sie hat ihre Ansicht über den Terrorismus auch in den nachfolgenden Worten klar zum Ausdruck gebracht, und es ist kein Zufall, dass in dem Programm des Spartakusbundes einfach und sinnfällig der Satz steht: »Die proletarische Revolution bedarf für ihre Ziele keines Terrors, sie hasst und verabscheut den Menschenmord.«[34]

Jeder Kundige weiß, was sie damit gemeint hat.

VI

Wir können uns nunmehr der Frage zuwenden, die wir oben verlassen haben: Welches sind die praktischen Ergebnisse der Leninschen Auffassung so, wie wir sie oben im Gegensatz zu der von Rosa Luxemburg skizziert haben?

Wir müssen dazu zurückgehen auf den Februar vorigen Jahres, der eine grundsätzliche Änderung der Sowjetpolitik in jeder Beziehung bedeutet. Wir haben oben bereits gesehen, wie dieser Monat ihnen die Bauernfrage als in einem anderen Sinne gelöst erscheinen ließ, als die Bolschewiki ursprünglich gerechnet hatten und wie sie ihre Beziehungen zur Bauernschaft auf eine neue Grundlage bringen mussten.

Derselbe Monat aber brachte es, dass die Bolschewiki gezwungen wurden, auch ihre Beziehungen zum Proletariat aufs neue zu überprüfen. Es ist eine höchst einfältige Geschichtserzählung, mit der ein paar »Kundige« in Deutschland herumhausieren gingen, die den Kronstädter Aufstand als das Machwerk von ein paar Zarenoffizieren mit französischen Franken oder von ein paar »Menschewisten« hinstellten. Es kann sein, dass hinter den Kronstädter Matrosen ein paar zaristische Generale herumoperierten, wir wissen es nicht. Es kann sein, dass im Kronstädter Aufstand »menschewistische« Parolen eine Rolle spielten – wir wissen es nicht. Wir wissen nur eines gewiss, dass weder zaristische Generale noch französische Franken, noch menschewistische Parolen eine hinreichende Erklärung dafür sind, wie es möglich ist, dass *treueste Söhne der Revolution,* ergebenste Anhänger der Bolschewiki, die sie bislang waren, die Elite der revolutionären Kämpfer, in hundert Schlachten bewährt, aufständig wurden gegen die, denen sie bisher zugetan waren. Diese Tatsache kann nur erklärt werden mit einer tiefen Krise innerhalb des Proletariates selbst, mit einem schweren Konflikt, der zwischen »Vorhut« und »Vortrupp«, ja vielleicht innerhalb der Vorhut selbst entstanden ist. Dass dem so ist, dafür hätten wir Beweise, selbst wenn der Kronstädter Aufstand nicht das weithin leuchtende Fanal dafür gewesen wäre.

[34] Luxemburg 1974 [1918k]: 443.

Wir wollen das mit einigen Zitaten aus jener Zeit belegen, die sämtlich der »Russischen Korrespondenz« (Jahrgang II, Nr. 3/4) entnommen sind.

Dort sagt Karl Radek (S. 138): »Die am meisten zurückgebliebenen Arbeiter sahen in den besonders schweren Augenblicken in den Kommunisten die Antreiber zur Arbeit, die Elemente, die von ihnen immerfort neue Opfer verlangten. Dadurch entstand eine Spannung zwischen einem Teil der nichtkommunistischen Arbeiterelemente und der Kommunistischen Partei wie der Sowjetregierung.

Eine der wichtigsten Aufgaben der Kommunistischen Partei in der jetzigen Situation besteht darin, jetzt diesen Abstand zu mildern, diesen Abstand zwischen der Avantgarde und der Nachhut abzuschwächen, wenn nicht zu überbrücken.«[35]

In einem daselbst veröffentlichten Resolutionsentwurf heißt es weiter (S. 141): »Zu diesen (den krankhaften Erscheinungen) gehören die Bureaukratisierung des leitenden Parteiapparates und der Mangel an einer lebendigen systematischen Verbindung mit der Masse der Parteimitglieder auf der einen Seite sowie die sich bemerkbar machende Tendenz, die Partei in obere und untere Schichten, in Arbeiter und Intellektuelle zu scheiden, oder aber zu einer Herabminderung der Rolle der Partei auf der anderen Seite. Diese Erscheinungen zusammengenommen, bereiten den Boden für syndikalistische, der Parteieinheit gefährliche Abirrungen.«[36]

In dem Thesenentwurf, vorgelegt von einer Gruppe aktiver Funktionäre, heißt es (S. 147): »Zum Zwecke einer Heranziehung breiter Massen der Partei zu den Fragen des Parteilebens, einer Hebung des Niveaus ihrer Erkenntnis, einer Entwicklung ihrer Initiative und Selbsttätigkeit muss das System ausführlicher, öffentlicher Diskussionen sowohl in der Parteipresse als auch in Parteiversammlungen zum Prinzip erhoben werden, wobei allen Strömungen und Gruppierungen innerhalb der Partei die volle Möglichkeit geboten werden muss, ihren Standpunkt bekannt zu geben.

Um zum Parteiaufbau die in unserer Partei organisierten vorgeschrittenen Schichten des Proletariates heranziehen, die unmittelbare Verbindung mit den Massen herstellen und die führenden Parteiorgane (Zentralkomitee, Gouvernementskomitees usw.) zur Gesundung führen zu

[35] Radek 1971 [1921]: 138.

[36] Über den Aufbau der Partei. Resolutionsentwurf zum X. Kongress der Kommunistischen Partei Russlands. – Angenommen vom Moskauer Komitee, in: Ebd.: 141.

können, müssen diese Organe mindestens zu zwei Dritteln aus Arbeitern bestehen.«[37]

Dies bedeutet folgendes: In derselben Zeit, in der die Bolschewiki in ein kritisches Stadium getreten waren bezüglich ihres Verhältnisses zum Bauerntum, knisterte es im Gebälk selbst des Industrieproletariates bedenklich. Die Ursache dessen war ganz einfach die: Die Entfernung zwischen der Kommunistischen Partei und der breiten Masse war so groß geworden, dass die Partei daran zu ersticken drohte.

»Der Partei« – so klagt Sinowjew – »fehlt gewissermaßen der Sauerstoff. Dieser Sauerstoff ist denn auch die parteilose Masse...«[38]

Das war das Problem, das im Mittelpunkt des X. Kongresses der Kommunistischen Partei Russlands stand. Wie wir bereits an anderer Stelle ausführten, standen die ganzen Debatten dieses Kongresses im Zeichen des Versuches, dieses Problem auf organisatorische Weise zu lösen, und wir können die Bedeutung dieser Versuche nach der positiven wie negativen Seite erst werten, wenn wir Absicht und Mittel aus folgenden Ausführungen erkannt haben.

In den vom Kongress angenommenen Thesen heißt es: »Die Kommunistische Partei Russlands muss die Diktatur des Proletariats in einem Lande verwirklichen, in dem die Bauernbevölkerung die gewaltige Mehrheit bildet. Jetzt, wo dem Bauern schon nicht mehr die Wiederherstellung des Gutsbesitzes droht, wird die Verwirklichung der Diktatur des Proletariates auf neue Schwierigkeiten stoßen. Eine erfolgreiche Verwirklichung dieser Diktatur ist nur möglich bei Vorhandensein machtvoller, von einmütigem Willen und Streben erfüllter Gewerkschaftsverbände als Massenorganisationen, die allen Proletariern auf den verschiedenen Stufen der Entwicklung ihres Klassenbewusstseins offenstehen.«[39]

Hier möchten wir erinnern an die oben angeführten Worte Lenins, dass die Diktatur des Proletariats gekennzeichnet werde durch die Tatsache, dass ihre Schläge fallen im Interesse der Ausgebeuteten, und die weitere Tatsache, dass ihre Maßnahmen durchgeführt werden durch die Organisationen, die imstande sind, breite Massen zu erwecken und zu historischem Schaffen zu heben. *Damals* wurden die Sowjets als solche Organisationen bezeichnet. Es ist ganz klar, dass nunmehr diese Aufgabe den Gewerkschaften zugedacht ist.

---

[37] Die nächsten Aufgaben des Parteiaufbaus. Entwurf zu einem von der Gruppe aktiver Funktionäre der Moskauer Stadtbezirke dem X. Kongress der Kommunistischen Partei Russlands vorgelegten Beschluss, in: Ebd.: 147.

[38] Sinowjew 1971 [1921]: 310.

[39] Inhaltlich identisch mit: Lenin u.a. 1921c: 201.

Dieses bedeutet nach der negativen Seite: Die Sowjets haben diese ihre Rolle ausgespielt; die Sowjets sind zersprengt, und zwar zersprengt dadurch, dass die Klassen, die sie ehedem gemeinsam verbanden, Bauern und Arbeiter, heute nichts Gemeinsames mehr haben. Die neuen Organe, die sich die Rätediktatur sucht, sind Organisationen des Industrieproletariats. Die *organisatorische* Basis der Diktatur verengert sich[40]. Sie stützt sich nur noch (theoretisch) auf das, was ehedem der Vortrupp war und bemüht sich praktisch, den Vortrupp, der schon nahezu verloren ist, wieder zur Vorhut zu bringen.

»... man übersah« – sagt Sinowjew –, »dass ein Wendepunkt nahte, der uns einer *allgemeinen* Krise zuführte, bei deren Ausgang die Gewerkschaften die Rolle des wichtigsten Hebels (!) spielen werden, der der Partei helfen wird, die Krise zu überwinden.«[41]

Und eine Seite später,[42] im Anschluss an jene Klage vom mangelnden Sauerstoff, sagt er: »Die Gewerkschaften bilden bis zu einem gewissen Grade einen Behälter (!) für diesen Sauerstoff.«[43]

Ist damit an sich schon erwiesen, dass auch die Staatsform der Sowjetrepublik mit ihren Möglichkeiten keine Garantie gibt für den Klasseninhalt der Sowjetrepublik, dass auch unter der Decke der Sowjetrepublik (nicht nur der bürgerlichen Republik) der Klasseninhalt sich ändern kann, so hat die folgende Entwicklung den gültigen Beweis dessen gebracht.

VII

Im Februar 1921 war die Lage für die Bolschewiki die: Sie hatten, das ergibt die Debatte auf ihrem X. Parteitage, im Proletariat die Stütze verloren. Sie hatten im Bauerntum ihre frühere Stütze, die ärmeren Bauern, verloren; die waren alle mittlere [Bauern] und Gegner jeder kommunistischen Politik geworden. Von beiden Seiten gleichzeitig erfolgte der Ansturm: in Kronstadt vom Proletariat; die Bauernaufstände drohten. Die Bolschewiki waren in der Tat ohne Klassenbasis und hielten sich dank der Kraft ihrer Organisation – eine Kraft, die nicht lange halten kann. Die Bolschewiki mussten sich rasch entscheiden für die eine oder andere Klasse. Sie hielten es in diesem Augenblick mit den stärkeren Bataillonen, d.h. sie besänftigten zunächst die Bauern. Es ist hier nicht mehr vonnöten, die ganze Kette von Konzessionen anzuführen, die seit dem Februar

[40] Verengert sich: wird enger.

[41] Sinowjew 1971 [1921]: 309; Hervorhebung im Original.

[42] Im Original: »zwei Seiten später«.

[43] Ders.: 310.

dieses Jahres gemacht wurden, die Naturalsteuer an Stelle des Getreidemonopols, die Einführung des freien Handels, die Wiederherstellung der Privatbetriebe; das ganze Gebäude, das sie selbst vor drei Jahren abgetragen hatten, versuchen sie nunmehr wieder aufzurichten. Nicht nur ökonomisch streichen die Bolschewiki ihre alten Ziele. Sie tun es auch ideell.

»Nicht unmittelbar« – schreibt Lenin – »durch die Begeisterung, sondern mit Hilfe des *persönlichen Interesses,* der *persönlichen Interessiertheit,* mit Hilfe der wirtschaftlichen Berechnung baut erneut eine feste Brücke, die im Lande der Kleinbauern über den Staatskapitalismus zum Sozialismus führt...«[44]

Das klingt freilich ganz anders, als Lenin etwa im Jahre 1918 sagte: »Ohne die Anleitung von Fachleuten der verschiedenen Zweige des Wissens, der Technik, der Erfahrungen ist der Übergang zum Sozialismus unmöglich, weil der Sozialismus eine bewusste Massen-Vorwärtsbewegung zu der im Vergleiche mit dem Kapitalismus höheren Arbeitsproduktivität verlangt, und zwar auf der Basis des durch den Kapitalismus Erreichten. Der Sozialismus muss *auf seine Art und Weise,* durch seine Methode – sagen wir konkreter durch die *Sowjet*-Methoden – diese Vorwärtsbewegung verwirklichen.«[45]

Und es klingt ganz anders, als der Lenin von 1919 sprach: »Es muss ferner das Proletariat der ganzen Masse der Arbeitenden und Ausgebeuteten ebenso wie allen kleinbürgerlichen Schichten in der Anbahnung des neuen wirtschaftlichen Aufbaus vorangehen, indem es einen *neuen gesellschaftlichen Zusammenhang,* eine *neue Arbeitsdisziplin,* eine *neue Arbeitsorganisation* schafft, die sowohl die letzten Ergebnisse der Wissenschaft und der kapitalistischen Technik praktisch verwirklicht, wie den Massenzusammenschluss der zielbewussten Arbeiter, die die sozialistische Großproduktion durchführen.«[46]

Dort sind freilich die Töne, von denen im Frühjahr 1921 mit beißender Ironie Lloyd George sagte: »So ungefähr würde mein sehr ehrenwerter Freund, Herr Winston Churchill, auch gesprochen haben.«

Man kann unter diesen Umständen mit Bestimmtheit sagen, was in Anbetracht dieser Politik aus dem anderen Versuche werden wird, organisatorisch eine Basis in der Arbeiterschaft durch den »Hebel« der Gewerkschaften zu bauen. Das hat u. E. Sinowjew bereits vorausgeahnt, als

---

[44] Lenin 1921i, eine weitere Übersetzung in: Ders. 1960 [1921j]: 38; Hervorhebungen durch Levi.

[45] Ders. 1918a; eine weitere Übersetzung in: Ders. 1960 [1918b]: 238; Hervorhebung sowohl im Original als auch bei Levi.

[46] Ders. 1920a: 18; eine weitere Übersetzung in: Ders. 1961 [1920b]: 412f.; Hervorhebung durch Levi.

er, wenn auch in anderem Zusammenhang, meinte: »Wenn die Konzessionspolitik zur Tatsache wird und tausende Arbeiter in den konzessionierten Unternehmungen beschäftigt sein werden – werden die Gewerkschaften dann nicht auch ihre [...] besonderen Aufgaben zu erfüllen haben?«[47]

Dieses ist unbestritten richtig, und wir kommen unmittelbar zum Ziele, wenn wir den Gedanken zu Ende denken. »Der Konzessionär« – sagt Lenin – »ist ein Kapitalist. Er betreibt sein Geschäft auf kapitalistische Art und Weise, um des Gewinns willen [...]«

Was ist die Aufgabe der Gewerkschaften? Ist es die Aufgabe der Gewerkschaften zu sagen: Arbeitet für den Kapitalisten, der macht hohe Gewinne, aber dank der hohen Gewinne wird die Basis entstehen, auf Grund deren eines Tages unsere Regierung den Kommunismus einführen kann? Oder soll sie den Arbeitern sagen: Arbeitet nicht für den Kapitalisten und für seinen Profit, beschneidet ihm den Profit, der Kapitalismus ist eine Hölle. Sie kann das eine sagen, sie kann das andere sagen. Sie wird im ersten Falle die Zutreiberin des Kapitalisten, sie wird im andern Falle den Konflikt mit dem Konzessionär haben, der Konzessionär wird die zu Hilfe rufen, die ihm die Konzession gaben. Und dann?

Nein, es gilt getrost der Tatsache ins Auge zu sehen: Es sind in Russland zwei Klassen, die unversöhnlich sind. Die eine, bäuerlich und, vorläufig noch auf ihren Schultern, die industrie- und handelskapitalistische. Die andere die proletarische. Es gibt in Russland so wenig einen Stillstand, so wenig eine Versöhnung in dem der Gesellschaft immanenten Klassenkampf wie anderswo, und die Partei, die versucht, *doch* zu versöhnen, die versucht, auf der einen Seite dem Kapitalismus was des Kapitalismus, dem Proletariat was des Proletariates ist, zu geben, die wird als erste zerschlagen durch diesen Kampf. Die Bolschewiki haben den Versuch unternommen, *für die Zeit* dem Kapitalismus zu geben, um *für die Zukunft* dem Proletariat zu retten: Was das Proletariat an seiner Zukunft zu retten hat, das kann ihm keine Partei bescheren, kein Christkind unter den Weihnachtsbaum legen. Seine Zukunft erobert sich das Proletariat in seinem Kampfe, in dem es selber wächst und stark wird. Und die Partei, die es um des Augenblickes willen schlägt, macht es für die Zukunft waffenlos.

»Die Arbeiterklasse [...] hat nur die Elemente der neuen Gesellschaft in Freiheit zu setzen, die sich bereits im Schoße der zusammenbrechenden Bourgeoisgesellschaft entwickelt haben.«[48]

Das ist Marx' Formulierung der Aufgabe des siegreichen Proletariates.

---

[47] Sinowjew 1971 [1921]: 309.

[48] Marx 1964 [1891]: 343.

Uns vermag niemand zu belehren, dass der russische Konzessionär mit dem Extragewinn, die russischen Schieber und Spekulanten, deren Aufkommen jetzt kein Mensch mehr hindern kann, die »Elemente der neuen Gesellschaft« seien, um deren »Freilassung« willen die russische Arbeiterschaft so vieles geopfert hat.

Was also ist von der »Diktatur des Proletariats« geblieben? Nichts. Nichts von den objektiven Momenten, nichts von den subjektiven. Die russischen Konzessionen sind keine Maßnahmen, »die durch die Massen der Arbeitenden und der Ausgebeuteten verwirklicht« werden, es sei denn als Objekt der Ausbeutung.

Aber von den subjektiven Momenten? Darauf scheint uns die ganze jetzige Argumentation der Bolschewiki hinauszulaufen. Denn noch steht an der Spitze der russischen Räterepublik die Partei der Bolschewiki, die Partei, die mehr als eine andere für das Weltproletariat, für die Weltrevolution getan. Noch stehen an ihrer Spitze Männer von der Unbestechlichkeit des Urteils und von der Ergebenheit und Treue an die Sache des Proletariats wie Lenin und Trotzki. Sie werden an dem Tage, an dem die geänderten Umstände es erlauben, die ersten sein, die ein Ende machen mit allen Konzessionen an den Kapitalismus, die ihnen nicht weniger zuwider sind als irgendeinem. Dieses ist alles wahr. Es genügt, auf das Argument eines zu erwidern: Lenin und Trotzki können sterben; wie werden die Nachfolger sein? Denn eines ist gewiss. Mögen all die alten Kommunisten, die das Wachsen und Werden der bolschewistischen Partei gesehen haben, fest und unerschütterlich sein: In dieser großen Partei sind sie heute nur ein kleiner Teil. Und die große Masse der Partei? Hier zeigt sich noch einmal der tiefste Irrtum, der in der Betrachtung von Lenin liegt: Als könne man eine Partei absondern, sie in Reinkultur hegen wie im Laboratorium, durch »Reinigung« und »Reinigung« sie unverändert halten oder immer besser machen, als könne man eine Scheidewand errichten zwischen ihr und den breiten Massen, die im Geschehnis sich bewegen. Die Partei ist Teil des sozialen Seins und *die* Partei, die auch nur ein Lustrum lang die Politik der Konzessionen getragen hat, wird den Geist *dieser* Politik widerspiegeln, nicht den der Revolution.

Und so kommen wir zurück zu der Frage, von der wir ausgingen: Das Sowjetsystem ist kein Panacée,[49] das immer und unter allen Umständen den Charakter *proletarischer* Machtentfaltung garantiert. Es ist nur die günstigste Form, in der das Proletariat seinen Klassenkampf weiterführt. Verzichtet es, auch bei der Sowjetform, auf den Klassenkampf, so werden die Kräfte seiner Gegner mächtig. Selbst im Sowjetsystem kann

[49] Panacée: Allheilmittel.

dann die Diktatur der Bourgeoisie (oder der Bauern) über das Proletariat sich erheben.

Und auf den Tag zu warten, wo es möglich ist, den Kampf für das Proletariat fortzusetzen? Wir fürchten, die Politik der Bolschewiki verschiebt diesen Tag in weite Ferne.

VIII

Bevor wir hierauf noch näher eingehen, möchten wir die Stellung von Rosa Luxemburg demgegenüber skizzieren, so, wie sie sich aus ihrer Gesamteinstellung in der vorliegenden Schrift einwandfrei ergibt.

Wir glauben, den tiefen Gegensatz zwischen den Bolschewiki und Rosa Luxemburg nicht deutlicher machen zu können, als wenn wir auf folgendes hinweisen: Für die Bolschewiki ist die proletarische Revolution ein Vorgang, der sich in dem System Vorhut, Vortrupp und Masse abspielt. Die Vorhut bedient sich des »Hebels«, braucht den »Sauerstoffbehälter«, zieht »heran«. Kurzum das System, in dem der höhere Kreis auf den niederen Kreis mit mechanischen Mitteln wirkt. Nichts ist bezeichnender als das: Als den Bolschewiki im Frühjahr 1921 der Zusammenhang mit den proletarischen Massen verlorenging, den früher das Sowjetsystem hergestellt hatte, besannen sie sich auf – eine Organisationsform und fanden, dass jetzt die Gewerkschaften der »Hebel« seien.

Welches war die Auffassung von Rosa Luxemburg über das Werden der sozialistischen Gesellschaftsordnung? Sie sagt:

»Das sozialistische Gesellschaftssystem soll und kann nur ein geschichtliches Produkt sein, geboren aus der eigenen Schule der Erfahrung, in der Stunde der Erfüllung, aus dem Werden der lebendigen Geschichte, die genau wie die organische Natur, deren Teil sie letzten Endes ist...«[50]

Ihre im Tiefsten ausgeglichene Seele kannte keine Scheidungen und Wände. Ihr war das All ein lebendiger Prozess des Werdens, in dem nicht Hebelkraft und Sauerstoffbehälter das Walten der Natur ersetzen können, in dem das Kämpfen, Ringen, Streben der Menschen, in dem der große Kampf, der dem einzelnen, der den Geschlechtern, der den Ständen, der den Klassen obliegt, die *Form* des Werdens ist. In der sie drum nicht wollte, dass keiner kämpfe, weil alles von selber werde; in der sie den lebendigsten Kampf wollte, weil er die lebendigste Form des Werdens ist.

Aus dieser ihrer Grundstellung ergibt sich ihr Urteil über die Politik der Bolschewiki ohne weiteres. War sie die demokratische Betschwester,

[50] Luxemburg 1974 [1918l]: 360; in diesem Band S. 68.

die nicht wollte, dass auf jemandes Haupt ein Haar gekrümmt werde, das nicht nach dem Spruch des Gesetzes verfallen sei? Gewisslich nicht. Sie wusste den Kampf als Kampf, den Krieg als Krieg, den Bürgerkrieg als Bürgerkrieg zu führen. Aber sie konnte sich den Bürgerkrieg nur vorstellen als ein freies Spiel der Kräfte, in dem selbst die Bourgeoisie nicht durch Polizeimaßnahmen in die Kellerlöcher verbannt wird, weil nur im offenen Kampf der Massen diese wachsen, sie die Größe und Schwere ihres Kampfes erkennen konnten. Sie wollte die Vernichtung der Bourgeoisie durch öden Terrorismus, durch das eintönige Geschäft des Henkens ebensowenig, als der Jäger das Raubzeug in seinem Walde vernichten will. Im Kampf mit diesem soll das Wild stärker und größer werden. Für sie war die Vernichtung der Bourgeoisie, die auch sie wollte, das *Ergebnis* der sozialen Umschichtung, die die Revolution bedeutet.

War schon die Bekämpfung der Bourgeoisie im Polizeisinn ihrer Anschauung nicht entsprechend, so ist es kein Zweifel, wie sie diese Maßnahmen gegenüber proletarischen Teilen beurteilt hat. Gewiss hat sie allen Reformismus für einen Fehler, für eine schwere Abirrung der Arbeiterschaft gehalten. Sie hat ihn bekämpft, wo immer sie konnte. Sie war in Deutschland die Schöpferin und Führerin des Kampfes gegen den Reformismus. Sie hat in diesem Werke selbst den Reformismus mit aller Schärfe bekämpft. Aber schließlich stand all dieser Kampf doch immer im Zeichen der Worte, mit denen sie jenen Artikel in der »Neuen Zeit« von 1904 schloss:

»Fehltritte, die eine wirkliche revolutionäre Arbeiterbewegung begeht, sind geschichtlich unermesslich fruchtbarer und wertvoller als die Unfehlbarkeit des allerbesten ›Zentralkomitees‹.«[51]

Gewiss haben die menschewistischen Arbeiter Russlands Fehler gemacht. Gewiss glauben wir, dass sie die hohe Aufgabe des Jahres 1917 nicht erkannt, dass sie später oft gewankt haben. Aber keiner kann bestreiten, dass sie, behaftet mit ihren Fehlern, doch Teil der großen revolutionären Arbeitermasse gewesen sind, die 1917 gegen den Zaren, die 1918 gegen die Tschechoslowaken, die 1919 gegen Koltschak[52] und Judenitsch,[53] die 1920 gegen Wrangel gestanden hat. Sie haben Fehler gemacht, vielleicht haben einzelne von ihnen Schritte unternommen, die mit dem Bestand der Räterepublik unverträglich waren. Die mussten be-

[51] Luxemburg 1972 [1904]: 444.

[52] Alexander Koltschak (1874–1920) – russischer Admiral, wurde 1918 Höchstkommandierender der weißen Truppen, in Irkutsk von den roten Truppen hingerichtet.

[53] Nikolai Judenitsch (1862–1933) – Oberbefehlshaber der Weißgardisten im Baltikum, später emigriert.

straft werden; das ist das Lebensgesetz aller Staaten. Aber die Parteien als Parteien, als Strömungen, mit Polizeimitteln von der Oberfläche verbannen, ihnen das Licht des Tages nehmen: Das war für Rosa Luxemburg eine unmögliche Vorstellung; nicht um der Reformisten willen, sondern um der Revolution und der Revolutionäre selber willen, die nur dann, wenn sie die Fehler frei bekämpfen, auch innerlich überwinden können. Denn auch die Erfahrungen, die Revolutionäre aus dem Kampf gegen den Reformismus schöpfen, kann ihnen kein Führer, keine Polizeibehörde, keine Tscheka ersetzen. Sie müssen die Erfahrungen machen im eigenen Kampfe.

Wir glauben, dass diese Grundeinstellungen, die schon den Kern der Auseinandersetzung zwischen Lenin und Rosa Luxemburg im Jahre 1904 bildeten und die sich jetzt in gigantischem Maße gegenüberstanden, von der Geschichte der russischen Revolution geprüft worden sind. Wir glauben, dass Rosa Luxemburg, aus dieser ihrer Einstellung heraus, prophetischen Auges die Klippen gesehen hat, an denen das Schiff der Sowjetrepublik jetzt so schweren Schaden nahm.

Wir haben bereits oben auf die Kritik hingewiesen, die sie an der Agrarpolitik der Bolschewiki übte: »Sie türmt vor der Umgestaltung der Agrarverhältnisse im sozialistischen Sinn unüberwindliche Schwierigkeiten auf.« »Die Leninsche Agrarreform hat dem Sozialismus auf dem Lande eine neue mächtige Volksschicht von Feinden geschaffen, deren Widerstand viel gefährlicher und zäher sein wird als der der Großgrundbesitzer.«[54]

Wie das geworden ist, haben wir gesehen. Die Wirkungen sind freilich noch beträchtlicher, als Rosa Luxemburg sie vorausgesehen hat. Sie dachte an den Widerstand, den die Bauern der Umgestaltung der Agrarverhältnisse leisten würden. Die Dinge sind so gekommen, dass die Bauern imstande sind, die Umgestaltung der Industrieverhältnisse rückgängig zu machen.

Hier, glauben wir, setzt der zweite Fehler ein, den Rosa Luxemburg bemängelte, und dessen Verfolgung sie mehr Eifer und Glut widmete als jenem.

»[...] mit dem Erdrücken des politischen Lebens im ganzen Lande muss auch das Leben in den Sowjets immer mehr erlahmen. Ohne allgemeine Wahlen, ungehemmte Presse- und Versammlungsfreiheit, freien Meinungskampf erstirbt das Leben in jeder öffentlichen Institution, wird zum Scheinleben, in der die Bürokratie allein das tätige Element bleibt.«[55]

---

[54] Luxemburg 1974 [1918l]: 343, 345; in diesem Band S. 52, 54.

[55] Ebd.: 362; in diesem Band S. 70

Wir haben gesehen, wie 1921, als der große Vorstoß der Bauern kam, die Auseinandersetzung, die auch die Bolschewiki schon lange kommen sahen, die Bolschewiki eben damit beschäftigt waren, das Leben in den Arbeitermassen zu retablieren. Die Sowjets waren tot. Sie bildeten nicht mehr auch nur die mechanische Verbindung zwischen Vorhut, Vortrupp und Gros, sie bildeten noch weniger jene grandiose Totalität, von der Trotzki spricht, in der »die Bewegung sich selbst als Ganzes nimmt«. Ausgebrannte Asche waren sie. Und die Gewerkschaften sollen als notdürftiger Ersatz gelten, weil sie die einzige Organisation sind, in denen überhaupt noch größere Massen von »Parteilosen« vorhanden sind. Parteilose? Gibt es einen schwereren Vorwurf als den, dass in dem Proletariat, das als leuchtendes Vorbild vor den Proletariern stand seit 1905 und stehen wird auf alle Zeiten, nach vier Jahren proletarischer Herrschaft die übergroße Masse »parteilos« ist? Sind sie wirklich interesselos geworden? Stehen sie gleichgültig und gesenkten Hauptes daneben, wenn um ihr Leben gespielt wird, das sie so oft in die Schanzen geschlagen haben? Sind sie gleichgültig geworden, oder scheuen sie es zu sagen, was sie denken? Hüten sie ihre Zunge, oder ist ihnen die Revolution zum Ekel geworden, dass sie »parteilos« sind? Ist nicht ein jeder von ihnen ein lebendiger Vorwurf? Wie dem auch sei. Die russische Revolution und ihre führende Partei hat nicht verstanden, diese Massen mit dem Geschick der Revolution zu verknüpfen. Sie stehen beiseite und nicht in der Reihe der Kämpfer. Das öffentliche Leben ist tot. Der Geist der Demokratie, der allein den Odem der Massen bildet, ist gestorben. Eine straff zentralisierte Partei, ein glänzendes Zentralkomitee, eine schlechte Bürokratie schwebt über den Wassern. Drunten aber ist alles wüst und leer. Und so hat der Stoß des Bauerntums nicht ein starkes, lebendiges, reges, begeistertes Proletariat gefunden. Er fand eine Vorhut, die hinter sich – kein Gros hatte. Da war das Schicksal der Vorhut entschieden.

»Diktatur des Proletariats.« Jetzt können wir sehen, was sie ist. Sie ist kein Zustand, der in den breiten Regionen der Sozialphilosophie sich abspielt. Sie ist keine patentierte Staatsform, die eine geheime Kraft in sich birgt. Sie ist die eroberte Staatsgewalt dann und so lange, als der Wille, die Kraft, die Begeisterung, die Siegeszuversicht der proletarischen Klasse hinter ihr steht. Sie ist Zustand und Staatsform zumal, das eine ausgedrückt durch das andere. Sie ist Kern und Schale zugleich, und wo der Kern und wo die Schale schwinden, da ist die »Diktatur des Proletariats« dahin.

Der belebende Hauch dieser Siegeszuversicht und des Willens der proletarischen Klasse würde auch, so glauben wir, viele von den Hindernissen nehmen lehren, an denen die russische Revolution so blutende Wunden davongetragen hat. Denn letzten Endes besteht doch das Leben eines großen Volkes nicht nur aus arithmetischen Größen und mechanisch zu berechnenden Kräften. Wie kam es, wenn es erlaubt ist, Kleines mit Großem zu vergleichen, dass am 10. November 1918, als die deutsche Arbeiterklasse *ohne* Organisation war, nur die ersten, dann traurig verdorrten Ansätze einer kommenden Organisation sich zeigten, dass damals aus Erich Ludendorff Erich Lindström ward, der Kronprinz Rupprecht in den Schutz der spanischen Botschaft floh und die »Kreuz-Zeitung« ihren preußischen Kuckuck vom Schilde nahm, dieweil drei Jahre später, einer »wohlgeordneten Republik« gegenüber, Erich Lindström wieder Erich Ludendorff und Retter des Vaterlandes, der spanische Rupprecht wieder deutsch und Kronprätendent, die »Kreuz-Zeitung« wieder »Mit Gott für König und Vaterland« geworden ist? Nicht nur deswegen, weil die deutsche Republik nicht kann, was sie gar nicht will: deswegen, weil sie das nicht hat und nicht haben kann, jene sieghafte revolutionäre »Autorität«, die selbst die jämmerliche deutsche Revolution in ihrem ersten Anlauf besaß und die ihre Feinde in die Mauselöcher jagte Kraft dieser »Autorität«. Das ist der »Schrecken der Revolution«. Wo aber diese gewaltige Kraft der Klasse erlischt, da müssen auf die Dauer die Ersatzmittel versagen, die Konzession nach der einen, die Organisation nach der anderen Seite, die Polizeimaßnahme nach beiden.

Es ist nicht nur Maß und Zahl in den Dingen; es ist ein Geist, der über allem wehen muss und der allein die proletarische Revolution erheben kann zu jener geschichtlichen und ethischen Größe, in der sie ihr großes Ziel vollenden kann.

IX

Wer solches schreibt, schreibt sich ein Stück vom eigenen Herzen weg. Denn immer wieder ist ja die große Tragik der russischen Revolution, dass letzten Endes all ihre Fehler und all ihre Irrungen möglich waren nur dadurch, dass sie als erstes Glied sich betrachtete der großen Weltauseinandersetzung und dass das Weltproletariat sie im Stich gelassen hat. Und doch glauben wir, dass mit *Vorwürfen* es nicht getan sei, sondern dass es Pflicht sei, die Dinge so zu sehen, wie sie sind. Wir können die »Weltrevolution« in Europa nicht »machen«, nicht aus eigenen Kräften und nicht mit freundlicher Unterstützung. Darin bestand eben, wie Rosa Luxemburg betont, der große Wurf der bolschewistischen Politik in ihrer ersten Zeit, dass sie so ganz darauf gestellt »die Aktionsfähigkeit des Proletariates, die Tatkraft der Massen, den Willen zur Macht des Sozialismus überhaupt« zu entfesseln. Nicht nur war es die *Absicht* der Politik der Bolschewiki, es war auch in der Tat die *Frucht* ihrer Politik.

Noch hat nicht jemals ein Ereignis in der Welt so die Millionen Proletarier seelisch in Besitz genommen, noch hat nie jemals eine Tat die Entwicklung des Erwachens der Proletarier in der Welt beflügelt wie Sowjet-Russland durch die Tatsache, dass es stand, durch die Tatsache, wie es hielt, durch die Tatsache, wie über allen wirklichen oder vermeintlichen Fehlern, über aller Parteikritik und Parteifehde die Proletarier den glühenden, unbezähmbaren Willen zum Siege des Weltproletariates erkannten. Es ist nicht zu bestreiten, dass diese Entwicklung unterbrochen worden ist durch Gründe, die nicht oder nur zum Teil in Russland zu suchen sind. Aber gerade diese für die Arbeiterbewegung jedes Landes und für jede Arbeiterpartei außerordentlich schwierige und krisenhafte Situation bedarf doppelter Aufmerksamkeit dort, von wo großer Nutzen und großer Schaden gestiftet werden kann. Wir werden uns nicht in Details verlieren. Wir wollen ein Beispiel herausgreifen. Der deutsche Kapitalismus tastet an die Reichseisenbahnbetriebe. Bei der Spannung der sozialen und politischen Gegensätze in Deutschland: Wer weiß, von welchem Punkte aus große soziale Kämpfe in Deutschland entbrennen können? Vielleicht von der Eisenbahn; sämtliche Organisationen der Eisenbahner erklären sich zur Anwendung der äußersten Mittel bereit. Es kann die grundsätzliche Frage Privatkapitalismus oder öffentlicher Besitz aufgeworfen werden. Womit sollen die deutschen Arbeiter Stinnes bekämpfen, wenn er ihnen aus der »Roten Fahne« den Artikel von Lenin verliest: »Die persönliche Interessiertheit hebt die Produktion.«[56]

Die russische Revolution blieb der kostbare Schatz für alle Arbeiter, weil sie in ihr – und wenn sie Fehler sahen – die klarste, entschiedenste, eindeutigste Vertretung des proletarischen Seins und der proletarischen Zukunft erkannten: Die russische Revolution würde diese ihre Rolle nicht spielen können, wenn dieses Gefühl bei den Arbeitern verlorenginge.

Die Bolschewiki haben etwas in Händen gehabt: den größten moralischen Fonds, den die Arbeiterklasse je gesammelt hat. Das wird keiner bestreiten, der die Jahre 1918, 1919, 1920 miterlebte. Wir haben es schon in anderem Zusammenhange beklagt, wie von diesem Fonds *unnütz* und *nie wieder*bringlich geopfert wurde. Würde dieser Fonds ganz verlorengehen: Es mag Leute geben, die das leichten Herzens nehmen. Wir glauben, dass die Arbeiterschaft der ganzen Welt seelisch daran verarmen würde und dass die Arbeit von vielleicht Jahrzehnten nötig sein würde, um wieder aufzubauen, was 1918 war.

---

[56] Lenin 1921i, eine weitere Übersetzung in: Ders. 1962 [1921j]: 39.

Aus: Rosa Luxemburg: Die russische Revolution. Eine kritische Würdigung. Aus dem Nachlass herausgegeben und eingeleitet von Paul Levi, Berlin 1922, S. 1–63; wiederveröffentlicht in: Levi, Paul (2016ff.): Ohne einen Tropfen Lakaienblut, Bd. I/4, S. 1003–1040.

Rosa Luxemburg und die Russische Revolution

In einer Ausstattung, in der in Deutschland leider nicht mehr selbst Goethes Tasso erscheinen kann, lässt der Verlag der Kommunistischen Internationale ein Buch erscheinen, das den Titel führt: Clara Zetkin. Um Rosa Luxemburgs Stellung zur russischen Revolution.[57] Das Buch oder vielmehr Clara Zetkin beschäftigt sich mit jener nachgelassenen Broschüre von Rosa Luxemburg, die ich im vergangenen Jahre habe erscheinen lassen. Wenn nicht das Vorwort trügt, haben gute Freunde – es waren in diesem Falle wirklich gute – der Verfasserin geraten, sie möchte dieses Manuskript jenem Feuer überantworten, das sie dem Werke Rosa Luxemburgs zugedacht hatte.[58] Unnütz zu sagen, dass dieser gute Rat in den Wind geschlagen wurde: Das Buch musste heraus.

Zunächst ein Einwurf: Man könnte das Buch, wenn es nicht erheblich mehr als einen Groschen kostete, getrost eine Groschenfalle nennen. Denn in aller Bescheidenheit möchten wir sagen: Es ist unlautere Anpreisung, von Rosa Luxemburgs Stellung zur russischen Revolution zu reden, wo in der Tat nichts anderes als reine bescheidene Meinungsäußerung zu jener Luxemburgischen Broschüre den Gegenstand von 224 Seiten bildet. Wir möchten aus diesem Grunde auch davon absehen, mit diesen, das Buch ausfüllenden Litaneien die Leser zu belästigen, zumal alle Kritik an unserer Kritik hinausläuft auf deren Bestätigung, immer unter der beschwichtigenden Formel: Die Bolschewiki »mussten«,

[57] Vgl. Zetkin: 1922.

[58] »Das auch war der bestimmt ausgesprochene Grund, weshalb Leo Jogiches, der vertrauteste und ebenbürtige Kampfesgenosse ihres ganzen Lebens bis zu ihrem Tode, ihr ›kritisches Gewissen‹, nicht nur gegen die Veröffentlichung der Broschüre war, sondern sogar einige Blätter, Notizen mit Aufzeichnungen zu einem Entwurfe den Flammen übergeben haben wollte.« (Warski/Zetkin 2017 [1921]: 33) – Leo Jogiches wurde in der Nacht vom 9. zum 10. März 1919 in Berlin-Moabit von einem Polizisten ermordet. Mathilde Jacob hatte mit Sicherheit nicht nur Paul Levi von dem Manuskript erzählt (vgl. Levi 2020 [1922e]; in diesem Band S. 37), sondern auch Jogiches – allerdings kannte er das Manuskript nicht, denn es kam erst Ende März 1919 aus Breslau nach Berlin, wo es Rosa Luxemburg am 9. November 1918 zusammen mit einem zweiten Manuskript (Luxemburg 1974 [1918a]: 366–373) bei Genossen – der Familie Schlich – hinterlegt hatte. (Vgl. Luban 2008: 37)

sie »durften nicht«, sie »waren gezwungen«, sie »konnten gar nicht anders«, Formeln, die wir aus dem Munde kommunistischer Debattenredner in der Provinz 150mal im Jahre hören.

Was aber Rosa Luxemburg angeht, so handelt es sich dabei um folgendes: Wie jeder Kenner der sozialistischen Bewegung vor dem Kriege weiß, stand Rosa Luxemburg im Gegensatz zur bolschewistischen Partei so lange, als es eine bolschewistische Partei überhaupt gab. Dieser Gegensatz war kein zufälliger und kein äußerlicher. Er beruhte – das kann man getrost sagen – auf gegensätzlicher Weltanschauung. Der Bolschewismus hatte von seiner Entstehung an gewisse bakunistische Züge angenommen; das Sektenhafte der Partei, das Verschwörerhafte und, aus dieser Grundeinstellung heraus, jene Vorstellung der Verhältnisse von Partei und Masse, die in der Partei das Bewegende, in der Masse das Bewegte, in jener das Subjekt, in dieser das Objekt der sozialistischen Bewegung sah. Wir möchten bemerken: Wenn wir dies rein objektiv feststellen, so ist das keine jetzt gemachte Entdeckung. Diese Feststellung war vielmehr der Ausgangspunkt der gesamten Kritik gegen die Bolschewiki vor der Revolution, einer Kritik, die namentlich ausgeübt wurde von Rosa Luxemburg, Leo Trotzki und auch – sie hatte sich damals noch nicht der Selbständigkeit des Urteils begeben –, von Clara Zetkin. Wir möchten sie etwa an die Frauenkonferenz in Bern im Frühjahr 1915 erinnern. Ihre Liebe zu den Bolschewiki hatte damals noch nicht den Brennstoff wie heute.

Nun aber Rosa Luxemburg. Worin sie eine Lebens- und Weltauffassung von den Bolschewiki trennte, das war eben jenes bolschewistische Verhältnis zwischen Partei und Masse. Jene Trennung zwischen beiden durch die starre Scheidewand der Organisation war ihr ebenso zuwider wie die Isolierung der Partei durch das Hilfsmittel der Disziplin, wie der Ersatz der autochthonen Aktion der Masse durch das Hilfsmittel des Parteimanövers. Ihr Lebensodem war ein anderer. Partei und Masse waren ihr Teile eines organisch gewordenen Ganzen, in dem nicht die Partei mechanisch auf die Masse wirkt, sondern in dem die Partei der sichtbare Meinungs- und Willensausdruck des anderen ist. Wir haben früher schon gesagt, wie diese grundsätzlich verschiedene Auffassung von der russischen Revolution in der größten geschichtlichen Praxis nachgeprüft und u. E. zugunsten von Rosa Luxemburg entschieden worden ist, sicherlich aber zuungunsten der bolschewistischen Auffassung.

Aber dem sei, wie ihm wolle. Jedenfalls ist unbestritten: Diese Auffassung hat Rosa Luxemburg vertreten und festgehalten, ein halbes Menschenalter lang, sozusagen über die ganze Zeitspanne ihrer politischen Tätigkeit hinweg. Sie ist ebenso enthalten in ihrer ersten politischen Auseinandersetzung mit den Bolschewiki im Jahre 1904 wie in den Schriften über die erste russische Revolution; sie ist von ihr festgehalten bis in die letzte Auseinandersetzung mit den Bolschewiki im Oktober 1918, drei Monate vor ihrem Tode. Man sollte meinen: Ein Mensch, der weiß, was er will – und Freund und Feind wird Rosa Luxemburg zu diesen zählen –, sollte dagegen gefeit sein, dass nach seinem Tode einer käme und sagte, diese Meinung sei doch nicht seine letzte gewesen; zwei Monate vor seinem Tode habe er die Lebensauffassung umgeworfen, die er drei Monate vor seinem Tode noch einmal literarisch niedergelegt hatte.

Unter Betonung ihrer inbrünstigen Liebe und unter Heranziehung eines halben Schocks[59] herausgerissener Zitate aus Artikeln der Roten Fahne unternimmt es Clara Zetkin, zu beweisen, dass Rosa Luxemburg das fertig gebracht habe. Wir möchten es ablehnen, auf diese Art von »revolutionärer« Philologie einzugehen. Wir möchten lediglich noch zwei Tatsachen erwähnen, die das Verhältnis von Rosa Luxemburg zu den Bolschewiki bis in ihre allerletzten Tage klarstellen und die Clara Zetkin wohl entgangen sind, die damals dem Kreise, dem wir angehörten, fernstand.

Die eine Tatsache ist die: Rosa Luxemburg hat – wie wir – gegen die Annahme des Namens »Kommunistische Partei« gestimmt. Sie wollte schon diese äußerliche Identifizierung mit der Partei der Bolschewiki ablehnen. Dies ihr Votum datiert vom 31. Dezember 1918, zwei Wochen vor ihrem Tode.

Die andere Tatsache: Hugo Eberlein, damals von uns zum ersten Kongress der Kommunistischen Internationale nach Petersburg entsandt, hatte von uns – und zwar auf Anregung von Rosa Luxemburg – die Instruktion, gegen die Gründung einer kommunistischen Internationale zu stimmen. Rosa Luxemburg wollte nicht eine Internationale, in der nach Lage der damaligen Parteientwicklung die Bolschewiki den Ausschlag haben mussten. In Gemäßheit dieser Instruktion hat Eberlein gestimmt. Dieses Votum von Rosa Luxemburg datiert von Anfang Januar 1919, eine Woche vor ihrem Tode.

Wir glauben, danach wird kein Unbefangener mehr behaupten wollen, dass doch noch Rosa Luxemburg in den letzten acht Tagen ihres Lebens ihre Meinung geändert habe. Wer sie kannte, wusste das ohnehin: Sie konnte Irrtümer korrigieren; eine eigene Lebensarbeit und eine Lebensauffassung umwerfen, konnte sie nicht. Das blieb einer Clara Zetkin mit der ihrigen vorbehalten.

Auch Rosa Luxemburg hatte ihre Fehler, das weiß jeder, der sie kannte. Die Mittel aber, die eine Clara Zetkin zur Preisgabe ihrer eigenen Le-

59 Schock: Maßeinheit für Garn – 60 Stück.

bensauffassungen bewogen, wären an mehr als einer ihrer Tugenden abgeprallt.

Aus: Leipziger Volkszeitung. Organ für die Interessen des gesamten werktätigen Volkes, 30. Jg., Nr. 24, 29. Januar 1923, gez. Dr. P.L.; unter dem Titel »Kommunistische Geschichtsklitterung« auch in Volks-Zeitung für das Vogtland. Tageszeitung der Vereinigten Sozialdemokratischen Partei (Plauen), 5. Jg., Nr. 26, 31. Januar 1923; wiederveröffentlicht in: Levi (2016ff.): Ohne einen Tropfen Lakaienblut, Bd. II/3, S. 1387–1389.

Von den Konzessionen

Credo, quia absurdum est.
Ich glaub's, weil es gar so blödsinnig ist.
Der heilige Augustin[60]

I

Die Szene ist des Griffels eines größeren Meisters würdig. Die russische Sowjetregierung hat – worum ihr kein Mensch gram sein kann – eine Position geräumt, die sie nicht halten kann. Sie hat Konzessionen gemacht, teils an auswärtige Kapitalisten, teils an die inländischen Bauern. Sie hat die Schritte getan, die nötig waren, um einen Zusammenbruch der gegenwärtigen Regierung zu verhüten, und hat das getan nach einer wahrhaft heroischen Ausschöpfung aller Mittel; was die russische Arbeiterklasse aus ihren Kräften tun konnte – fürwahr, das hat sie getan.

Kein Kommunist brauchte sich zu schämen, diesen Sachverhalt ungeschminkt und ungeputzt zu erzählen; er enthält keinen Vorwurf, es sei denn für das westeuropäische Proletariat, das es so weit kommen ließ. Da kommen aber gen Moskau gezogen die Gläubigen aus allen Ländern, die, die glauben, der Schädel sei doch das tauglichste Werkzeug, Riegelwände einzuschlagen, und bei denen zu befürchten steht, ihr waldursprünglicher »Marxismus« möchte Schaden nehmen, so sie erfahren, dass eine richtiggehende kommunistische Regierung Konzessionen mache. Solches Sansculottentum will aber erhalten bleiben, und so muss ihnen das mit den »Konzessionen« ins rechte Licht gesetzt werden. Der gute Bucharin erhält den Auftrag, selbigen Unentwegten die Sache zu verklickern. So nimmt sich Bucharin seine Leute zusammen; er sitzt in der Mitte, um

[60] »Credo quia absurdum est« ist ein geflügeltes Wort im Diskurs der christlichen Theologie, das oft, wie auch hier, fälschlich Augustinus von Hippo zugeschrieben wird.

ihn herum – »wie der Sterne Chor um die Sonne sich stellt«[61] – die Vertreter des »vorgeschrittensten Teiles des Proletariates«, zu denen der gute Bucharin anhub (siehe den aus Moskau bezogenen Originalbericht zu Nr. 289, 290, 292 der »Roten Fahne«) wie folgt: Konzessionen sind Konzessionen. Die Konzessionen in Russland sind aber keine Konzessionen. Denn die Konzessionen in Russland sind wirtschaftliche Konzessionen. Wirtschaftliche Konzessionen sind aber keine politischen Konzessionen. Politische Konzessionen sind aber Konzessionen. Also sind die Konzessionen in Russland keine Konzessionen. Quod erat demonstrandum; was zu beweisen war.

Damit konnte an sich der Vortrag beendigt sein; psychologisch ist aber der Augenblick gekommen, in dem in der katholischen Kirche Pfarrer und Gemeinde – um den eben geführten Beweis von der unbefleckten Empfängnis zu bekräftigen – eingefallen in den Sang: Heilige Maria, bitt für uns arme Sünder [...] Und so fällt Bucharin nebst zugehöriger Gläubigkeit an jener Stelle ein in den Chorgesang: »Aber Paul Levi und alle Opportunisten...«

Es gibt Leute, für die haben die Vorderen umsonst gelebt und geschrieben. Zu diesen Leuten zählen wir den guten Bucharin nicht; der weiß, was er redet. Zu diesen Leuten zählen wir aber die, die ihm glauben, was er redet, und diese an Lassalle zu erinnern, ist vielleicht erlaubt. Wenn Lassalle in seinem bekannten Vortrag die politische Bedeutung, d.h. die verfassungsmäßige Macht einer Klasse darstellt, zeigt er sie in ihrer ökonomischen Bedeutung. Und in der Tat offenbart sich die politische Kraft einer Klasse in erster Linie an den ökonomischen Konzessionen, die sie den ihr entgegenstehenden Klassen abtrotzt. Der erste Sieg der revolutionären Bourgeoisie bestand nicht in der Errichtung der Republik oder des Parlamentes – das war immer ihr letzter Sieg –, sondern in der »nur ökonomischen Konzession« des Abbaus der Zunftverfassung. Der erste Sieg des aufkommenden Handelskapitals bestand nicht in der »politischen Konzession« eines Reichswirtschaftsrates oder so etwas ähnlichem, sondern in der »nur ökonomischen« Konzession der Aufhebung des Zinsverbotes. Und wann und womit hat die Bourgeoisie, als sie revolutionär war, diese »nur ökonomischen« Konzessionen errungen? Dann, als ihre ökonomische Funktion so stark war, dass sie eine Lebensfunktion des bestehenden Staates war, und mit dem Mittel hat die Bourgeoisie es erreicht, dass sie drohte, ihre Funktion einzustellen. Und womit haben die russischen Bauern ihre Konzessionen errungen? Ganz einfach damit, dass sie drohten, ihre wirtschaftliche und für den russi-

[61] Schiller 1803.

schen Sowjetstaat lebensnotwendige Funktion einzustellen. Damit, dass sie Miene machten, zur Eigenproduktion in der Hauswirtschaft zurückzukehren: Damit haben sie die »ökonomische« Konzession erzwungen. Und was bedeutet die »ökonomische« Konzession? Sie bedeutet, dass die Staatsgewalt, die Sowjetregierung, eine von ihr getroffene Anordnung zurücknehmen und ersetzen musste durch eine Anordnung, die vom Ziele der Sowjetregierung weiter entfernt liegt als jene frühere, die Beschlagnahme des Getreides durch die Naturalsteuer. Dieser Vorgang ist ein politischer Vorgang. Er bringt zum Ausdruck, dass die Staatsgewalt, die bisher die Staatsgeschäfte ausschließlich nach proletarischen Grundsätzen führen konnte, sie nunmehr auch – noch nicht nur – nach mittel- oder großbäuerlichen Gesichtspunkten führen muss. Mit anderen Worten: Das der Sowjetregierung zugrunde liegende tatsächliche soziale Kräfteverhältnis, die wirklichen Machtverhältnisse, um mit Lassalle zu reden, haben eine Änderung durchgemacht; die Konzession der Naturalsteuer ist der wirkliche Ausdruck dafür, auch wenn vorher wie nachher dieselbe Regierung auf dem Kreml sitzt. Der gute Bucharin aber deklariert (wörtlich): »Keine politischen Konzessionen, aber ziemlich viel ökonomische.« Und aus dem Bericht und aus der politischen Haltung der »Roten Fahne« ist nicht zu entnehmen, dass er mit dieser Theorie sein Publikum zu niedrig eingeschätzt habe.

II

Kann man schon den Possenreißer der Internationale so kurz abtun, so gebührt es, mit allem Ernste das zu erwägen, was Lenin über diesen Punkt in seinem in Nr. 5 der »Russischen Korrespondenz« abgedruckten Aufsatz ausführt. Wir wollen hier die Stelle folgen lassen, die wir für die entscheidende Abhandlung halten: »Seht euch an, wie ich im Mai 1918 die in unserer Ökonomik vorhandenen Elemente (Bestandteile) der verschiedenen sozialwirtschaftlichen Ordnungen bestimmte. Es wird niemand gelingen zu bestreiten, dass alle diese fünf Stufen oder Bestandteile dieser fünf Ordnungen, von der patriarchalischen, d.h. halbwilden, bis zur sozialistischen, vorhanden sind. Dass in einem kleinbürgerlichen Lande die kleinbürgerliche Ordnung, d.h. eine zum Teil patriarchalische, zum Teil kleinbürgerliche Ordnung vorherrscht, versteht sich von selbst. Die Entwicklung der Kleinwirtschaft ist eine kleinbürgerliche Entwicklung, eine kapitalistische Entwicklung, sobald ein Austausch vorhanden ist. Es ist dies eine unwiderlegliche Wahrheit, eine Binsenwahrheit der politischen Ökonomie, die zudem sogar durch alltägliche Erfahrungen und Beobachtungen des Publikums bestätigt wird.

Welche Politik kann das sozialistische Proletariat angesichts einer solchen ökonomischen Wirklichkeit führen? Es kann dem Kleinbauern alle von diesem benötigten Erzeugnisse eines sozialistischen Großbetriebes im Austausch gegen Getreide und Rohstoffe liefern. Es wäre dies die am meisten erwünschte, die ›richtigste‹ Politik. Mit ihr haben wir auch begonnen. Wir können jedoch nicht alle Produkte liefern; wir können dies nicht tun und werden dazu noch lange nicht in der Lage sein, zum mindesten so lange nicht, als wir wenigstens die Elektrifizierungsarbeiten erster Ordnung im Lande nicht abgeschlossen haben werden.

Was ist da zu tun?

Entweder versucht man, jegliche Entwicklung privaten, nicht staatlichen Austausches, d.h. des Handels, des Kapitalismus völlig zu unterbinden, zu verbieten, der bei Vorhandensein von Millionen Kleinproduzenten unvermeidlich ist. Eine solche Politik würde eine Dummheit und den Selbstmord der Partei bedeuten, die sie versuchen sollte. Eine Dummheit, denn diese Politik ist wirtschaftlich unmöglich. Ein Selbstmord, denn die Partei, die eine solche Politik versuchen sollte, würde unvermeidlich zusammenbrechen. Es lässt sich nicht verhehlen, dass einige Kommunisten in ›Gedanken, Worten und Werken‹ gesündigt haben, indem sie sich einer solchen Politik zuneigten. Wir müssen versuchen, von diesen Fehlern loszukommen. Wir müssen unbedingt von ihnen loskommen, da die Dinge sich sonst sehr schlimm gestalten werden.

Oder (die letzte mögliche und einzig vernünftige Politik) man versucht nicht, die Entwicklung des Kapitalismus zu verhindern oder zu verbieten, sondern man bemüht sich, sie in das Becken des Staatskapitalismus zu leiten. Es ist dies wirtschaftlich möglich, denn der Staatskapitalismus ist in dieser oder jener Form, in diesem oder jenem Grade überall dort vorhanden, wo überhaupt Elemente des freien Handels und des Kapitalismus anzutreffen sind.«[62]

Den Ausführungen liegt in Kürze folgender Gedanke zugrunde: Die in Russland bestehende Wirtschaft ist nicht eine solche, die als Substrat für den Kommunismus geeignet ist. Es sind vielfach noch die allerrückständigsten Wirtschaftsformen vorhanden. Politisch aber besteht die vorgeschrittenste Staatsform. Aufgabe des Staates ist, die ihm gemäße Wirtschaftsform zu schaffen.

»Wir lassen uns – sagt Lenin – noch immer zu Aussprüchen verleiten, wie: ›Der Kapitalismus ist das Übel, der Sozialismus ist das Heil.‹ Ein solcher Ausspruch ist unrichtig, denn er übersieht die ganze Summe der vorhandenen sozialwirtschaftlichen Verhältnisse und greift nur zwei

[62] Lenin 1971 [1921g]: 293.

von ihnen heraus. Der Kapitalismus ist ein Übel, gemessen am Sozialismus. Der Kapitalismus ist das Heil gegenüber der Kleinproduktion [...] Soweit wir noch nicht imstande sind, den unmittelbaren Übergang von der Kleinproduktion zum Sozialismus zu verwirklichen, ist der Kapitalismus in gewissem Sinn unvermeidlich als elementares Erzeugnis der Kleinproduktion und des Austausches [...] «[63]

An diesen Ausführungen ist zunächst das eine bemerkenswert: Scheinbar sind sie eine völlige Konzession an den Menschewismus gerade in dem Punkt, der in der russischen Parteientwicklung geradezu der entscheidende wurde zwischen Bolschewismus und Menschewismus. Die Menschewiki waren es, die sich immer darauf beriefen, Russland sei für die proletarische Revolution »noch nicht reif«, es »fehlten die ökonomischen Voraussetzungen«, die – damals heranreifende – russische Revolution könne vorläufig nur eine bürgerliche und keine proletarische sein. Wir sind der Auffassung, dass die geschichtliche Tat der Bolschewiki war, die Revolution aufgefasst zu haben als das Werk proletarischer Kräfte, als die Erfüllung einer der proletarischen Klasse obliegenden Aufgabe. In diesem Sinne haben die Bolschewiki ihre Politik vor der Februarrevolution, vor der Oktoberrevolution und nach der Machtergreifung geführt. Wir müssen prüfen, inwieweit die jetzige Politik der Bolschewiki mit diesem Gedanken noch verträglich ist.

Es versteht sich selbst, dass Lenin bei seiner jetzigen Auffassung von der Aufgabe der Sowjetregierung nicht daran denkt, jener menschewistischen Auffassung, als sei die Revolution »verfrüht« gewesen, ein »Fehler« gewesen, Konzessionen zu machen. Er hält nach wie vor an dem Gedanken der Fortführung dieser, der proletarischen Revolution, fest. Aber mit welchen Mitteln? Wir haben schon in früherem darauf hingewiesen, wie die russischen Kommunisten von der Vorstellung beherrscht sind – eine Vorstellung, mit der sie auch die Kommunistische Internationale infiziert haben –, als sei die geistige Entwicklung der proletarischen Klasse, die Überwindung des Menschewismus, eine obrigkeitliche Angelegenheit, eine Sache, die durch irgendwelche behördlichen Maßnahmen geregelt werden könne, sei es in Russland der Sowjetregierung, sei es in der Internationale des Exekutivkomitees, sei es in den einzelnen Sektionen des respektiven Zentralkomitees. Es ist kein Zufall, dass in dem von der russischen Delegation dem III. Weltkongress vorgelegten Thesenentwurf über die Taktik zum ersten Male das Wort »Parteibehörde«, das bisher immer nur im Kreise der Spötter umgegangen war, in den offiziellen Sprachschatz der Internationale erhoben wurde.

[63] Ebd.: 296.

Und dieser Gedankengang greift jetzt über auf alle anderen Formen der gesellschaftlichen Entwicklung. Russland braucht einen Kapitalismus als wirtschaftliches Substrat für den Sozialismus. Also wird von Staats wegen, »nach Maßgabe des jeweiligen Staatsbedürfnisses«, ein Kapitalismus geschaffen. Die Diktatur des Proletariats besteht, aber im harten Winter dieser Diktatur pflanzen einige weise Gärtner Veilchen an geschützten Stellen oder in Gewächshäusern. Wir glauben, die geschichtliche Entwicklung wird alle solche Pläne scheitern machen. Die geschichtliche Entwicklung geht nicht mechanisch und nicht nach Maßgabe der Beschlüsse eines Zentralkomitees vor sich, sondern in dialektischen Widersprüchen und nur im Kampf der kapitalistischen Tendenzen mit den proletarisch-revolutionären. Welch kindliche Illusion zu glauben, das Emporkommen eines sowjetstaatlich reglementierten und patentierten Kapitalismus beeinträchtigt nicht das Wesen des Sowjetstaates. Als ob nicht das Emporkommen einer starken Gewerkschaftsorganisation, die Abschaffung oder Errichtung eines stehenden Millionenheeres, die starke Koalierung der Landwirte und Bauern das Wesen jedes Staates, in dem solche Vorgänge sich ereignen, im tiefsten verändere. Und nicht anders wird das Wesen des Sowjetstaates als Ausdruck der absoluten proletarischen Herrschaft, der proletarischen Diktatur eskamotiert, wenn ein – mag er aussehen, wie er will – Kapitalismus sich bildet. In dem Augenblick fällt der kommunistischen Partei die Aufgabe zu, zwischen den beiden Polen, dem kapitalistischen und dem proletarischen, zu wählen und – wie sich versteht – ist ihr Ort am proletarischen Pol. Ihre Aufgabe kann immer nur sein: Kampf gegen die kapitalistischen Tendenzen.

Nun wird vielleicht gesagt werden, auch die russische kommunistische Partei werde jener Aufgabe gerecht werden; die Konzessionierung des Kapitalismus sei eine Angelegenheit der Sowjetregierung und nicht der russischen kommunistischen Partei als solcher. Solche Auffassung widerlegt sich nicht nur durch die Tatsache der Personalunion zwischen dieser und jener in allen entscheidenden Funktionen. Sie wird auch widerlegt durch die eigene Ideologie der russischen Kommunisten, wonach die Diktatur des Proletariates immer nur eine Diktatur der kommunistischen Partei sein kann. Es ist schlechterdings unmöglich, die Politik der kommunistischen Partei und der proletarischen Diktatur zu treiben nach dem System der doppelten Buchführung. In dem Augenblick, in dem die kommunistische Partei versucht, die Dialektik der Geschichte zu überwinden, indem sie einerseits – im Sowjetstaat – den kapitalistischen Tendenzen Rechnung trägt und anderseits – in der Parteiarbeit – den proletarischen: In dem Augenblick wendet sich diese Dialektik gegen die Kommunisten selbst; sie werden von den auseinanderstehenden

Kräften zerrissen. Das ist das Karma, das über jeder Partei und über jeder Regierung waltet. Von diesem Gesichtspunkt aus halten wir diese Politik der Konzessionen für verhängnisvoll und für den Anfang des Endes der Herrschaft der russischen Kommunisten (selbst wenn die Volkskommissare bleiben).

Aber was tun? Die Fortführung der bisherigen russischen Politik war unmöglich; nur unter dem Druck dieser Unmöglichkeit haben die Bolschewiki sie geändert. Die Fortführung der jetzigen Politik ist unmöglich; sie führt zum Kapitalismus in Russland, während das Proletariat in Banden geschlagen ist. Es handelt sich für die russische Arbeiterschaft nicht um die Einführung des Kapitalismus. Es handelt sich für sie um die Schaffung wirtschaftlicher Werke, Fabriken, Produktionsmittel, deren eine sozialistische Wirtschaft bedarf. Den einen Weg, den die Bolschewiki noch nicht gegangen sind, den müssen sie jetzt gehen: den Appell an die Kräfte der gesamten proletarischen Klasse. Wir wissen sehr wohl, wie in den Augenblicken größter Not, zur Verteidigung des Errungenen, gegen die weißen Garden, die gesamte proletarische Klasse von den Bolschewiki aufgerufen ward und wie sie kam. Es ist Pflicht der Bolschewiki auch jetzt, zur Verteidigung des Errungenen gegen die weißen Ausbeuter, die ganze proletarische Klasse aufzurufen. Nur in der freiesten Betätigung der proletarischen Klasse, in ihrer Aufopferung und Hingabe, in ihrer Einsicht und Willigkeit, die sie, wenn sie nur frei ist, leisten kann, liegt die Möglichkeit, in Russland das Fehlende zu schaffen und, was an kapitalistischem jetzt emporschießt, mit Erfolg zu bekämpfen. Die Bolschewiki haben Gewaltiges geleistet, aber sie waren nur ein Teil der proletarischen Klasse und konnten allein Russland nicht retten. Sie waren nur der halbe Geist der proletarischen Klasse Russlands.

»Wenn der Halbe dich nicht rettet –
ruf den Ganzen doch herbei!«[64]

Aus: Unser Weg (Sowjet). Zeitschrift für kommunistische Politik, 3. Jg., H. 6, 15. Juli 1921, S. 167–172, gez.: Paul Levi; Manuskript, in: Friedrich-Ebert-Stiftung. Archiv der sozialen Demokratie. Nachlass Paul Levi, 1/PLAA000291; wiederveröffentlicht in: Levi (2016ff.): Ohne einen Tropfen Lakaienblut, Bd. I/3, S. 803–810.

Einiges über die russische Außenpolitik

[64] Uhland 1829.

I

Habent sua fata libelli.[65] Auch Schlagwörter haben ihre Geschichte. Sie sind so ganz und gar nicht wie schöne Frauenkleider, die heute der prächtigste Rahmen der prächtigsten Bilder, morgen ein alter, verachteter, verbrauchter Lumpen sind. Politische Schlagwörter, wenn sie es sind, sind nicht Rahmen, sondern Bild. Was irgendwie in den Tiefen eines Volkes, einer Klasse an Empfinden, an Stürmen schlummert, ohne die Kraft zu besitzen, als Gedanken die Schwelle des Bewusstseins zu überschreiten, das tritt als Schlagwort in die wahrnehmbare Welt. Es ist so eigentlich das Gegenstück des Volksliedes, das nur eine andere Seite des Empfindungslebens erfasst: Gleich diesem weiß man nicht, woher es kommt; sie fliegen, um das Wort Storms zu gebrauchen, übers Land wie Marienfäden.[66] Gleich dem Volkslied aber sichert das Schlagwort sich die Herzen im Nu; denn es ist ja eigentlich nichts Neues, was es dem Herzen gibt, nur das, was schon darin schlummerte, hebt es auf eine höhere Stufe des Seins.

Darin liegt seine Stärke und seine Schwäche. Wie es das tausendfache unaussprechliche Sehnen des menschlichen Herzens erfasst, wird es die gefährlichste Waffe in der Hand der Politiker, der bewusst diese Kraft in den Dienst seiner Sache stellt. Wir haben im Kriege Beispiele erlebt. Das ursprüngliche Gefühl des Rechtes, gestaltet in dem Schlagwort von der »Freiheit der kleinen Nationen« hat der Entente mehr Kraft gegeben als die amerikanische Kriegsindustrie. Das ursprüngliche Gefühl des Mitleidens mit friedlichen Frauen und Kindern hat den »deutschen Hunnen« mehr geschadet als eine Foch'sche Rheinarmee. Über allem aber herrschte in den dunklen Jahren des Krieges die Sehnsucht nach Frieden. Wie da die Tage, grau und schwarz, vorüberzogen: Todesanzeigen und »Sieges«-Berichte, Gestellungsbefehle und Lazarettzüge, Hunger und Lichtlosigkeit; wie wurden da die vergangenen Zeiten ein paradiesischer Traum, da man, doch wenigstens satt, irgendwo im Abendsonnenglanz auf einer Bank vor dem Hause gesessen, durch eine Kirschenallee an Wiesen vorbeigegangen war. Was eben noch gewesen war, ward tiefstes Sehnen. Ein Dichter fasste die Sehnsucht in die Worte:

»Jeder hat's gehabt, keiner hat's geschätzt!
Ach – wie klingt das Wörtlein Friede jetzt!«[67]

---

[65] Habent sua fata libelli: Bücher haben ihre Schicksale.

[66] Storm: 1849b. Wahrscheinlich bringt Levi hier Storm mit Paul Wertheimer (1874–1937) zusammen: »Nur ein Marienfaden band / Uns leicht und sommerlich zusammen.« (Wertheimer 1910)

[67] Hesse 1914.

Der Friedenswille ward zur allbezwingenden Gewalt. Kein Staatsmann konnte größere Kraft gewinnen, als der, der es verstand, den Friedenswillen in den Dienst des Krieges zu stellen. Von beiden Seiten ward es versucht. Lloyd George mit »war to end war«, Wilson mit seinem Völkerbund, die deutsche Regierung durch Vermittlung, ihrer allergetreuesten Sozialdemokraten in Stockholm machten den Versuch. Und die geplagten Völker der Welt wanderten mit. Vom »Sturz des Militarismus« zum »Völkerbund«, vom »Völkerbund« zum »Frieden ohne Annexionen und Kontributionen«. Gläubig wanderten sie mit. Denn im einen wie im anderen, im »Sturz des Militarismus« wie im annexionslosen Frieden wie im Völkerbund war ihnen die alte Jesajasche Vision lebendig, wo die Schwerter umgeschmiedet werden in Sicheln[68] und der Löwe wird neben dem Lämmlein grasen[69] und ein Knabe sie als Hirte behütet. Die Jahrtausende alte Version ward wieder lebendig, ward Schlagwort, ward Tagespolitik und Geschichte.

Der Friede von Versailles hat die Kriegsgeschichte der Vision beendet. Im Frieden von Versailles wurden nicht die Bücher des Jesias in die Waagschale gelegt, sondern das Schwert des Brennus. Im Frieden von Versailles gab es Sieger und Besiegte, Ausbeuter und Ausgebeutete, Herrscher und Beherrschte. Der Frieden von Versailles war der Friede, der dem Kapitalismus aus dem Gesicht geschnitten ist. Es ist so, wie es sein muss, wenn kapitalistische Mächte »Frieden schließen«.

II

Der Frieden von Versailles, die magna charta Europae, hat weder den gläubigen Völkern noch den ungläubigen Staatsmännern gebracht, was sie erwartet haben. Die Waffen haben sie gesenkt, aber die Gewehre und Kanonen sind geblieben. Wo naive Gemüter den ewigen Frieden dämmern sahen, steigen heute schon wieder neue Händel aus dem Gewoge empor. Aber nicht nur das. Der Frieden hat keinen Frieden gebracht. Wo die Völker erwarteten, dass wieder alle Räder gehen würden wie ehedem, da steht jetzt alles still. Wo die Millionen aus dem Felde zurückkehrenden Proletarier glaubten, dass sie die Hände rühren könnten, da müssen sie feiern. Vielleicht ebenso viele Millionen, als in vier Jahren im Felde standen, sind heute arbeitslos. Schwerer als je lastet eine Krise auf der kapita-

---

[68] »Da werden sie ihre Schwerter zu Pflugscharen machen und ihre Spieße zu Sicheln. Denn es wird kein Volk wider das andere das Schwert erheben, und werden hinfort nicht mehr lernen, Krieg zu führen.« (Jes. 2,4, LU)

[69] »Wolf und Lamm sollen beieinander weiden; der Löwe wird Stroh fressen wie das Rind, aber die Schlange muss Erde fressen.« (Ebd. 65,25)

listischen Welt. Die englische Eisenindustrie berichtet, das Jahr 1921 sei für sie das schlimmste Jahr gewesen seit ihres Bestehens. Der englische Außenhandel ist fast auf ein Drittel seiner höchsten Höhe zurückgegangen. Und nirgendwo ist vorläufig ein kleiner Ausweg zu sehen. Scheint in einer Branche die Krise sich zu beheben, so setzt sie in einer anderen mit doppelter Wucht ein. Staatsmänner und Völker werden ungeduldig. Sind auch die Tage nicht mehr rot vom Blut, so sind sie doch grau geblieben. Sie schleichen dahin wie in den schlimmsten Kriegsjahren: farblos, endlos, hoffnungslos. Was Wunder, wenn Staatsmänner und Völker der Herzstärken bedürfen bei solchen Dingen. Die Medizin steht bereit. Die Medikamente aus Kriegszeiten stehen noch bereit. Wie konnte man doch im Kriege die trübste Wirklichkeit verscheuchen, wenn aus dem Wölkchen der Opiumpfeife der Traum vom endlosen Frieden, der Traum von der Verständigung, von der Versöhnung emporstieg, der Traum von dem Friedensschluss, wo Bruder dem Bruder die Hand reicht. »Frieden ohne Annexionen und Kontributionen« hieß man es. – Das mit den Annexionen ist geschehen und lässt sich nicht revidieren. Aber die Kontributionen: Sie sind es ja, die noch lange die Welt in Atem halten werden. Auf sie stürzt sich jetzt das müde gewordene Denken der Staatsmänner wie der Völker. »Hinweg mit den Kontributionen.« In einer kontributionslosen Welt wird wieder ein blauer Himmel auf blumige Wiesen scheinen. Drum: Auf zur Verständigung, auf nach Genua![70]

Damit ist der Charakter der Konferenz von Genua festgestellt. Sie ist der Zwillingsbruder der Wilsonschen Friedensentwürfe, der Stockholmer Konferenz und all der anderen »Marksteine«, an die der tödlich getroffene Kriegswille der Völker sich anlehnte so viele Jahre lang. Und damit ist zugleich der geschichtliche Charakter aller solcher Losungen festgestellt. Wie sie im Kriege den Willen der Völker immer noch einmal aufrichteten und noch immer einmal zu neuem Blutvergießen aufpeitschten

[70] Die Konferenz von Genua fand vom 10. April bis 19. Mai 1922 statt. Die Konferenz war die erste große Finanz- und Wirtschaftskonferenz nach dem Ersten Weltkrieg, an der insgesamt 34 Staaten, neben den Siegermächten auch das Deutsche Reich und die Russische Sozialistische Föderative Sowjetrepublik, teilnahmen. Damit wurden die zwei bedeutendsten damals geächteten Staaten (Deutschland als gemäß Versailler Vertrag Hauptschuldiger am Krieg, Russland als Hauptgefahr für die vorherrschende liberal-kapitalistische Weltordnung) wieder stärker in die internationale Politik eingebunden. Insbesondere für Russland bedeutete die Teilnahme praktisch die diplomatische Anerkennung seiner Revolutionsregierung. Am Rand der Konferenz von Genua schlossen das Deutsche Reich und die Russische SFSR am 16. April überraschend den Vertrag von Rapallo. Der Vertrag normalisierte die Beziehungen der beiden Staaten, die mit ihm ihre weitgehende internationale Isolation weiter aufbrechen wollten, und sollte ihre Verhandlungsposition gegenüber den Westmächten stärken.

und noch immer einmal das Denken der Völker verwirrten, so versucht die neueste Losung, Genua, wieder einmal in der tiefsten Not der Proletarier deren Herz und Kopf abzuwenden von dem einzigen Ausweg, der sich ihnen bietet: Kampf gegen den Kapitalismus, Kampf für den Sozialismus. Die Losungen sind konterrevolutionär und umso gefährlicher für das Proletariat, je schöner sie sind. Und daher ist die erste und wichtigste Aufgabe, die wir solchen Truggebilden gegenüber haben, die Aufgabe, in deren Erfüllung wir unermüdlich sein müssen: Zu zeigen, was sie sind, und zu zeigen, wie sie sind. Je lieblicher sie sind, desto schmählicher müssen wir sie zeigen, je mehr sie die Gemüter ergreifen, umso heftiger müssen wir sie bekämpfen. Denn sie sind schädlicher als Belagerungszustand, Ausnahmegesetze und Noskegarden. Ewiger kapitalistischer Frieden, Blaublümlein unter einem kapitalistischen Himmel, Versöhnung im Reich der kapitalistischen Wölfe:

»Goldne Träume, kehrt ihr wieder? Weg, du Traum, so hold du bist!«[71]
Das und nichts anderes kann die kommunistische Antwort sein.

III

In keinem Stadium des vergangenen Krieges ist von den revolutionären Sozialisten – sagen wir, etwa den in Zimmerwald und Kiental vertretenen – eine andere Auffassung vertreten worden. Keiner aber hat alle abweichenden Auffassungen schärfer gegeißelt als gerade Lenin und die Bolschewiki. Ja, man kann sagen: Der Hass, mit dem er etwa Kautsky – mit dem die USPD sich keineswegs in dieser Frage identifizierte – bedachte, rührt eigentlich von der pazifistischen Einstellung Kautskys her. Wie Lenin darüber dachte, mag man mit einem Zitat belegen:

»Das ›Friedensprogramm‹ der Sozialdemokratie muss vor allem bestehen in der Aufdeckung der Heuchelei in den bürgerlichen, sozialchauvinistischen und Kautskyanischen Phrasen über den Frieden. Das ist das erste und grundlegendste. Sonst sind wir unfreiwillige oder freiwillige Helfershelfer der Betrüger der Massen.«[72]

Dabei ist, was das Sachliche der Ausführungen Lenins angeht, folgendes zu beachten. Freilich ist im Pazifismus ein Element enthalten, das auch auf den Klassenkampf des Proletariats beflügelnd wirken kann. Der Kampf um die Einschränkung der Rüstungen, um die Herabsetzung der

---

[71] Goethe 1775.

[72] Lenin/Sinowjew 1921k: 336, eine weitere Übersetzung in: Lenin: 1971 [1916a]: 166. – »Ein erschütterndes Zeitdokument liegt vor mir: ›Gegen den Strom‹, Aufsätze aus den Jahren 1914–1916 von N. Lenin und G. Sinowjew (bei Carl Hoym in Hamburg). Die fünfhundert bedeutendsten Seiten, die im Kriege geschrieben worden sind.« (Wrobel [d.i. Tucholsky] 1926: 567)

Effektivbestände, auch um die Einführung von Schiedsinstanzen usw., kann ein Kampf sein, der vom Proletariat allein oder in Verbindung mit anderen Gruppen durchgekämpft werden kann, nicht ohne Einfluss auf seine eigene Klassenlage. Dass letzten Endes mit allen diesen Mitteln weder der Kapitalismus noch der Imperialismus, noch der Krieg beseitigt werden kann, steht für uns fest, nicht weniger, dass wir diese dauernde Beseitigung der Ursachen der Kriege und damit der Kriege selber erkämpfen wollen und werden. Diesem Ziel steht jener Kampf nicht entgegen.

Um alles das eben handelte es sich im Kriege gar nicht, sondern vielmehr um folgendes: Nachdem einmal der Krieg begonnen war, gab es innerhalb des Kapitalismus zwei Möglichkeiten seiner Beendigung. Die eine war der Sieg-, die andere der Verständigungsfrieden. Beide hatten also das Bestehenbleiben des Kapitalismus als Voraussetzung. Und zwar hat die Nachkriegszeit auch den »Praktikern« durch die Praxis bewiesen, dass beide Arten des Friedens dem Proletariat dasselbe bedeuteten: Hunger, Arbeitslosigkeit, Armut, gesteigerte Ausbeutung. In den Siegerstaaten fast noch mehr als in den besiegten. Diese Folgen, hervorgehend nicht aus dem Frieden von Versailles, sondern aus der allgemeinen Zerrüttung der kapitalistischen Wirtschaft, wären dieselben gewesen, auch wenn man in Versailles nicht diktiert, sondern »verständigt« hätte, und sie bedeuten: Sowohl der Sieg- wie der Verständigungsfriede bedeuten für das Proletariat eine Niederlage. Für das Proletariat gab es nur eine siegreiche Lösung des Weltkrieges: die Lösung, die außerhalb des Bestehens des Kapitalismus lag: die Revolution, die Niederlage des Kapitalismus selbst.

Das war die geschichtliche Bedeutung der russischen Revolution für Westeuropa. Sie eröffnete unmittelbar die Möglichkeit dieser einzig wirklich siegreichen Beendigung des Weltkrieges. Es ist das geschichtliche Verdienst der Bolschewiki, das erkannt und auf diese Möglichkeit hin das Größte gewagt zu haben. Was aber bedeutet, von diesem Standpunkt aus gesehen, der kommende Genueser Vertrag der Bolschewiki, die Anerkennung des Versailler Vertrages durch die Bolschewiki – mit oder ohne Artikel 116 –? Sie bedeutet nicht mehr und nicht weniger als das Anerkenntnis, dass die Bolschewiki die Möglichkeit, die Kriegskrise diesem siegreichen Ende zugeführt zu sehen, heute nicht mehr anerkennen. Die Möglichkeit, die ihre Revolution eröffnete, sehen sie als erledigt an. Ihre Unterschrift unter den Genueser Konferenzvertrag oder unter irgendeinen Friedensvertrag bedeutet die Besiegelung der arevolutionären, um nicht zu sagen konterrevolutionären Liquidierung des Krieges, der Niederlage des Proletariats. Und damit ist zugleich die russische Revolution, die so darauf verzichtet, unmittelbar mit dem Geschick des westeuropäischen Proletariates verknüpft zu sein, für dieses zur Episode geworden. Un grand destin s'achève […][73]

IV

Es ist völlig zwecklos in diesem Zusammenhang, die hundertmal erörterte Frage zum hundertundersten Male wieder zu erörtern: wer daran Schuld hat. Ob die »Passivität« des westeuropäischen Proletariates, ob Missverstehen der Bedingungen der sozialen Revolution im Westen, ob – auch Missverstehen der Bedingungen der sozialen Revolution im Osten, ob organisatorische, ob persönliche Irrtümer und Fehler. Es wird wohl von allem etwas mit dabei gewesen sein. Es genügt vielmehr, in diesem Zusammenhang nicht auf die Ursachen, sondern auf die Folgen hinzudeuten und zu zeigen, wie verhängnisvoll es ist, dass die Bolschewiki von den vielen Möglichkeiten, diese an sich unabänderlichen Tatsachen hinzunehmen, die unmöglichste gewählt haben: die, ihren Weg als den »kommunistischen« hinzustellen.

Die Bolschewiki gründen ihre Theorie, dass das, was sie tun – meinetwegen gezwungen tun müssen –, kommunistisch sei, darauf, dass in Russland die »Diktatur des Proletariats« bestehe. Wir haben schon zu verschiedenen Malen aufgezeigt, dass diese Theorie, auch von den russischen Verhältnissen aus gesehen, unhaltbar ist. Braucht es aber, um diese Tatsache zu erkennen, in Russland eines Blickes hinter den Vorhang der äußeren Geschehnisse – da ja dieselben Bolschewiki 1922 in der Herrschaft sind, die 1917 sie ergriffen – so wird diese Tatsache ohne besondere kritische Studie manifestiert in dem Augenblick, in dem die russische Staatspolitik sich nach außen wendet. N. Lenin als Gegenschwieger[74] von Poincaré oder Lloyd George. Die Wahl steht noch offen – Russland als Teilhaber am Versailler Vertrag, Karl Radek als »Schmuser« beim Abschluss des Handels: Da braucht kein westeuropäischer Proletarier mehr lange Studien anzustellen, ob das Kommunismus sei oder dessen Bankrott. Denn gegenüber seiner Lage verschwinden all die schönen Reden von der Diktatur des Proletariats. Hier ist alles unverstellt: Er sieht, soweit er überhaupt sieht, den Kapitalismus und seine Verbündeten, und kennt aus seiner Lage nicht die Gründe, die es den Bolschewiki ermöglichen, ihre augenblickliche, restaurierende Rolle einem russischen Publikum zu verwischen.

---

[73] »Un grand destin commence, un grand destin s'achève…«: »Ein großes Schicksal beginnt, ein großes Schicksal geht zu Ende.« (Corneille: 1667)

[74] Gegenschwieger: Schwiegermutter.

Da zeigt sich der Grundirrtum, dem sie unterlegen sind. Sie machten auf die Dauer eine Politik für den Kreml und die umliegenden Bezirke. Sie hatten ganz die internationale Funktion vergessen, die ein mindestens ebenso wichtiger Teil der russischen Revolution war wie die nationale Funktion. In ihrer internationalen Funktion wird die wirtschaftsfriedliche, klassenfriedliche, im Kerne kapitalistische Politik der Bolschewiki zuerst – wir gebrauchen ein Lieblingswort – »entlarvt«.

V

Irren ist menschlich, im Irrtum verharren, ist dumm: So sagt schon das antike Sprichwort. Ist schon einmal die russische Politik zu diesem Punkte gelangt, von dem man ebensowenig wie sonst das Rad der Geschichte rückwärts drehen kann, so ist es eine Dummheit, vielleicht noch mehr, nicht sehen zu wollen, was ist. Was wir hiernach sehen, ist: Die Bolschewiki selbst haben an der Möglichkeit, einen proletarischen Sieg im Weltkrieg zu erfechten, verzweifelt und haben auf sie verzichtet. Ihre augenblickliche äußere Staatspolitik steht in ebensolchem Widerspruch zu einem dauernden proletarischen Interesse wie ihre Innenpolitik.

Aus diesen beiden Tatsachen ziehen wir zwei Schlüsse. Der eine ist: Die Identität zwischen Kommunistischer Internationale und Sowjetpolitik, die bisher bestand, ist schädlich. Sie deckt im Namen des Kommunismus etwas, was dem Kommunismus, den proletarischen Interessen konträr ist.

Wir haben den Fall der Unmöglichkeit einer Identität zwischen russischer Politik und Politik der Kommunistischen Internationale je und je vorhergesehen. Der Fall trat ein, in dem die Bolschewiki als Regierungsmacht auf dem oder jenem Wege abgelöst und die Arbeiterklasse durch eine andere Klasse als herrschende ersetzt wurde. Mit dieser Möglichkeit musste man immer rechnen, und wir waren uns alle klar, dass in diesem Augenblick die Führung der Internationale auf eine außerrussische Partei übergehen müsse. Wir dachten uns alle nur, dass dieser Vorgang sich abspielen würde, offen, deutlich, für jedermann erkennbar, wahrscheinlich in der Form des Umsturzes. Nun ist aber dasselbe eingetreten, nur in anderer Form: im Wege der bolschewistischen »Umwertung aller Werte«. Es ist ganz klar, dass die Folgen, die daraus gezogen werden müssen, dieselben sind, wie in jenem angenommenen Falle. Wo ist aber die Partei in der Kommunistischen Internationale, die die Führung, das Tragen des kommunistischen Gedankens übernehmen könnte! Die Frage stellen, heißt sie beantworten.

Die zweite Folge aber, die unter Umständen gezogen werden muss, hängt ab davon, ob man annimmt, dass die Bolschewiki Recht haben, wenn sie auf eine revolutionäre Lösung der Weltkriegskrise nicht mehr rechnen. Wir glauben, dass sie damit recht tun, verkennen aber nicht, dass die Wirtschaftskrise, in die der Krieg die Welt versetzt hat, so schwer ist oder schwerer denn je. Wenn wir trotzdem den Bolschewiki Recht geben, so nur aus dem Gefühl heraus, mit dem wir die internationale Arbeiterbewegung betrachten. Das Proletariat als Klasse ist heute nicht aktionsfähig, kaum funktionsfähig. Es fehlt die große geistige Kraft, die die Proletarierarmee zusammenhält. Wir wollen uns nicht verhehlen: Der Sozialismus als solcher hat an Werbekraft verloren. Die wichtigste internationale Aufgabe des klassenbewussten Proletariats ist heute die, den Glauben an den Sozialismus zu erhalten, zu stärken, zu verhindern, dass die Massen am Sozialismus verzweifeln. Und wir dürfen uns dabei auch gar nicht verhehlen: Das schwerste Gewicht, das heute auf dem Sozialismus lastet, heißt Russland, und wenn Kritik an Russland vermag, die schwere Lage des Sozialismus zu erleichtern, so gestehen wir: Uns ist das Schicksal des sozialistischen Gedankens, des dauernden Interesses der Arbeiterklasse wertvoller als der verblassende Ruhm selbst der glänzendsten und ruhmvollsten Episode der proletarischen Geschichte – aber einer Episode.

So werden wir bei und nach Genua den Bolschewiki die Kritik nicht ersparen dürfen, mit der auch sie im Interesse des Proletariates andern gegenüber nicht gespart haben.

Aus: Unser Weg (Sowjet). Zeitschrift für kommunistische Politik, 4. Jg., H. 6, 1. April 1922, S. 121–126, gez. Paul Levi; wiederveröffentlicht in: Levi (2016ff.): Ohne einen Tropfen Lakaienblut, Bd. I/4: Spartakus, S. 1198–1205.

Die Wendung
Zum 11. Kongress der Russischen Kommunistischen Partei

Wir sind seit einem Jahr nicht müde geworden, die verhängnisvollen – nicht Fehler, wir reden nicht von Fehlern – Zwangläufigkeiten aufzuzeigen, in die die Bolschewiki im März 1921 gekommen sind, wie die Diktatur des Proletariats nicht mehr besteht, wie die Arbeiterklasse teils verschwunden ist und teils unter der Diktatur einer kleinkapitalistischen Bauernklasse steht, die ihre Diktatur hart, grausam, unerbittlich ausübt und wie das alles sich abspielt hinter dem unbeweglich und unbewegt scheinenden Vorhang der Sowjetherrschaft. Wir haben mannigfache Theorien der deutschen und russischen Theorienschmiede gehört:

Wir konnten uns trösten. Wenn am Marxismus ein wahres Wort ist, wenn die Grundform seines Denkens, die Dialektik richtig ist, dann konnte in Russland die Wendung nicht ausbleiben, die jetzt eingetreten ist. Wir haben gesagt, was kommen musste. Und wir stehen im tiefsten Innern erschüttert angesichts der Rede Lenins, in der er die Folgen zieht und in der er, wie wir alle tun mussten, so manche schöne Hoffnung, heiße Wünsche und Sehnen stilllegt und bekennen muss, dass zwischen dem Ziel und unserem Werk noch manche Tage liegen. »Lenin, der Reformsozialist« triumphiert der »Vorwärts«.[75] Ach nein: Lenin ist kein Reformsozialist geworden. Jetzt, indem er ausspricht und indem die Kommunistische Partei andeutet, dass ihr Weg im vergangenen Jahre, der theoretisch und praktisch der Weg des Reformismus war, nicht der Weg zum Sieg des Proletariats ist und nicht einmal zur Aufrechterhaltung der Herrschaft der Bolschewiki führt, indem sie die Loslösung der Bolschewiki von diesem Staat schon andeuten: Jetzt wenden sie sich mit größerer Wucht denn je zuvor gegen den Reformismus. Welch ein Schmierfink aber muss es sein, der diese größte Tragödie in der proletarischen Geschichte, den Leidensweg der russischen Proletarier, und der die große menschliche Tragödie, die in der Brust Lenins sich abspielt, auszunutzen wagt für seinen »Reformsozialismus«. Wer steht nicht ergriffen vor dieser Gestalt Lenins, nicht nur in ihrer geschichtlichen Größe, sondern diesmal auch in menschlicher Größe: Hoffnungen, die fallen wie gelbe Blätter vom herbstlichen Baum, Wünsche, die sich »Well um Welle schlafen legen«,[76] eine starke Seele, die fast alles weggegeben und doch nicht verzweifelt, aber aufstöhnt aus tiefster Tiefe. Mori, das unentrinnbare Schicksal, das über uns waltet. Shakespearesche Stimmung liegt über diesem Lenin.

»... dulden muss der Mensch
sein Scheiden von der Welt, wie seine Ankunft.
Reif sein ist alles ...«[77]

Was der Kongress aber sachlich feststellte, das ist dreierlei.

Erstens: In Russland hat sich heute der Kapitalismus schrankenlos durchgesetzt, das heißt: Es bestehen in Russland keine Schranken mehr, die seine Entwicklung irgendwie beeinträchtigen könnten. Zoll um Zoll haben die Bolschewiki den Boden verteidigt und dann geräumt, sie haben als letzte Station das staatliche Monopol des Außenhandels vertei-

[75] Vgl. o.A. 1922d.

[76] Storm o.J.

[77] Shakespeare 1605.

digt, auch sie ist gefallen. In einem den Weststaaten überreichten Memorandum heißt es folgendermaßen:

»Die Gebundenheit der Staatsangestellten und der Arbeiter an die Ämter und Arbeitsstellen sowie die Arbeitsmobilisierung sind aufgehoben, die Freiheit der gewerblichen und beruflichen Tätigkeit, ferner die Freizügigkeit innerhalb des Landes, das Verfügungsrecht der Staatsbürger über ihre Wohnungen sind wiederhergestellt, die zwangsweise Aussiedlung aus den Wohnungen ist aufgehoben; durch besondere Regierungsverordnung ist das Prinzip des Briefgeheimnisses bestätigt und im Gesetz das Verfahren der Beschlagnahme der Korrespondenz bei Untersuchungen in Kriminalfällen genau vorgesehen worden. Den vollsten Ausdruck haben die Rechte der Staatsbürger im Gesetz gefunden, das vom Allrussischen Zentralexekutivkomitee über die Aufhebung des außergerichtlichen Strafverfahrens, der Außerordentlichen Kommission und die Einsetzung der politischen Abteilung des Volkskommissariats für Inneres aufgenommen wurde. Die allgemeine Kontrolle über das Untersuchungsverfahren ist dem Volkskommissariat für Justiz übertragen worden. Die Sicherung der Rechte der Staatsbürger kommt im Entwurf zum Strafgesetzbuch der Republik zum Ausdruck, welcher dem Rat der Volkskommissare zur Prüfung vorgelegt wird. Dieses Strafgesetzbuch bezieht sich auch auf strafbare Handlungen von Ausländern. Unbeschadet des unerschütterlichen Grundsatzes der Nationalisierung von Grund und Boden hat die Sowjetregierung die Veräußerung nichtmunizipalisierter Baulichkeiten sowie die Übertragung von Pachtrechten auf Baugründe gestattet. Die Sowjetregierung hat ihre Hilfsquellen auf eine geringe Zahl der größten und wichtigsten nationalisierten Betriebe auf kaufmännischer Basis organisiert, indem sie ihnen wirtschaftliche Selbstverwaltung in Form von Trusts einräumte, den andern Teil der Betriebe zur Pacht privater Initiative überließ. Das Allrussische Zentralexekutivkomitee hat die Rechtsbeständigkeit der Pachtverträge, die nur auf gerichtlichem Wege gelöst werden können, garantiert. Da die Sowjetregierung die Heranziehung ausländischer technischer und materieller Hilfsmittel für den Wiederaufbau Russlands und im Interesse der Weltwirtschaft für notwendig erachtet, hat sie die Befreiung der Konzessionäre von Nationalisierung, Requirierung und Konfiszierung dekretiert und ihnen eine Reihe von Erleichterungen zur erfolgreichen Führung der Geschäfte gesichert. Die volle Freiheit der privaten und der geschäftlichen Vermittlungstätigkeit ist gesetzlich festgelegt. Das Allrussische Zentralexekutivkomitee hat dem Volkskommissariat für Außenhandel gestattet, russische und ausländische und gemischte Aktienunternehmungen für die Aufbringung und die Ausfuhr von Waren zu organisieren sowie für die Einfuhr von Artikeln für die Wiederaufrichtung der Volkswirtschaft und des inneren Warentausches.«[78]

Wem das nicht genügt, der lese das grotesk-komische Telegramm Tschitscherins an Poincaré, das die deutsche Presse am 18. März d. J. veröffentlichte, in dem Tschitscherin sich gegen die »Lügenkampagne« wendet, die den Bolschewiki nachsagt, sie meinten es mit dem Kapitalismus nicht ernst, und in dem er aufzählt, was alles die Bolschewiki schon für die Wiederherstellung des Kapitalismus getan.[79] Lenin sowohl wie die Resolution des Kongresses stellen nun fest, dass jetzt dieser Rückzug beendigt ist. Das mag sein, wir halten es sogar für wahrscheinlich. Denn das, was der Kapitalismus an Ellenbogenfreiheit braucht, das hat er in Russland. Es ist durchaus irrig zu glauben, dass der Kapitalismus zu seiner Entwicklung völlige Ungebundenheit im Sinne Prince-Smithschen Liberalismus[80] brauche. Er hat sich in seinen Entstehungszeiten gegen viel größere Widerstände und unter viel schwereren Beeinträchtigungen der Zunftverfassung durchgesetzt als die Beeinträchtigungen, die er jetzt etwa noch in Russland haben sollte. Ein Jahr Entwicklung hat dem Kapitalismus in Russland genügt, um zu wirken wie der junge Kuckuck, der die andern jungen Vögel aus dem Nest wirft und sich alleine füttern lässt.

Zweitens: Die »Diktatur des Proletariats« ist dahin. Ihr Bestehen war der Kardinalsatz, an dem die Bolschewiki und ihre deutschen Schweifhaare am zähesten festgehalten haben. Lenin selbst trägt jetzt diesen Glaubenssatz zu Grabe: »Wir müssen dem Bauer helfen.«

Es ist Aufgabe der Bolschewiki, »durchzusetzen, dass die ganze Masse der Bauernschaft einsieht, dass ein Zusammenhang zwischen ihrem gegenwärtigen schweren, elendesten, qualvollsten Bettlerleben und jener Arbeit besteht (die wir leisten und) die von fernen sozialistischen Idealen geleitet ist. [...] Es ist vollkommen unvermeidlich, dass [...] wir ihm dies beweisen oder er uns zu allen Teufeln schickt.«[81]

»Die Bauern geben uns hier einen Kredit. Aber dieser Kredit kann nicht unerschöpflich sein. [...] Dies muss man wissen, und obgleich man den Kredit bekommen hat, muss man sich doch ein bisschen beeilen. Wir nähern uns unvermeidbar dieser Prüfung, und sie wird letzten Endes das Schicksal der neuen Wirtschaftspolitik und der kommunisti-

[78] O.A. 1922c.

[79] Vgl. o.A. 1922a; o.A. 1922b.

[80] John Prince-Smith (1809–1874) – englischer Journalist, der vor allem in Preußen die Ideen des Liberalismus verbreitete.

[81] Lenin 1922b: 250, eine weitere Übersetzung in: Ders. 1962 [1922a]: 256f.

schen Macht in Russland entscheiden.« »Ich wiederhole, dass wir dank unserer richtigen Politik vom Volke die Fristverlängerung und den Kredit bekommen haben.«[82]

»Aber es sind, wenn ich die Ausdrücke der neuen Wirtschaftspolitik verwenden will, Wechsel; und der Fälligkeitstermin ist auf diesen Wechseln angegeben. Wann die Wechsel zur Zahlung vorgelegt werden, kann man aus dem Wechselwortlaut nicht ersehen. Darin liegt die Gefahr. Das ist die Eigentümlichkeit, durch die diese politischen Wechsel sich von gewöhnlichen Handelswechseln unterscheiden.«[83]

Mit diesen paar Sätzen glauben wir mit Lenins eigenen Worten klar den sozialen Unterbau der russischen Sowjetregierung aufgezeigt zu haben. Diktatur des Proletariats? Diktatur des Proletariats auf Wechselrecht, auf Kredit, auf Fristverlängerung, auf Abzahlung? Diktatur des Proletariats besteht kraft des Willens der revolutionären Arbeiterklasse und ist keinen Schranken unterworfen, sonst besteht sie überhaupt nicht. Die russische Sowjetregierung existiert dank der Duldung der russischen Bauernklasse und auf Kredit; der Wechsel ist schon in Umlauf gegeben, das Geld zur Einlösung noch nicht beisammen: Wann wird der Tag der Einlösung kommen?

Drittens – endlich beginnt der Kongress, aus diesen Tatsachen, dem Sieg des Kapitalismus in Russland, der futilen[84] Grundlage der »Diktatur des Proletariats«, die Folgen zu ziehen. Bei weitem nicht alle. Denn die Folgen, die sich aus diesen Tatsachen über kurz oder lang ergeben müssen, sind diese:

Es muss ein Organ für die »Wechselvorzeigung« geschaffen werden. Der Wechsel wird fällig werden, er wird entweder zur Zahlung präsentiert oder er wird von neuem prolongiert. Wer stellt nun fest, ob das eine oder das andere eintreten soll? Keine Staatsgewalt kann auf einer Staatsgrundlage herrschen, die dem Volke, den herrschenden wie den beherrschten Klassen als Willensausdruck keine andere Möglichkeit gibt als die der Ultima ratio plebis.[85] Es ist undenkbar, dass die Bolschewiki eine Staatsform aufrechterhalten, die den Bauern keine andere Möglichkeit zur Geltendmachung ihrer Wechselrechte, der von den Bolschewiki anerkannten Wechselrechte, gibt als die des offenen Aufstandes. Wir sind damit nicht für die Einberufung der Konstituante schon heute oder

---

[82] Ebd.: 250, 252.

[83] Ebd.

[84] Futil: nichtig.

[85] Als »ultima ratio plebis«, als letzte Mittel des Volkes, gelten: Schimpfen und Gewalt.

morgen. Denn wir glauben, dass die Dinge heute in Russland schon viel zu weit gediehen sind, als dass die Einberufung einer Konstituante eine Entwicklung verbürgte, die die schlimmsten Übel ausschlösse. Aber die Konsequenz liegt heute schon klar.

Es muss eine Trennung zwischen der russischen Kommunistischen Partei und der Sowjetregierung eintreten. Das ist der Punkt, in dem der Kongress begonnen hat, Folgen zu ziehen. Es erfolgt eine »Umgruppierung der Parteikräfte«. »Die Partei behält die allgemeine Fühlung und Richtung, die Politik ist scharf abgegrenzt davon [...] Die Tätigkeit der Volkskommissare ist zu verstärken, um höhere Parteiorgane von den Fragen rein sowjetistischen Charakters zu entlasten.« Weiter geht der Beschluss des Parteitags nicht. Prinzipiell aber bedeutet der Beschluss, und deswegen sehen wir in diesem Parteitag, den folgenschwersten, den die Bolschewiki seit langem gehabt und in ihm die Wendung, die Trennung von Bolschewiki und Staatsgewalt, wie auch ideologische Lösung des Proletariats von einer Staatsgewalt, mit der es nichts mehr gemeinsam hat.

Man kann sich aber heute schon über die weiteren und unausbleiblichen Folgen ganz klar werden.

Zunächst wird durch diese Loslösung der Bolschewiki der Charakter der Diktatur der Volkskommissare klargestellt. Die Verbrämung durch die »Diktatur des Proletariats« – Proletariat, dargestellt durch die Partei der Bolschewiki – fällt. Das ist nicht nur ideologisch und nur um der Beseitigung eines Schönheitsfehlers willen von größter Bedeutung. Sie erlaubt dem westeuropäischen Proletariat mehr als bisher das, was wir immer die »Distanzierung« von Russland nannten.

Weiter scheint heute schon klar, dass es bei der »allgemeinen Fühlung und Richtung« der Partei der Bolschewiki nicht bleiben kann. Die Bolschewiki sagen sich von einer Staatsgewalt los, die nicht mehr die ihre, die proletarische, sondern die von der Bauern Gnade ist. In kurzem wird die Zeit kommen, wo die Partei der Bolschewiki gezwungen sein wird, für oder wider diese Bauernregierung Stellung zu nehmen. Hat sie einmal ihre Identität mit der Regierung aufgegeben, so ist von der »allgemeinen Fühlung« zur Opposition nur noch ein Schritt. Die logische und unausbleibliche Entwicklung muss die bolschewistische Partei in Opposition führen zur Regierung, die nicht mehr die ihre ist.

»Das ist der Grundsatz des Lebens auf der Erden:
Den Vater ehrt der Sohn durch immer fremder werden.«

So wird es kommen müssen, nur dass jetzt der Vater dem Sohne die Ehre wird erweisen müssen.

Indem wir das alles aufzeigen, wissen wir wohl: Heute und morgen wird die Entwicklung noch nicht kommen. Sie wird auch nicht ohne Rückschläge kommen. So ohne weiteres werden die Bolschewiki sich nicht zurechtfinden in den Reihen des Proletariats, in die sie zurückkehren. Das, was Lenin über den Menschewismus und über die Erschießungen, oder was die Bolschewiki zur Einheitsfront in Russland sagen, beweist es. Aber der erste Schritt ist getan und auch der erste Schnitt, ein Schnitt, der schmerzhafter ist, als wenn eine Mutter sich von ihrem Kinde löst. Die Bolschewiki haben ihn jetzt getan und damit nicht ihr geringstes Verdienst um die Arbeiterbewegung sich erworben. Die Zeit, die Entwicklung und die Not und der Kampf der Arbeiter werden das Übrige tun.

»Reformsozialist Lenin«? Ja, es ist wahr, die Bolschewiki haben einmal geglaubt, man könne mit der einen Hand Kapitalismus, mit der anderen Sozialismus machen. Sie haben von der Seite der »Diktatur des Proletariats« her versucht, was die Reformsozialisten von der Seite des Kapitalismus her versuchen. In Russland stehen sich die Klassen noch mit der Unvermitteltheit gegenüber, die das wirkliche Kennzeichen der Revolution ist. Ein Jahr der Entwicklung im revolutionären Tempo hat auch den Versuch der Bolschewiki ad absurdum geführt. Und wo der »Vorwärts« triumphiert, dass Lenin ein Reformsozialist geworden sei, da eben hört er damit auf. Es ist das Pech des »Vorwärts«, dass er das nicht merkt. Denn er könnte sonst Schlüsse ziehen auf sehr aktuelle deutsche Fragen.

Aus: Unser Weg. Halbmonatsschrift für sozialistische Politik, 4. Jg., H. 8, 20. April 1922, S. 181–185; wiederveröffentlicht in: Levi (2016ff.): Ohne einen Tropfen Lakaienblut, Bd. I/4: Spartakus, S. 1221–1227.

Ihre Gefängnisse

I

Wir haben nie den politischen Mord gefördert oder gepredigt. Als aber am 30. Juli 1918 die Bombe den Generalfeldmarschall Eichhorn[86] dahinraffte: Wer auch tausendmal den politischen Mord schilt – es gibt ein Gefühl, das jenseits alles Grauens und aller Entsetzlichkeit der Tat steht. Es ist das Gefühl, dass die Geschichte sich die Bahn schafft und die verdrängt, die sie verdrängen wollen. Die Ukraine war das erste Stück, das Prussogermania vom zuckenden Leibe der russischen Revolution riss.

[86] Hermann von Eichhorn (1848–1918) – im März 1918 zum Heeresgruppenkommandeur in Kiew ernannt; fiel einem Attentat linker Sozialisten-Revolutionäre zum Opfer.

Die Ukrainer hatten sie »vom russischen Joche« befreit, dort zeigten sie, was die Preußen unter Befreiung verstehen. Dort aber starrte dem preußischen Militarismus, dem damals noch immer sieghaften, zum ersten Male das Medusenhaupt der Proletarierrevolution entgegen. Im verblutenden Leibe des Generalfeldmarschalls von Eichhorn konnte er sein eigenes Schicksal erkennen. Der Mord wird schon lange verabscheut. Lange, bevor Moses seinem Volke das Gesetz gab: Du sollst nicht töten, galt das Gebot. Mit Tod und Pein ward seit Jahrtausenden verfolgt, wer seinem Bruder unterlegen. Und doch war seit Jahrtausenden ein geheimes Weben um viele Mörder: Mag es Teilirian[87] sein, der den Mörder seines Volkes traf, Karl Sand[88] oder Wilhelm Tell, der jüngere wie der ältere Brutus, es ist, als ob sie alle ein unsichtbares Recht geschaffen, und um sie alle klingt so etwas von dem Liede, das die alten Griechen gesungen:

»Myrten mögen dein Schwert umgürten,
wie des Harmodios und Aristogeiton!«[89]

Der Mord an Generalfeldmarschall Eichhorn, keine sozialistische Tat, war das Zeichen, dass die russische Revolution vor dem deutschen Militarismus nicht Halt machen werde. War sie nicht sozialistisch, so war sie proletarisch und ward von den Proletariern der Welt so gesehen. Sie traf, geschichtlich gesehen, dieselbe Kraft, gegen die das russische Volk sich erhoben hatte: Sie traf die kapitalistische Reaktion, sie traf die Kraft, die gesonnen war, das Werk des Zaren, des gestürzten, fortzusetzen, mit oder ohne Zaren.

Am 16. Juli 1918 haben die Bolschewiki den Zaren Nikolaus II. zu Tode gebracht, und das allrussische Zentralexekutivkomitee hat erklärt, dass es den Beschluss als gerechtfertigt anerkenne.

Am 30. Juli 1918 traf die Bombe den Generalfeldmarschall Eichhorn, geschichtlich und sozial dieselbe Kraft wie der gestorbene Zar.

Am 16. Mai 1922 meldet der Telegraph aus Moskau, dass die Bolschewiki – in ihrer ukrainischen »Expositur« – den Mörder des Generals Eichhorn zum Tode verurteilt haben.

---

[87] Soghomon Tehlirian (1897–1960) – überlebte schwer verletzt den Völkermord an den Armeniern (1915/16); er erschoss am 15. März 1921 in Berlin-Charlottenburg den ehemaligen osmanischen Innenminister Talat Pascha, der als einer der Hauptverantwortlichen des Völkermordes gilt.

[88] Karl Sand (1795–1820) – deutscher Burschenschafter; ermordete am 23. März 1819 August von Kotzebue, den Generalkonsul Russlands, der in den deutschen Landen russische »Ordnungsvorstellungen« propagierte, als »Verräter des Vaterlandes«.

[89] Harmodios und Aristogeiton, die »Tyrannenmörder« des Hipparchos, sollen ihre Schwerter in Myrtenzweigen versteckt gehalten haben. Wahrscheinlich bezieht sich Levi auf Buchholz 1909: 181.

Die Bolschewiki haben das Werk vollbracht. Sie haben die Verkörperung der Reaktion, den Zaren, die Negation, zum Tode gebracht und haben jetzt die Negation der Negation gerichtet. Und alles im Namen der Proletarier.

II

Der Henkerblock spielt in der Revolution eine besondere Rolle. Er ist nicht mehr das tote Holz, auf das arme Schächer zum letzten Male das Haupt legen und auf dem die Romane der Generalanzeiger ihre Sühne finden. Der Block in der Revolution ist die größte politische Tribüne. Auf ihm wird sichtbar gemacht, was in den Tiefen des sozialen Lebens geschieht. Auf ihm geben sich die sozialen Kräfte, die revolutionären wie die konterrevolutionären, Rechenschaft. Der Fall des Hauptes eines Strafford[90] war das nicht weniger deutliche Zeichen des Beginns eines revolutionären Zeitabschnittes wie der Fall des Hauptes Karl I.,[91] dessen Schluss anzeigt und den Beginn eines anderen. Die Tage, an denen Danton und Robespierre den Speckhals[92] aufs Schafott schickten, an dem Robespierre den Danton und die Thermidorleute den Robespierre köpfen ließen, sind denkwürdige Tage: Nicht weil hier ein Mensch nach Freud und Leid und Schuld und Fehl ein Leben beschloss, sondern weil hier dem französischen Volke, der mitlebenden Welt wie den nachfolgenden Geschlechtern sichtbar gewesen ward, was geschah.

Revolutionen sind kein Zivilprozess und sind keine Disputation. Sie sind ein gewaltiges Ringen ungebundener Kräfte, naturgewaltige Geschehnisse, und wo jene endigen in einem Schriftsatz oder einer Resolution oder in Thesen, da endigt diese ihre Auseinandersetzung mit dem Fallbeil. Und das Fallbeil tut sein Werk mit grausiger Objektivität. Revolution ist nicht nur ein Königsköpfen. Da fallen die Häupter aller: derer von gestern, und derer von morgen. Da müssen bluten die, die die überwundenen gesellschaftlichen Kräfte darstellten, neben denen, die die kommenden andeuten. Hart und starr gilt der Revolution nur das Heute, und in raschem Verfahren stellt sie fest, was das Heute ist. Am 19. Januar 1793 haben Danton, Robespierre und Hébert, in gemeinschaftlichem Werk, die Niederwerfung des Feudalismus öffentlich demonst-

---

[90] Thomas Wentworth, 1. Earl of Strafford (1593–1641) – den Vertreter eines absoluten Königtums verurteilte das englische Unterhaus zum Tode.

[91] Charles I. (1600–1649) – König von England, Schottland und Irland; löste mit seiner absolutistischen Politik die Englische Revolution aus, die mit seiner Hinrichtung und der zeitweiligen Abschaffung der Monarchie endete.

[92] Speckhals: gemeint ist Louis XVI. (1754–1793) – französischer König, hingerichtet.

riert durch Ludwigs XVI. Hinrichtung. Am 31. Mai war die Verhaftung Héberts noch die Veranlassung zur Reinigung des Konvents von der Gironde. Doch schon am 24. März des kommenden Jahres sandte Robespierre Jean Hébert, den Pariser Sozialdemokraten, den ersten Exponenten der kommenden proletarischen Kraft, aufs Schafott, am 4. April schon ließ er ihm Danton folgen, den Mann, der über dem Pariser Kleinbürgertum auch das französische Bauerntum nicht vergessen konnte. Nach rechts und links, ruhig, unerbittlich, mit der Nüchternheit einer Dampfmaschine tat die Guillotine ihr Werk; nur Wochen noch, und sie wies mit dem fallenden Haupte des Robespierre selbst das Pariser Kleinbürgertum in seine Schranken.

Freundschaften und Bündnisse – sie finden sich schnell, und sie lösen sich schnell im glühenden Kessel der Revolution. Sie finden sich im gewaltigen Anlauf gegen die überalterten Mächte, sie lösen sich so, wie Klasse gegen Klasse zu stehen kommt: Begeisterung ist der flüchtige Stoff, auf dem sie gedeihen, Blut der besondere Saft, in dem sie ertrinken.

III

Die russische Revolution war so wenig – wie eine Revolution – das Werk einer Klasse, etwa der proletarischen. Die an Zahl schwache, an politischer Klarheit und Zielbewusstsein starke, die konzentrierte, russische Arbeiterklasse ging in die Revolution mit den Bauern. Sie hatten beide nur einen Feind, den russischen Feudalismus. Der Kampf des russischen Volkes, der Arbeiter und der Bauern vereint, gegen den Zarismus wird in seiner Folgerichtigkeit, in seiner Raschheit und Entschlossenheit für ewige Zeiten ein glänzendes Blatt bleiben in der Geschichte der Befreiung der Menschheit. Die Heldentaten der russischen Arbeiter und Bauern in den Jahren 1919 und 1920 sind noch ungesungen. Barfuß, zerlumpt, nur Fetzen an den Leibern, fast ohne Schuss mehr im Lauf, oft nur noch den Kolben in der Hand, fegten sie das Land rein. Sie trieben in wenig Wochen die Banden Koltschaks von Zentralrussland über den Ural in den Hungertod der sibirischen Steppe. Sie jagten Judenitsch in wenig Tagen von dem Weichbilde Petrograd in die Seuchenlager bei Narva. Sie warfen, in Wochen nur, Denikin aus den Südprovinzen in die Fluten des Schwarzen Meeres. Das war in der Tat das Feuer der Begeisterung, das man jetzt so verächtlich stellt hinter das Feuer aus Naphta, in dem das russische Volk Wunder vollbrachte, und das war das Feuer der Begeisterung, in dem das Bündnis zwischen Arbeitern und Bauern Wirklichkeit ward.

Es ist der russischen Revolution das Schicksal aller ihrer Vorgänger, der englischen wie der französischen, nicht erspart geblieben. Auch sie sah dieses Bündnis zwischen Bauerntum, Kleinbürgertum und Proletariat schwinden. Auch in ihr standen sich eines Tages: so wie Monk gegen die Levellers,[93] so wie Robespierre gegen die Hébertisten, so wie die Thermidoristen gegen Robespierre, die Klassen einander gegenüber. In Russland stehen sich heute die Bauern und die Arbeiter, der Kapitalismus und das Proletariat unversöhnlich gegenüber. Wir sind nicht müde geworden, diese Entwicklung der russischen Revolution seit dem vorangegangenen März aufzuzeigen und die Rolle, die die Bolschewiki in ihr spielten.

»Nachdem die erste Revolution die halbhörigen Bauern in freie Grundeigentümer verwandelt hatte, befestigte und regelte Napoleon die Bedingungen, worin sie ungestört den eben erst ihnen anheimgefallenen Boden Frankreichs ausbeuten und die jugendliche Lust am Eigentum büßen konnten.«[94]

Setz in diese Worte Marx' an die Stelle Frankreichs Russland und an die Stelle Napoleons einen anderen Namen, so ist die Geschichte und Rolle der Bolschewiki im vergangenen Jahre umschrieben.

IV

Den Bolschewiki ist aber auch die weitere Aufgabe nicht erspart geblieben, wie Robespierre, wie Cromwell, wie Monk sich mit den abgewiesenen Klassen, den erst erwachenden, kommenden Kräften, den Proletariern auseinanderzusetzen auf revolutionäre Weise, mit der Waffe in der Hand, mit dem Henkerbeil. Und doch ist ihre Aufgabe heute unendlich schwieriger, komplizierter als die ihrer Vorfahren. Als Robespierre den »Kommunisten« Jacques Roux,[95] den Jacques-René Hébert[96] auf die Guillotine lieferte, wer wusste da, was da geschah? Träume, die zu träumen noch kaum erst begonnen wurden, wurden ausgetilgt. Männer sanken dahin: Nicht im entferntesten Winkel ihrer Seele dessen bewusst, dass in ihren schwachen Leibern sich der Gedanke verkörperte, der dereinst siegreich auferstehen und die Sieger von 1789[97] samt den Siegern

[93] George Monck, 1. Duke of Albemarle, auch Monk (1608–1670), General in der Englischen Revolution, schlug 1649 im Auftrage Oliver Cromwells die Leveller blutig nieder, eine politische Strömung, die die Gleichheit vor dem Gesetz forderte und heute als Vorläufer des Liberalismus gilt.

[94] Marx 1960 [1852]: 200.

[95] Im Original: Jean Roux.

[96] Im Original: Jean Hébert.

[97] In der ersten Phase der Französischen Revolution übernahm der liberale Adel und das Großbürgertum die Macht, sie wurden 1792 von einem Bündnis aus den neu-

von 1794[98] besiegen werde. Wer ahnte damals etwas von der neuen, im Schoße der Bourgeoisie erst sich entwickelnden Klasse. Das wusste in Frankreich keiner, das wusste auf der weiten Welt keiner. Jacques Roux und Hébert sanken dahin, wie so viele, viele andere. Im »Amalgam«, zwischen Schiebern, Wucherern und Spionen wurden sie verurteilt und wurden sie gerichtet. Robespierre hatte ein leichtes Werk. Er hatte nur mit Leibern, nicht mit Gedanken zu rechnen, und die Leiber hat er besiegt.

Der Bolschewiken Werk ist schwerer. Jacques Roux und Jacques-René Hébert nahmen das Geheimnis ihrer Sendung, Zeugen einer kommenden Klasse zu sein, mit ins Grab. Sie waren sich dieser ihrer Sendung selbst nicht bewusst; erst spätere Geschlechter haben sie enthüllt. Die russische Revolution aber war die erste Revolution überhaupt, in der das Proletariat als Klasse bewusst mitwirkte. Zum ersten Male in der Geschichte wurden die Lehren aus der Marxschen Anatomie des gesellschaftlichen Körpers praktisch angewendet. Wer heute in Russland den Hébert und Jacques Roux die Köpfe abschlägt, trifft nicht nur die Köpfe, sondern trifft eine Klasse. Das trifft auf Russland noch viel mehr zu als auf Deutschland. In dem viel glühenderen Fegefeuer der Revolution in Russland ist die Scheidung der Klassen reiner, deutlicher, sichtbarer erfolgt als in Deutschland. In Deutschland ist in der Revolution alles nur andeutungsweise erfolgt. Die russische Märzerhebung [1917] war – ins geliebte Deutsch übersetzt – die Novembertragödie [1918]; aus dem Novemberaufstand ward in Deutschland die verzweifelte Bewegung der Monate Januar bis März 1919, das Halsgericht Nikolaus II. hieß in deutscher Ausgabe: »Untersuchungsausschuss«. Trotz aller sozialistischer Erziehung und gewerkschaftlicher Schulung hatte die deutsche Revolution nun einmal keinen 31. Mai 1793,[99] ohne den »es überhaupt zu keiner Revolution kommt«. Trotz aller sozialistischen Theorie ist eine klare klassenmäßige, geschweige denn ideologische Trennung des Proletariats gegenüber der Bourgeoisie nicht eingetreten. Infolgedessen: Als unter Begünstigung einiger Sozialdemokraten Karl Liebknecht und Rosa Luxemburg erschlagen wurden, als Eugen Leviné auf ausdrückliches Geheiß deutscher Sozialdemokraten erschossen wurde, war das sozial ein Schlag gegen die deutsche proletarische Klasse; ideologisch wurde es aber von vielen Proletariern, vielleicht dem größten Teil der Klasse, nicht

geschaffenen freien Bauern und dem Kleinbürgertum verdrängt, dem die terroristische Herrschaft des Kleinbürgertums und der Sansculotten, der Unterschichten, folgte.

[98] Mit dem sog. Thermidor beendete das Großbürgertum am 27. Juli 1794 die Terrorherrschaft und sammelte – für sich – die Früchte der Revolution ein.

[99] Der Aufstand der Pariser Sansculotten zwischen 31. Mai und 2. Juni 1793 führte zum Sturz der gemäßigten Gironde und ebnete der Jakobiner-Herrschaft den Weg.

als das empfunden. Wer in Russland aber proletarische Führer prozessiert und exekutiert, trifft Führer einer Klasse, die den Loslösungsprozess, den Läuterungsprozess der Revolution durchgemacht hat bis zum letzten. Er trifft das Haupt einer bewussten Klasse.

Aber noch mehr. Die russische Revolution war keine russische Angelegenheit. Die Revolution, in der das Proletariat zum ersten Male bewusst handelnd auftrat, wird und muss von größter Bedeutung sein für das Schicksal der internationalen proletarischen Klasse. Mögen Fehler in Russland vorgekommen [sein,] groß und schwer und ohne Zahl: Einmal dem Rauch der Schlacht entrückt, wird doch in ihr das Proletariat die Züge seines Schicksals erkennen müssen. Mag die Lösung in Russland falsch und irrtümlich gewesen sein: Die Aufgabe war in Russland richtig gestellt. Darauf und einzig darauf, nicht auf glänzenden Reden oder Broschüren beruht die große Wirkung der russischen Revolution rund um die Welt.

Der Exekutor der russischen Arbeiterführer trifft damit die internationale Arbeiterklasse. Er henkt nicht die paar Leute, die Wetscheka[100] irgendwo ins Gefängnis gesteckt hat und die gefällige Richter gerichtet haben. Er henkt den Glauben, das Bewusstsein der proletarischen Klasse um seine Sache.

V

Sind die Sozialrevolutionäre Arbeiterführer, Vertreter der russischen proletarischen Klasse? Wir teilen die Theorien und Methoden der russischen Sozialrevolutionäre nicht. Wir sehen in ihnen anarchistische Abweichungen von dem Wege, den Marx der Arbeiterklasse gezeichnet hat. Die ganze Zweite Internationale hat diese Methoden verworfen, mit Ausnahme einer einzigen Partei, die diese besonderen S.R.-Methoden nicht nur nicht verworfen, sondern teilweise selber praktiziert hat: die Partei der Bolschewiki.

Wir brauchen uns auch gar nicht mit den Menschewiki zu identifizieren. Wir glauben nach wie vor, dass die Menschewiki – oder wenigsten ein Teil von ihnen, ein anderer teilt wohl unsere Reserven – zu Beginn der Revolution verhängnisvolle Fehler begangen haben. Wir glauben sogar heute wie ehedem, dass lange Zeit hindurch die Bolschewiki die folgerichtigsten, gradlinigsten, energischsten und entschlossensten Vertreter der proletarischen Interessen und auch der proletarischen Klasse gewesen sind.

---

[100] Wetscheka, auch Tschreswytschaika: Abkürzung für »Außerordentliche Kommission«, übliche Abkürzung: Tscheka, die erste Geheimpolizei Sowjetrusslands.

Aber um all da geht es nicht mehr. Den Thermidor der russischen Revolution, den März 1921, haben wir schon vielfach geschildert. Er unterscheidet sich von anderen Thermidoren weder durch seinen Inhalt noch durch seine Wirkungen, nur durch seine Form. Es war ein »trockener« Thermidor. Er ging still und friedlich im Busen und in der Organisation der Bolschewiki vor sich. Nicht freilich, ohne sein Gorgonenhaupt sofort der Arbeiterklasse zu zeigen: in Kronstadt. Die Wirkungen aber waren die gleichen wie die seines größeren Bruders. »Es verschwanden die Radikalen und ihre Erfolge wieder vom Schauplatz.«[101] Der März 1921 hat die russische Arbeiterklasse doppelt getroffen. Er lieferte die Klasse selbst den Bauern aus und, im Gefolge der Bauern, den Schiebern, Spekulanten und, in deren Gefolge, den Großkapitalisten. Er nahm ihnen zugleich ihre Führer, indem aus den Jakobinern von gestern die Thermidoristen von heute wurden.

In dieser schweren sozialen und ideologischen Niederlage, die die russische Arbeiterklasse erlitt, ist eines ganz klar: Dass nicht von heute auf morgen eine klare, eindeutige, auserlesene Partei der Arbeiterklasse von neuem dastehen kann. Die nach jedem Thermidor einsetzende Verfolgung der zurückgeschlagenen Klassen trifft also die, die man gerade hat.[102] Auch der Teufel begnügt sich in der Not bekanntlich mit Fliegen. Und Arbeitervertreter in solchen Situationen ist nicht, wer auserlesener Marxist ist. Arbeitervertreter in diesem Sinn war Gracchus Babeuf: Der hatte noch keinen Dunst vom Marxismus. Die Juniopfer von Paris sanken als Vertreter der Arbeiterklasse ins Grab, ohne zuvor das »Kommunistische Manifest« gelesen zu haben. Die Kommunards von Paris waren – Gott stehe uns bei – Blanquisten. Die Schule ist von Marx sein Lebtag aufs bissigste bekämpft worden, und doch hat Marx ihnen, den Blanquisten, das unvergängliche literarische Denkmal im Namen der Arbeiterklasse gesetzt. Wer in solchen Zeiten Arbeitervertreter ist, beweist sich nicht nach den politischen Glaubensartikeln, auf die der einzelne vereidigt ist. Das ergibt sich allein aus den Klassen, die schlagen und die geschlagen werden. In Russland schlagen die Bauern, und die Proletarier werden geschlagen. Ob die Sozialrevolutionäre und russi-

[101] »Die Errungenschaften des ersten Sieges wurden erst sichergestellt durch den zweiten Sieg der radikaleren Partei; war dies und damit das augenblicklich Nötige erreicht, so verschwanden die Radikalen und ihre Erfolge wieder vom Schauplatz.« (Engels 1963 [1895]: 514)

[102] Der Prozess gegen führende Politiker der Sozialisten-Revolutionäre fand vom 8. Juni bis 7. August 1922 in Moskau statt. Als Ankläger fungierten Nikolai Bucharin und Clara Zetkin. U.a. wurden zwölf Todesurteile gefällt, die nach internationalen Protesten allerdings nicht vollstreckt wurden.

schen Menschewiki des rechten Glaubens sind: Das ist eine Frage, die jetzt nicht zur Debatte steht. Auch die Arbeiterklasse ist hier: right or wrong – [it's] my country.

Doch billigen wir damit das, was die Sozialrevolutionäre getan haben? Wir wissen nicht, was sie getan, wir wissen nur, wessen sie angeklagt sind. Wir wollen der schließlichen Feststellung nicht vorgreifen: Wir halten es für möglich, ja für wahrscheinlich, dass die Beschuldigungen zum großen Teil richtig sind. Und danach ist allerdings, nach unserer Auffassung wahr, dass die Sozialrevolutionäre im Jahre 1918 die Hand erhoben haben gegen eine Regierung, die damals eine proletarische war und in entsetzlich schwerer Lage zugleich. Darum lehnen wir es ab, die Sozialrevolutionäre zu verteidigen mit allgemeinen Vorstellungen menschenfreundlicher Art: dass das Urteil nicht so hart sein dürfe und dass es nicht so bös gemeint gewesen sei. Wenn damals – eine proletarische Regierung und in ihrer Lage – die Sozialrevolutionäre wären ergriffen und abgeurteilt worden wären[103] – wenn irgendwo der Satz gilt, dass Revolutionen nicht mit Rosenwasser gemacht werden, dann hier. Wir glauben aber berechtigten Grund zu der Annahme zu haben, dass etwa die Attentate gegen Eichhorn und Mirbach damals nicht in dem Grade als ein Verbrechen gegen die bolschewistische Majestät empfunden wurde, dass gegen die Mörder auf Todesstrafe erkannt werden musste. Wir glauben, dass selbst die Attentate gegen Lenin usw. damals zwar scharf unterdrückt, in der sozialen Bedingtheit von den Bolschewisten erkannt und verstanden wurden. Damals hatten die Bolschewiki das moralische Recht, vielleicht nicht die Mörder von Eichhorn und Mirbach, aber die von Uritzki und Lenin zu strafen. Die sozial anders fundierte Regierung der Bolschewiki von 1922 hat dieses Recht verwirkt. Sie straft ja nicht um der Attentäter gegen die Revolution willen. Dazu hatten sie lange Zeit. Sie kannten ja das Material schon längst; es ist schon längst literarisch verwertet. Nicht die Attentäter von damals wollen sie treffen, sondern die Proletariervertreter von heute, nicht als Revolutionäre strafen sie, sondern als Thermidoristen. Grausigstes Verhängnis der Geschichte! Es ist nicht bei den »Konzessionen« geblieben. Der wiedererwachende Kapitalismus, das festgegründete kapitalistische Bauerntum Russlands, wollen ihr ganzes Recht; sie wollen auch das Blut der niedergeworfenen Klasse als Siegel ihres Sieges. Sie zwingen die Bolschewiki gegen ihr eigen Fleisch und Blut zu wüten, gegen ihre eigene Vergangenheit. Nicht als Antibolschewisten stehen wir heute gegen die Bolschewiki, sondern als die Bolschewiki von gestern gegen die Thermindorleute von heute.

[103] So im Original.

Dort, wo heute die Sozialrevolutionäre stehen – in der vordersten Reihe der niedergeschlagenen Arbeiterklasse –, dort wäre heute der einzige Platz, der der Vergangenheit, des Ruhmes der bolschewistischen Partei würdig wäre. Der niedergeschlagenen Arbeiterklasse Marxens Wege zu weisen: Das wäre ihre geschichtliche Aufgabe. Es ist ein Ausgang dieser größten proletarischen Bewegung, deren Ergebnis und deren Folgen auf die Arbeiterklasse noch nicht abzusehen sind: dass aus den Blanquisten von gestern der Thiers[104] von heute wurde. Schwereres konnte die Arbeiterklasse nicht treffen, aber überleben wird sie auch dieses.

Aus: Unser Weg. Halbmonatsschrift für sozialistische Politik, 4. Jg, H. 10, 25. Mai 1922, S. 221-227, gez. Paul Levi; wiederveröffentlicht in: Levi (2016ff.): Ohne einen Tropfen Lakaienblut, Bd. I/4, S. 1250–1257.

Sowjet-Russland

»Es ist das Schlimmste, was dem Führer einer extremen Partei widerfahren kann, wenn er gezwungen wird, in einer Epoche die Regierung zu übernehmen, wo die Bewegung noch nicht reif ist für die Herrschaft der Klasse, die er vertritt, und für die Durchführung der Maßregeln, die die Herrschaft dieser Klasse erfordert. Was er tun *kann,* hängt nicht von seinem Willen ab, sondern von der Höhe, auf die der Gegensatz der verschiedenen Klassen getrieben ist, und von dem Entwicklungsgrad der materiellen Existenzbedingungen, der Produktions- und Verkehrsverhältnisse, auf dem der jedesmalige Entwicklungsgrad der Klassengegensätze beruht. Was er tun *soll,* was seine eigne Partei von ihm verlangt, hängt wieder nicht von ihm ab, aber auch nicht von dem Entwicklungsgrad des Klassenkampfs und seiner Bedingungen; er ist gebunden an seine bisherigen Doktrinen und Forderungen, die wieder nicht aus der momentanen Stellung der gesellschaftlichen Klassen gegeneinander und aus dem momentanen, mehr oder weniger zufälligen Stande der Produktions- und Verkehrsverhältnisse hervorgehn, sondern aus seiner größeren oder geringeren Einsicht in die allgemeinen Resultate der gesellschaftlichen und politischen Bewegung. Er findet sich so notwendigerweise in einem unlösbaren Dilemma: Was er tun *kann,* widerspricht seinem ganzen bisherigen Auftreten, seinen Prinzipien und den unmittelbaren Interessen seiner Partei; und was er tun *soll,* ist nicht durch-

[104] Adolphe Thiers (1797–1877) – ließ 1871 in Paris die Kommune blutig niederschlagen.

zuführen. Er ist, mit einem Wort, gezwungen, nicht seine Partei, seine Klasse, sondern die Klasse zu vertreten, für deren Herrschaft die Bewegung gerade reif ist. Er muss im Interesse der Bewegung selbst die Interessen einer ihm fremden Klasse durchführen und seine eigne Klasse mit Phrasen und Versprechungen, mit der Beteuerung abfertigen, dass die Interessen jener fremden Klasse ihre eignen Interessen sind. Wer in diese schiefe Stellung gerät, ist unrettbar verloren.«

(Aus: Friedrich Engels: Der deutsche Bauernkrieg, Berlin 1908, Seite 105.)[105]

Aus: Unser Weg. Halbmonatsschrift für sozialistische Politik, 4. Jg., H. 10, 25. Mai 1922, S. 239f.; wiederveröffentlicht in: Levi (2016ff.): Ohne einen Tropfen Lakaienblut, Bd. I/4, S. 1258.

Henkersdienste

Der Moskauer Prozess gegen die Sozialrevolutionäre nähert sich seinem Ende, und man wird schon binnen kurzem erfahren, welches »Urteil« das bolschewistische Gericht zu fällen für gut hält.[106]

Es ist hier über den Prozess gegen die Sozialrevolutionäre ausführlich und wiederholt gesprochen worden. Doch dieser Prozess, den wir in erster Linie als russisches Ereignis, als peinvollsten Bestandteil der russischen Tragödie betrachten und bewerten, ist inzwischen zu einer Angelegenheit geworden, die uns in Deutschland noch näher und noch schmerzlicher angeht. Wir haben inzwischen die Rede gelesen, die Clara Zetkin vor dem Moskauer Tribunal als Anklägerin gegen die Sozialrevolutionäre gehalten hat.[107] Wir haben sehen müssen, dass diese Frau sich von jenen üblen Elementen des russischen Bolschewismus, die sie einmal als politische Huren charakterisiert hat, dazu missbrauchen ließ, ihren einst ehrwürdigen Namen als Deckmantel über jegliches Verbrechen zu breiten, das den bolschewistischen Machthabern in den Kram passt. Wenn das Urteil gegen die Sozialrevolutionäre gefällt und vollstreckt wird, so wird Clara Zetkin die Genugtuung haben, dass sie, den Henkern ihr Werk leichter zu machen, in ihrem Moskauer Plädoyer höchstens den Vorschlag einer bestimmten Todesart für die Angeklagten versäumt hat.

105 Engels 1960 [1850]: 400f.; Hervorhebungen wie im Original.
106 S. Levi 2020 [1922d]; in diesem Band S. 142, Fußnote (FN) 102.
107 Vgl. o.A. 1922e; o.A. 1922f.

Doch schließlich ist Clara Zetkin nur Clara Zetkin. Und ihre jetzigen Freunde werden sich vielleicht klarer darüber sein als sie selbst, dass mit jeder neuen derartigen Tat ihres Greisinnenalters die Entfernungen wachsen, wo sie das Gewicht dieses Alters in die Waagschale werfen könnte. Sie konnte es heute in Moskau. Wo wird sie es morgen können? In welchem Land wird der Klang des Todesurteils, das sie über die Sozialrevolutionäre verhängen half, nicht den Klang ihres Namens übertönen?

Bedeutungsvoller als das, was Clara Zetkin mit ihrem Namen in Moskau, ist das, was die Kommunistische Partei Deutschlands getan hat. Wochen hindurch hat es keine Nummer der »Roten Fahne« gegeben, die nicht in hysterischem Geschrei »Tod den Sozialrevolutionären«, »Tod den Verrätern«, den Tod und immer wieder den Tod für die in Moskau vor dem Tribunal stehenden Angeklagten verlangte. Die »Rote Fahne« führte eine regelrechte »Todeskampagne«; so wie sie Kampagnen führen gelernt hat: »Her mit den Kontrollausschüssen!« – »Tod den Sozialrevolutionären«. Sie veröffentlichte unter dieser »Parole« Leitartikel und Gerichtsberichte aus Moskau, Glossen und Resolutionen – zu deren einer sie einleitend und scheinbar bewundernd bemerkte, sie sei beschlossen worden, noch bevor den Beschlussfassern die Akten bekannt waren. Natürlich wurde darin nicht weniger als der »Tod den Verrätern« gefordert.

Wir haben in den vergangenen Jahren mitunter erlebt, dass der bürgerliche Mob hier und dort, wo er in blutigem Kampfe gegen Arbeitermassen triumphierte, nach Proletarierblut schrie, und wir haben voll Grimm und Erbitterung daran erinnert, dass der Kampf schon beendet und der Schrei nach Arbeiterblut nur sinnloses Rachewerk war. Doch jener hatte wenigstens die Erklärung, dass, war der Kampf auch zu Ende, die Hitze des Kampfes noch da war. Aber was jetzt geschehen ist, dass die Schreiber der »Roten Fahne«, aus vielen tausend Kilometern Entfernung, nicht im Kampfe, sondern höchstens aus der hierfür fabrizierten »Aufklärungsliteratur« von einem Kampfe wissend, der sich vor Jahren in jener Entfernung abgespielt hat, aus Berlin also nach dem Blut und den Köpfen von Männern schreien, gegen die seit Monaten vor einem Moskauer Gericht ein Prozess schwebt – ähnliches haben selbst die bürgerlichen Ordnungsmänner niemals riskiert.

Es ist schwer, hier an das Vorhandensein der subjektiven Überzeugung von einer politischen Notwendigkeit solchen Tuns zu glauben. Gegen die einzige und einfache Erklärung mit der Abhängigkeit von Moskau sträubt sich das Solidaritätsgefühl, das uns immerhin noch mit der Redaktion eines proletarischen Blattes verbunden hat, angesichts einer Methode, für die wir, so erklärt, nur in einer Geschichte ein Beispiel wissen – in der der agents provocateurs.

Doch was hilft unser Sträuben gegen den Glauben an politische Tatsachen? Das Sträuben der kommunistischen Arbeiter gegen diese Unglaublichkeit allein könnte helfen.

*

Wie »Golos Rossii« meldet, ist Frau Zetkin am 25. Juli bei einem Besuch der großen Prochorowschen Manufaktur in Moskau von den versammelten Arbeitern ausgepfiffen worden. Ihr Automobil wurde mit schmutzigen Lappen beworfen. Um Weiterungen aus dem Wege zu gehen, befahl der Begleiter der Frau Zetkin, ein Agent der Tscheka, unverzüglich das Territorium der Fabrik zu verlassen. Die kommunistische Zelle der Fabrik erschien zwar gemeinsam mit der Administration am selben Tage bei Frau Zetkin, um ihr die Entschuldigung über den Vorfall auszudrücken. Die Demonstration der Arbeiter gegen Frau Zetkin wird aber dadurch nicht aus der Welt geschafft.

Aus: Unser Weg. Halbmonatsschrift für sozialistische Politik, 4. Jg., H. 14, 15. August 1922, S. 307f., ungez. (Levi); wiederveröffentlicht in: Levi (2016ff.): Ohne einen Tropfen Lakaienblut, Bd. I/4, S. 1336f.

Der Personenbestand der Moskauer Organisation

18 Tabellen mit einer resümierenden Vorrede geben eine grelle Illustration der *Russischen Kommunistischen Partei.* Die Tabellen bringen ungefähr folgendes:

1. Die Russische Kommunistische Partei hat in der Stadt und im Gouvernement Moskau 1290 Parteizellen mit 31505 Mitgliedern.

2. Davon hat die Stadt Moskau allein 865 Keimzellen mit 25225 Mann, das ganze übrige Gouvernement, d.h. 18 Kreise nur 434 Keimzellen mit 6280 Mitgliedern.

3. Aus der Gesamtzahl dieser Mitglieder traten 2,7 Prozent noch vor dem Jahre 1905 in die Partei ein, 13,4 Prozent bis zum Oktober 1917, 83,9 Prozent seit dem Oktober 1917. Von diesen traten 1919 29,5 Prozent, 1921 nur acht Prozent in die Partei ein.

4. Aus der Gesamtzahl der Mitglieder gehörten 8,9 Prozent früher irgendwelcher anderen Partei an, 89,2 Prozent gehörten früher überhaupt zu keiner Partei, 1,9 Prozent haben darüber keine Mitteilungen gemacht.

5. 55,4 Prozent aller Mitglieder befinden sich im Alter von 21 bis 30 Jahren, 34,4 Prozent sind älter als 30 Jahre, 8,8 Prozent sind jünger als 21 Jahre, 1,4 Prozent haben keine Angaben über ihr Alter gemacht.

6. Der sozialen Lage nach sind 51,7 Prozent Arbeiter (in Moskau 49,6 Prozent = 12 507 Mann), 39,9 Prozent Beamte, Schüler usw., 8,4 Prozent sind Bauern.

7. Den Berufen nach sind 54 Prozent Arbeiter aller Arten, 5,1 Prozent Ackerbauer, 11,1 Prozent Angestellte. 19 Prozent ohne besondere Spezialbeschäftigung, 0,4 Prozent Militärs, 0,3 Prozent Berufsparteipolitiker, 7,3 Prozent haben freie Berufe, 2,3 Prozent haben keine Angaben gemacht.

8. 30,6 Prozent aller Mitglieder waren [im Weltkrieg] nicht Soldaten. 34 Prozent waren Kommissare, politische Mitarbeiter, Ärzte und Intendanten, 33,3 Prozent Angehörige der Roten Armee, 2,1 Prozent haben keine Angaben gemacht.

9. 5,8 Prozent aller Mitglieder haben Hochschulbildung genossen, zehn Prozent haben höhere Schulen besucht, 51,6 Prozent haben Elementarschulen besucht, 0,3 Prozent sind Analphabeten, 1,1 Prozent haben militärische Ausbildung genossen, 29,6 Prozent lernen noch, 1,6 Prozent haben keine Angaben gemacht.

In dem Vorwort wird gesagt, dass das Moskauer Gouvernement das industriereichste ganz Russlands ist und die meisten Arbeiter besitzt. Die Volkszählung im Moskauer Gouvernement hat sich auf 94,6 Prozent der eingetragenen Mitglieder erstreckt. Im übrigen Russland hat sie nur 90,5 Prozent der eingetragenen Mitglieder festgestellt. Wenn man bedenkt, dass das Moskauer Gouvernement nach der Volkszählung von 1920 2 693 940 Einwohner hatte, davon die Stadt Moskau allein 1 027 000 und von diesen 580 000 einen selbständigen Erwerb haben (208 000 Arbeiter, 220 000 Beamte und Garnison, 150 000 freie Berufe und Lernende), so kann man daraus einige Schlüsse ziehen:

1. Die russische kommunistische Partei hat in Moskau und im Moskauer Gouvernement im Vergleich zu der Gesamteinwohnerzahl eine sehr geringe Mitgliederzahl (1,16 Prozent der Einwohnerzahl des Moskauer Gouvernements von Moskau und 4,3 Prozent der Moskauer Bevölkerung).

2. Die Mitgliederzahl ist aber dennoch im Vergleich mit den anderen Gouvernements noch sehr groß, was damit zu erklären ist, dass die Regierung und alle Zentralorgane der Russischen Kommunistischen Partei ihren Sitz in Moskau haben.

3. Die Gesamtfolgerung aus all den mitgeteilten Angaben ist aber die, dass die Russische *Kommunistische Partei in der Zeit ihrer Herrschaft zu einer Partei der Bürokratie und neuer Bourgeoisie degeneriert ist. 79,7 Prozent der Mitglieder der Russischen Kommunistischen Partei in Moskau und im Moskauer Gouvernement sind Beamte und Lernende.* Beides sind von der Russischen Kommunistischen Partei neugeschaffene Gesellschaftselemente.

Besonders charakteristisch ist ihre Deklassierung von der einen und ihre Privilegierung von der anderen Seite, was sie zu einem besonderen Stande einer neu entstehenden Bürokratie macht.

Aus: Unser Weg. Halbmonatsschrift für sozialistische Politik, 4. Jg., H. 20, 10. Dezember 1922, S. 401f., ungez. (Levi); wiederveröffentlicht in: Levi *(2016ff.)*: Ohne einen Tropfen Lakaienblut, Bd. I/4, S. 1390–1392.

Lenin

Bewundert viel und viel gescholten, wird doch dieser Mann im Andenken des Proletariers weiterleben für alle Zeiten. Denn leugnen wir es nicht: Nicht die Richtigkeit der Theorie und nicht die Unfehlbarkeit des Weges sind die Tugenden, die ein Denkmal im Herzen der Mit- und Nachwelt errichten. Er hat die Theorie des Sozialismus nicht geschaffen, vielleicht sogar hat er des Schöpfers Werk verstümmelt, gewiss ist er Wege gegangen, die nur eine Schar Kritikloser – manchmal Bewunderer, manchmal Schlimmeres – mit ihm teilten; Fehler hin – Fehler her: Er ist doch der Erste gewesen, der die historische Tendenz der Machteroberung durch das Proletariat zur geschichtlichen Tat gestaltete. Aus dem Kompost altrussischen Feudalismus, aus dem Jammer des Krieges heraus wuchsen die Voraussetzungen für die Tat: Aus seinem Willen aber quoll die Kraft, die aus Voraussetzungen schuf. Und damit hat Lenin zunächst plastisch dargestellt jene lebendige Auffassung von dem Materialismus in der Historie, der mitnichten daran denkt, alles geschichtliche Werden in einen öden Automaten zu verwandeln, aus dem die geschichtlichen Taten herausfallen wie die Schokoladentäfelchen, der es nicht immer auf die »Verhältnisse« schiebt, wenn etwas missrät, sondern der in der Geschichte eine Wechselwirkung sieht zwischen Gesetzen und ihren Vollstreckern, zwischen Dingen und Menschen. Und dreierlei ist in dieser Wechselwirkung möglich: Es kann das Sehnen und Streben des Menschen hinausgehen über alle geschichtliche Möglichkeit und sich so verlieren in schöner, aber zweckloser Philosophiererei; die Geschichte des frühen und des antiken Sozialismus bietet dafür Beispiele. Es können aber auch die Menschen zurückbleiben hinter den geschichtlichen Möglichkeiten und das zu tun sich scheuen, was zu tun die Geschichte ihnen gebot; die Geschichte der gegenwärtigen Arbeiterbewegung, nicht nur in Italien, bietet dafür Belege. Und es kann endlich sein, dass das, was die Geschichte heischt, ein Mensch zu tun sich unterfängt, und das scheint uns in der Tat Lenins Werk gewesen zu sein.

Denn anders sind letzthin die Erfolge dieses Mannes nicht zu erklären. Wir, die wir Augenmaß für Zeit und Dinge verloren haben, vermögen ja kaum zu ermessen, wie es kommende Geschlechter würdigen werden, dass in knapp fünf Jahren in Russland der Zarismus gestürzt, der Feudalismus ausgerottet, die Bauernschaft zum Herrn über Grund und Boden gemacht und eine – man mag über ihre soziale Funktion, denken, wie man will – aus der Arbeiterschaft herausgewachsene Regierung geschaffen wurde, die mehr Jahre gedauert hat und dauern wird, als ihr selbst wohlgesinnte Kritiker zu Anfang Monate Existenz voraussagten. Das war nicht, wie einige geistreiche Leute das meinten, ein »Kommunistenputsch«, sondern ein wohlgegründetes, einheitliches Werk.

Aber es war ja nicht nur ein Werk, das seine Wurzel in Russland hatte. Die russische Revolution war nicht nur eine russische Angelegenheit: Nach Ursache wie nach Wirkung war sie aufs innigste verknüpft mit der Entwicklung des europäischen Sozialismus. Es gibt Leute, die glauben, der beginnende Krieg habe die russische Revolution nur verzögert, und es gibt deutsche Sozialisten, die glauben, sie hätten sie mit ihrer Kriegskreditbewilligung beschleunigt. Mag dem so oder so sein: dass sie kam und wie sie kam, kam sie aus dem Kriege. Und das zeigte sie auch sofort an ihren Wirkungen. Denn im Augenblick, da sie da war, ward diese russische Revolution das bestimmende Ereignis auf dem Kriegsschauplatz. Die Wirkung der Gasgranaten und die Wirkung der Tanks verblassten: Diese haben ein paar Hunderttausende Proletarierleiber dahingerafft; jede Regung der russischen Revolution aber weckte Millionen Proletarierseelen auf; sie, die russische Revolution war es, die des russischen Zarismus nächste Gebilde, den deutschen und den österreichischen Monarchismus in Trümmer schlug.

Die internationale nicht nur Bedeutung, sondern Wirkung der russischen Revolution, war klar. In Europa aber, in der weiten Welt waren Verhältnisse von der Einheitlichkeit nicht, wie sie in Russland waren. Hier folgten einander die Ereignisse nicht wie Donner und Blitz. Und hier wird die Gestalt und das Werk Lenins problematisch. Hier werden einst andere, spätere Geschlechter urteilen müssen, ob sein Geist den Dingen vorauseilte, ob sein Geist etwa zu schwach, ob überhaupt eines Menschen Geist hätte stark genug sein können, die in Dingen und Menschen liegenden Hemmungen zu überwinden, ob er die Andersartigkeit der Verhältnisse voll übersah, ob er manche Schritte nur tat, getrieben von den Notwendigkeiten der russischen Ereignisse, ob er selber tat oder ob er nur decken musste, was andere taten. Aber auch hier scheinen uns Zweifel, die dereinst gelöst werden können, zurückzutreten vor dem, was unzweifelhaft ist. Und das ist, dass – mag vieles unmarxistisch, unsozialistisch, falsch und noch mehr als falsch gewesen sein, mag es gleich hundertmal nicht der Sozialismus gewesen sein – sein Werk doch der »ruhmvolle Vorbote einer neuen Gesellschaft« gewesen ist. Und mögen wir die Klinge mit ihm gekreuzt haben, mögen wir den Verfall des Werkes erkannt und davor gewarnt und daran kritisiert haben: Uns scheint es keinen Sinn zu haben, zu leugnen, dass um der Tat und nicht um ihrer Fehler und noch weniger um seiner Nachläufer willen der Mann doch »eingeschreint sei in dem großen Herzen der Arbeiterklasse«.[108]

Besucher, die ihn erst kürzlich sahen, schildern Lenin, wie er stumm und unbeweglich in einem Lehnstuhl gelegen habe, mühsam die Zeitung lesend, nicht imstande, eine Silbe zu äußern, und wie ihm langsam Tränen über die Wangen liefen. Kein Mensch wusste, keiner weiß, keinem konnte er sagen, warum er weinte. Vielleicht hat er gesehen, wie sein Werk von der höchsten Höhe allmählich herniederglitt. Vielleicht das, vielleicht aber hat er ahnend mehr gesehen. Und doch ist es vielleicht mehr als ein Zufall: An demselben Tag, an dem Lenin die Augen schloss, der Mann, der streng marxistisch wirkte und manchmal selbst den Marxismus zur Karikatur übertrieb, trat in England die Arbeiterklasse, ganz in anderer Form, ganz »unrevolutionär« die Herrschaft an. Aber da und dort dasselbe Proletariat, dessen Befreiungskampf sich zum einen fügt, und das über Gräber und über Erinnerungen hinweg lebt und wirkt als ein Teil der unerschöpflichen Naturkraft, unsterblich nach den Goetheschen Worten: »Dass du nicht enden kannst, das macht dich groß!«[109]

Aus: Sozialistische Politik und Wirtschaft, 2. Jg., Nr. 6, 24. Januar 1924; wiederveröffentlicht in: Levi (2016ff.): Ohne einen Tropfen Lakaienblut, Bd. II/1, S. 314–316.

Eröffnungsvorstellung in Moskau
Sinowjew als Weichensteller und Ehrenschneider

Über die Eröffnungssitzung des 5. Kongresses der K[ommunistischen] I[nternationale] berichtet der »Inprekorr«: »Ein Arbeiter spricht zu den Delegierten: ›Wenn Ihr heimkehrt, arbeitet ohne Rast. Man braucht

[108] »Das Paris der Arbeiter, mit seiner Kommune, wird ewig gefeiert werden als der ruhmvolle Vorbote einer neuen Gesellschaft. Seine Märtyrer sind eingeschreint in dem großen Herzen der Arbeiterklasse. Seine Vertilger hat die Geschichte schon jetzt an jenen Schandpfahl genagelt, von dem sie zu erlösen alle Gebete ihrer Pfaffen ohnmächtig sind.« (Marx 1964 [1891]: 362)

[109] Goethe 1819/1827.

nichts, kein Parlament und nichts, nur fest zuzupacken!‹ Ein Metallarbeiter vom Werke ›Der Rote Proletarier‹ erklärt, einen Riesenhammer schwingend: ›Wir haben Euch da eine »geistige« Waffe zum Kampfe gegen die Bourgeoisie gebracht. Ihr seid ebenso wie wir die Schmiede.‹ Unter dem brausenden Beifall der Anwesenden legt er das Werkzeug auf den Präsidententisch. Auch noch andere Geschenke werden von den Genossen mitgebracht: Bildnisse von Lenin, Fahnen usw. Eisenbahnerinnen bringen das Modell eines Weichensignals ›Freiheit‹ auf die Bühne und überreichen es symbolisch dem ›Weichensteller‹ der 3. Internationale, Genossen Sinowjew: Er würde im gegebenen Moment das richtige Signal zu geben wissen. Von den Arbeiterinnen der Moskauer Konfektionswerkstätten wird Genosse Sinowjew zum Ehrenschneider ernannt. Der neu gebackene Schneider schwingt die Schere, mit der die Gurgel des Kapitalismus abgeschnitten werden wird.«

Hoffentlich gibt Sinowjew künftig immer das richtige Signal. Nicht nur im entscheidenden Moment 1917 war Grischa gegen die revolutionäre Erhebung,[110] er hat auch später immer die Weichen falsch gestellt. Zu seiner Entschuldigung ist allerdings zu sagen, dass »auch Karl Marx sich wiederholt geirrt hat«.

Der sich treubleibende Ehren-Aufschneider wird mit der Schere vorläufig nur Opportunisten abgurgeln.

Nebenbei erfahren wir, dass die Betriebszelle einer Kindertrompetenfabrik der Führerin der deutschen Delegation eine Ehrentrompete feierlichst überreichte. Die Genossin Ruth Fischer bezeichnete in ihrer bilderreichen Sprache diese Trompete als die neue Trompete von Jericho. Sie schloss mit dem Gelöbnis: »Nun werden aber die Mauern des deutschen Reichstages wackeln.«[111]

Aus: Sozialistische Politik und Wirtschaft, 2. Jg., Nr. 40, 28. Juni 1924, ungez. (Levi); wiederveröffentlicht in: Levi (2016ff.): Ohne einen Tropfen Lakaienblut, Bd. II/1, S. 505.

[110] Grigori (Grischa) Sinowjew und Lew Kamenew stimmten am 10. Oktober 1917 gegen die Machtergreifung durch die Bolschewiki und machten, um den Aufstand zu verhindern, am 16. Oktober den Aufstandsbeschluss öffentlich.

[111] Bei der Reichstagswahl am 4. Mai 1924 hatte die KPD 62 Mandate erhalten; Ruth Fischer und andere Abgeordnete störten die Parlamentssitzungen mit Trillerpfeifen und Kindertrompeten.

Also sprach Zinowieff ...[112]

Man schreibt uns aus Moskau folgendes über den internationalen Kongress der Kommunisten.[113]

Moskau, Mitte Juli 1924

Wir glauben nicht, dass irgendeine Partei in der internationalen Arbeiterbewegung allein die reine Wahrheit mobilisiert hat, wir glauben nicht, dass die Teufel und die Engel ein für allemal geschieden sind. Niemand kann die Krise des Prinzips unter der Taktik leugnen, die überall in den sozialistischen Parteien herrscht. Und wie wäre es auch anders möglich? Haben sich doch seit dem 4. August 1914 einige Kleinigkeiten in der Welt verändert.

Und als der internationale Kongress der Kommunisten begann, da wollten wir *lernen*. Wir sind zwar Skeptiker, doch grade als solche meinen wir, dass man überall etwas Wissenswertes erfahren kann. Denn vor allem: In Moskau hatten sich *Arbeitervertreter* versammelt, *und welcher Sozialist kann da a priori deklamieren: Das, was ein Teil der Klasse wünscht und ersehnt, das, wofür ein Teil der Klasse kämpft, interessiert uns nicht.*

Wir wollten also einen Arbeiterkongress miterleben, in welchem sich das geistige Leben des radikalen Teils des Proletariats widerspiegelt.

Ein Geschichtsphilosoph würde seine Freude daran gehabt haben. Eine Sammlung von Kulturkuriosa wäre bereichert worden. Denn er hätte einige Dutzende von Parallelen ziehen können. So z.B.: Wie eine Lehre, wenn sie ursprünglich richtig ist, durch die mechanische *Wiederholung* leer und albern, gleich dem hergeleierten Amen des Gebetes wird. Er hätte sehen können, wie Vernunft Unsinn ward. Er hätte sich unter anderem an das Konzilium von Konstanz erinnern können. Warum war die Versammlung der geistigen Väter eine Illustration und kein Motor der Zeit? Aus dem Grunde, weil die Heiligen von Konstanz über Voraussetzungen stritten, die sie nicht analysierten, weil ihre Erkenntnis eine Grenze hatte: die unbefleckte Empfängnis. *Man durfte denken, aber*

---

[112] Der Titel spielt auf Friedrich Nietzsches »Also sprach Zarathustra« an. Der Text ist Levi zuzuordnen.

[113] Der V. Weltkongress, vom 17. Juni bis 8. Juli 1924, fand vor dem Hintergrund des Todes Lenins am 24. Januar desselben Jahres und des Machtkampfes um dessen Nachfolge statt. Hier setzte sich letztlich Stalin innerhalb der Kommunistischen Partei der Sowjetunion und damit auch in der Komintern durch. Stalins Theorie vom Aufbau des Sozialismus in einem Land, die als Gegenentwurf zu Trotzkis Theorie der permanenten Revolution stand, führte in der Folgezeit dazu, dass sich die Komintern vom Ziel einer Weltrevolution verabschiedete.

nur soweit, als der Prozess nicht in Konflikt kam mit der Lehre der Geburt, deren Empfängnis nichts mit dem *Vergnügen* gemein hatte.[114] Man durfte auch in Moskau denken, aber nur insoweit man die Erkenntnis Sinowjews nicht überschritt. Jeder, der im Kreml saß und sprach, musste sich sagen, dass infolge der Heiligkeit der kommunistischen Taufe seine Worte, wenn schon nicht mit den Tatsachen, so doch mit dem Buchstaben des letzten Artikels von Sinowjew übereinstimmen mussten. Denn die Worte, sagt der heilige *Sebastian,* sind nach der Taufe nicht nur Worte, man darf sich nicht irren, sie sind gut oder böse, des Teufels oder des Herrn, sie werden *belohnt* oder *bestraft.*[115]

Der Kongress begann mit einer Parade aller Delegierten vor dem Mausoleum, in dem Lenin ruht. Sicherlich keinem der großen sozialistischen Realpolitiker des Westens würde es schaden, an das Grab Uljanows zu pilgern und hier zu denken; denn das System, welches Lenin zum Siege verhalf, war die *Dogmatik der Antidogmatik.* In seinem Kopfe reflektierte sich die Totalität des Seins; er war kein Mönch in der Zelle, sondern ein Lebendiger, der die Kompliziertheit der Dinge sah, vor ihnen aber nicht zurückschreckte, sondern sie im Rahmen des Gesetzes der Möglichkeit zu bändigen suchte. Er war ein großer Revolutionär. Die Gräber der wenigen Genies der Revolution haben mehr Wert für die Arbeiterklasse als das Leben der – wie der Sand am Meere zahlreichen – großen Realpolitiker, die sich eines langen und gut verdauten Lebens erfreuen. Aber was hatte das Defilieren am Grabe Lenins für einen Zweck? *Es sollte die Lebendigen einschüchtern. Man sollte durch die Totengruft wandern, um nachher den Epigonen Weihrauch zu zünden.* Die Totengruft sollte »Disziplin an sich« lehren. Die Epigonen meinen, sie seien die Erben im Geiste. Doch wer sie liest, wer sie hört, der könnte über Blasphemie klagen; denn solch ein Tanz von trivialsten Banalitäten, ein solches sich Verbarrikadieren vor den Tatsachen, eine so maßlose Selbstzufrieden-

[114] Auf dem Konzil von Konstanz (5. November 1414 bis 22. April 1418) spielte der Streit um die »unbefleckte Empfängnis« Marias keine wesentliche Rolle. Dort ging es zuvorderst um die Überwindung des seit 1378 andauernden »Großen Abendländischen Schismas«, der Spaltung der katholischen Kirche. Mit der Lösung des Konflikts wurde das Konzil durchaus zum »Motor der Zeit«, schuf sich aber mit der Verbrennung des Reformators Jan Hus, dem zuvor freies Geleit zugesichert worden war, in der hussitischen Reformation einen gefährlichen Gegner. Der Streit um die »unbefleckte Empfängnis« Marias durchzog das gesamte Spätmittelalter, er wurde erst im 19. Jahrhundert mit der Bulle »Ineffabilis Deus« (»Der unaussprechliche Gott«) von Papst Pius IX. entschieden – am 8. Dezember 1854.

[115] Levi verwechselt hier offensichtlich den Heiligen Sebastian mit Spirago 1914 [1894].

heit, eine so mit Begeisterung proklamierte prinzipielle Dummheit wäre unter Lenin ein Ding der Unmöglichkeit gewesen.

Die Diskussion auf dem Kongress drehte sich um 15 Fragen. Das war aber nur Dekorum. Mittel zum Zwecke des Kardinalpunktes: *Erledigung der Opportunisten,* d.h. Radek, Trotzki und der Männer zweiten Ranges wie Brandler, Thalheimer, Walcher usw. usw. Sinowjew zählte die Sünden auf wie der Kaplan in Wallensteins Lager. Jeder bekam seinen Teil auf die gespannten Hosen. Manöverkritik mit Prügelstrafe und dem Wege zur Verbannung. Die Einheitstaktik, die Lenin wollte, war falsch. Die Revolution oder, um das Wort zu gebrauchen, das oft gebraucht wurde: die Weltrevolution als *Problem des Tricks.* Wie beim Pferdekauf, auf dem Jahrmarkt und beim Ausverkauf. Keine Erfassung der Klasse, kein Kampf zum Herzen der Klasse, sondern die Berechnung: Wie düpiere ich am besten; wie organisiere ich »von hinten herum«. Nun war auf dem verflossenen Kongress jeder ein Verräter, der die Einheitsfront nicht wollte; diesmal jeder, der sie wollte. Ein Ausweg wurde gefunden: Einheitsfront von unten, nicht von oben. Was ist unten? Was oben? Ganz mechanisch gedacht: unten Masse, oben Führer; das Unten drückt nach oben, bis in alle Ewigkeit.

Trotzki sprach nicht, er demonstrierte auf diese Weise. Karl Radek führte das Wort. Er sprach mutig und zitierte eigentlich, was seine Gegner gegen ihn im März 1921 gesagt hatten, jetzt selbst gegen Sinowjew. Argumente nutzten selbstverständlich nichts, denn das Resultat war von vornherein klar. Sinowjew hatte schon vor dem Kongress die Mehrheit. Radek wurde niedergebrüllt, am schärfsten von der deutschen Delegation. Und trotzdem: Die *Rechte war schwach.* Sie hatte keine Stellung, weil sie nicht das aussprach, was sie dachte, sie hatte kein Gesicht, weil sie kokettierte, statt klipp und klar das, was ist, zu sagen. Sie vertrat im *Einzelnen* richtige Standpunkte, *ohne politische Linie.* Für die Rechte war die Arbeiterregierung in Sachsen z.B. auch einen Trick. Wir hingegen meinen, dass die Arbeiterregierung mehr sei, dass sie eine Form des Kampfes um die Macht bedeutet, und wir glauben, dass der Tag kommen wird, an dem man über die so schwachen Regierungen von Sozialdemokraten und Kommunisten in Sachsen und Thüringen anders denken wird. Man wird da Geschichte sehen, wobei heute Rechts und Links nur dummes Zeug und verkrachte Experimente sieht; denn wir sind noch am Anfang und nicht am Ende [...]

Radek aber wurde wie ein dummer Junge behandelt; noch schlimmer erging es seinen deutschen Bundesbrüdern. Auch wir halten die abgesägte Garnitur der Führer nicht für Genies. Die Genies des deutschen Proletariats liegen in der Erde. Die abgesägte Garnitur bestand aber aus

Menschen mit Verantwortungsgefühl vor der Klasse, aus Leuten, die den Sozialismus nicht nach dem Siege der Bolschewiki in Russland entdeckten. Sinowjew hingegen meinte, dass in seine GmbH nur das Allermodernste und Allerbeste passe; und er guillotinierte. Neue Gestalten wurden geschaffen. Diese neuen Männer sollen gar nicht erwähnt werden. Nur vorübergehend soll man wissen, dass die »alleinigen Erben« von Karl Marx [Werner] Scholem, [Arthur] Rosenberg und Frau Golke [Ruth Fischer] sind.

– – Von Franz Mehring und Rosa Luxemburg bis zu Rosenberg und Frau Golke ist ein langer Weg!

Vor Monaten war in Moskau eine landwirtschaftliche Ausstellung. Auf diese Ausstellung wurde eine Kuh geschleppt, und ein Bauer klagte die Kuh vor einem Theatergerichtshof an, sie gäbe nicht genügend Milch. Die Kuh verteidigte sich durch einen Rechtsanwalt, der behauptete, dass seine Klientin nicht genügend ernährt und gepflegt worden wäre.

Dieses Theater war sehr nützlich, die versammelten Bauern lernten allerlei. Und dieser Kongress war auch für den russischen Bauer im Lande und für den Arbeiter in der Stadt. Er sollte eine Parade sein, wenn nicht Brot, so doch Schauspiel für den armen Mann der Fabrik in Moskau.

Im Westen aber, dort wo die Schlote der Fabriken sich zum Himmel erheben, wird das Herz der Revolution weiter schlagen, und in einem langen historischen Prozess wird sich die Arbeiterklasse, allein und von allen verlassen, den Weg und die Tore zur Macht suchen. Charles Fourier spricht von dem Dualismus Kapital und Arbeit, der Kämpfe erzeugen wird, wie ehemals der Glaube an den Dualismus zwischen Geist und Materie, zwischen der politischen Freiheit und der absoluten Monarchie, und von diesem Kampfe, der sich in steigender Linie bewegt, wird sich Moskau immer weiter *entfernen,* immer weiter die *eigenen Wege* gehen!

Aus: Sozialistische Politik und Wirtschaft, 2. Jg., Nr. 48, 30. Juli 1924, ungez. (Levi); wiederveröffentlicht in: Levi (2016ff.): Ohne einen Tropfen Lakaienblut, Bd. II/1, S. 565–568.

Vorwort zu Trotzki: 1917. Die Lehren der Revolution

I

Nicht ohne weiteres wird man aus den nachfolgenden Ausführungen von L[eo] Trotzki verstehen, welche Wirkung sie auf die russische Kommunistische Partei und vielleicht auf den russischen Staat ausübten und ausüben werden. Eine historische Betrachtung mit einer an sich nicht übermäßig scharfen Kritik an damaligen Fehlern heutiger Führer der Kommunistischen Internationale: Haben auch diese sich in der Zwischenzeit selbst heiliggesprochen, so würde das allein die Erregung nicht verstehen; sind doch auch die Heiligen der katholischen Kirche in den Himmel gefahren nicht dank angeborener Tugenden, sondern ob der Überwindung anhaftender Gebresten. Diese Kritik bezieht sich auf vergangene Dinge: da, wo sie auf jüngst vergangene Dinge hinzielt, ist sie u. E. nicht einmal von richtigen Voraussetzungen ausgehend. Und schließlich zielt die Kritik in diesem aktuelleren Teil nicht einmal auf russische Dinge: Es sind die deutschen Schmerzen, die aufgerührt werden und jene große Wirkung auf die russischen Verhältnisse ausüben. Das sind u. E. die scheinbaren Widersprüche, die für den deutschen Leser einigermaßen der Erläuterung bedürfen.

II

Trotzki hält an der These fest, dass im Oktober 1923 in Deutschland eine Situation gewesen sei, die es der Kommunistischen Partei bei einer entschlossenen Führung – gleich der Lenins im Oktober 1917 – gestattet hätte, die Macht zu übernehmen. Es ist uns verständlich, wieso Trotzki zu dieser Annahme kommt. Der Ruhrkrieg war verlorengegangen. Es war etwas geschehen, von dem man getrost behaupten kann, dass es in der modernen Geschichte, vielleicht in der Geschichte überhaupt, ohnegleichen ist. Ein Volk war vier Jahre lang durch einen schrecklichen Krieg gezerrt worden, durch einen Krieg, den es nur beendete im Übermaß seiner Leiden. Nach menschlichem Ermessen musste man glauben, dass die Lehre gesessen hätte: nur der Hecht beißt je zweimal hintereinander in den Angelhaken, und man spricht ihm dafür das Gefühl ab. Die Deutschen – bekanntlich die gefühlvollste Nation – bissen zweimal zu. Nach dem Rezept des Weltkrieges wurde der Ruhrkrieg geführt. Da wie hier ein Kampf ums Recht, ein Kampf um die Heiligkeit der Verträge und alle anderen schönen Dinge. Nur wurde von der deutschen Regierung dieser zweite Krieg mit unmenschlicheren Mitteln geführt als die Wilhelminische den Weltkrieg geführt. Der Weltkrieg hatte vom Standpunkt der deutschen Bourgeoisie wenigstens noch eine Spur von Ehrlichkeit in sich selbst. Man schoss die »Feinde« tot und besorgte die Ausplünderung des eigenen Volkes nur sozusagen im angenehmen Nebenamt. Im Ruhrkrieg wurde diese Nebenwirkung zum schamlosen Selbstzweck: die Franzosen ficht der ganze Schwindel recht wenig an; im Gegenteil – je länger die Sache dauerte, umso mehr wuchs ihre Chance, sich dauernd im Ruhrgebiet festzusetzen. Dagegen waren die Wirkungen im Innern verheerende. Vielleicht ist noch nicht irgendwo im kurzen Zeitraum von ein paar Monaten eine so völlige Unterwühlung aller gesellschaftlichen Verhältnisse eingetreten wie damals in Deutschland. Aus diesem Meer von Tränen, das der Ruhrkrieg bedeutete, stieg eine kleine Schicht von Kapitalisten mit gesteigerter ökonomischer Macht und mit gesteigertem Machtwillen auf: In ihren eigenen kapitalistischen Reihen hatten sie begonnen, fürchterlich Musterung zu halten. Die frühen Inflationsblüten welkten dahin, die »Ehrlichen«, die die Möglichkeiten des Ruhrraubzuges nicht rechtzeitig verstanden hatten, wurden ins Wanken gebracht. Der Mittelstand, der gewerbliche wie der intellektuelle, verlor seine wirtschaftliche Basis. Die Arbeiterschaft vollends sah ihre Löhne auf Goldpfennige reduziert; mit dieser ihrer wirtschaftlichen Basis kamen auch alle ihre organisatorischen Bildungen, Gewerkschaften, Genossenschaften ins Wanken. Es war – das kann man wohl sagen – ein viel stärkerer gesellschaftlicher Erdrutsch als der, der jenen von Trotzki geschilderten Ereignissen zugrunde liegt. Und so hat die Annahme Trotzkis eine gewisse Logik für sich: Da das Menschengeschlecht nun einmal nicht ausstirbt, muss am Schlusse solcher gesellschaftlichen Katastrophen irgendeine Macht sein, die ein neues Gebilde formt. Und noch in einem weiteren kann man Trotzki folgen: Logischerweise muss am Ende einer solchen Katastrophe eine andere Kraft stehen als die, die ihren Anfang verschuldet; hat die Bourgeoisie die Ruhrkatastrophe verschuldet, so ist nur logisch, dass an ihrem Ende das Proletariat als gebietende Macht sich erhebe.

Nur in einem Punkte irrt Trotzki, und dieser Irrtum ist wesentlich. Es ist nicht so, dass diese Kraft sich in der Kommunistischen Partei bilden müsse um deswegen, weil einmal, in einer vergleichbaren Situation, in Russland Lenin das Spiel wagte und gewann und nur, weil die deutsche Kommunistische Partei der Kommunistischen Internationale angeschlossen ist und weil etwa – wir wissen nicht, ob Trotzki auch dieser dritten Prämisse zustimmt – Grigori Sinowjew diese dritte Internationale kommandiert. Denn selbst wenn alle drei Voraussetzungen zuträfen: Wenn die deutsche Situation der russischen völlig gleich gewesen wäre, wenn die Kommunistische Internationale die fehlerloseste Organisation wäre, die je geschaffen ward, und wenn Grigori Sinowjew ein Politiker von gewaltigem Ausmaß und nicht jener Esel von europäischer Berühmtheit wäre, der er ist: Selbst wenn also alledem so wäre, hätte die KPD noch lange nicht einen Rechtstitel erworben, am Schluss jener Katastrophe als die staatenbildende Kraft dazustehen. Diesen Rechtstitel konnte sie sich nur selbst erwerben und nicht damit, dass sie sagte: »Wir sind die Kommunisten«, sondern nur auf Grund einer überlegten und überlegenen Politik. Auch die Bolschewiki konnten die Macht im Oktober nicht antreten auf Grund der Erklärung, dass sie sich für die Berufenen halten, sondern nur auf Grund einer bestimmten Politik, die sie vom April bis Oktober 1917 betrieben haben. Diese Politik allein gab ihnen die Legitimation.

In Deutschland, in den tragischen Umständen, eine solche Politik zu treiben, war nicht einmal schwer. Man hatte ja, wie gesagt, die Erfahrungen des Weltkrieges hinter sich; man brauchte wirklich nicht mehr als aufzuzeigen, wie dieser Ruhrkrieg ein schamloser Raubzug deutscher Kapitalisten gegen deutsche Nichtkapitalisten sei, und das Ende dieser Politik musste das sein, dass die ins Rutschen gekommenen Gesellschaftsschichten den Trägern dieser Politik sich zuwandten. In dieser Situation, die für die Kommunisten, wenn sie wirklich Kommunisten wären, ein unwiederbringlicher Glücksfall war, taten sich wieder einmal jene Alleswisser und jene Allesbesserwisser hervor, die das Schicksal der Kommunistischen Partei bestimmen. Karl Radek hielt damals in Moskau jene Schlageter-Rede, dass man die von Begeisterung funkelnden Brillengläser von Moskau nach Berlin blitzen sah.[116] Towarischtsch Sinowjew gab seinen Segen dazu: Man dürfe in den kommunistischen Reihen keinen »nationalen Nihilismus« dulden. Gab man schon oben so die »Parole« aus, so kann man sich denken, wie das unten wirkte. Denn jenes Gesetz der Vergröberung von oben nach unten gilt wie in allen ähnlichen Institutionen, beim Kommiss zumal, auch in der Kommunistischen Partei. Redeten schon die Moskowiter so, so kann sich jeder denken, wie das unten weiterschallte, wenn die Bezirksfeldwebel Remmele, Koenen, Ruth Fischer das weitergaben, was sie aus erlauchtem Munde vernommen; gar nicht zu reden von den kleinen Funktionären in Sachsen, in Thüringen, im Rheinland. Und das Resultat von alledem war: Am Schlusse des Ruhrkrieges war statt einer starken proletarischen Kraft ein nationalistisch-kommunistischer Gestank, der ganz Deutschland verpestete. Mit demselben Recht, mit dem die Kommunisten Anspruch darauf erhoben,

---

[116] Leo Schlageter (1894–1923) – nationalsozialistischer Terrorist, wurde im Mai 1923 wegen Spionage und Sprengstoffanschlägen von der französischen Besatzungsmacht hingerichtet und nicht nur von der NSDAP, sondern – in den ersten Wochen – auch von der KPD als Märtyrer gefeiert: »Will Deutschland imstande sein, zu kämpfen, so muss es eine Einheitsfront der Arbeitenden darstellen […] Nur alte Vorurteile stehen ihr im Wege. […] Die Sache des Volkes zur Sache der Nation gemacht, macht die Sache der Nation zur Sache des Volkes. […] [W]ir glauben, dass die große Mehrheit der national empfindenden Massen nicht in das Lager des Kapitals, sondern in das Lager der Arbeit gehört. […] Wir werden alles tun, dass Männer wie Schlageter, die bereit waren, für eine allgemeine Sache in den Tod zu gehen, nicht Wanderer ins Nichts, sondern Wanderer in eine bessere Zukunft der gesamten Menschheit werden…« (Radek 1923)

die Erben des versinkenden Deutschland zu sein, erhoben ihn die Nationalsozialisten: Die einen gaben sich nationalkommunistisch, die anderen kommunistisch-national; im Grunde war beides dasselbe. Beide meldeten fast gleichzeitig ihre Ansprüche an; die einen in Sachsen, die anderen in München. Beider Ansprüche hat die Geschichte verworfen; gewisslich nicht um dessentwillen, weil sie das Bestehende hätte billigen oder bestätigen wollen, sondern nur um dessentwillen, weil die, die ihre Erbansprüche anmeldeten, fürwahr die Berufenen nicht gewesen sind. Wir sind keine Lobredner des Vergangenen und nicht des Bestehenden: Wir sehen sein Ende kommen. Aber eine Diktatur von Moskowiter Kommiss und österreichischer Sexualpathologie:[117] Dieses Schicksal hat ein gütiges Geschick von uns abgewendet. Geschichtlich, politisch und moralisch mit Recht.

Und so glauben wir, dass in dieser tatsächlichen Voraussetzung der Ausgangspunkt von Leo Trotzki nicht richtig ist.

III

Ist also die Trotzkische Kritik in ihren tatsächlichen Voraussetzungen, soweit sie die deutschen Verhältnisse von 1923 betrifft, unrichtig, so ist umso unverständlicher, wie sie jene gewaltige Wirkung, die sie in Russland hatte, haben konnte. Wir glauben, um dieses verständlich zu machen, müssen wir zwei Eigenarten dieser Kritik dartun.

Zunächst: Die Kritik stellt in eine supponierte politische Situation[118] die Person von Lenin und misst an einem in einer hypothetischen Situation handelnden hypothetischen Lenin den wirklichen Sinowjew ab. Damit ist die eine Eigenart des gegenwärtigen geistigen Lebens in der russischen Kommunistenpartei dargetan.

Wir glauben, im Voraus versichern zu können: Wir möchten nicht auch nur in den geringsten Verdacht kommen, das Leninsche Werk verkleinern zu wollen. Die mit Marxschen Wendungen um sich gehenden Leute, die auch heute noch in der ganzen russischen Revolution nichts anderes sehen als einen vergrößerten Kommunistenputsch, sind uns und unserer Anschauung völlig fremd. Das Werk von Lenin ist groß und wird dauernd bleiben: Er hat zum ersten Mal dem Problem »Machtergreifung des Proletariats« getrost ins Auge geschaut. Die meisten westländischen Sozialisten fürchten dieses Problem wie das Medusenhaupt. Und statt dieses Problem recht real und konkret zu formulieren und zu überlegen, ergehen sie sich dann in allerhand schönen und runden Wen-

[117] Österreichische Sexualpathologie: Gemeint ist Hitler.

[118] Supponierte politische Situation: angenommene, unterstellte politische Situation.

dungen von der Demokratie, von der Koalition, von den Zwischenstadien und anderen schönen Dingen, die alles in allem nie eine Enthüllung, sondern nur eine Verkleidung des Problems sind. Lenin dagegen hat dieses Problem von langer Hand erkannt und ist zu seiner Lösung geschritten. Ob die Russland getroffene Lösung die für Russland richtige war und ob sie ohne weiteres für alle anderen Länder verwendbar ist, ist eine ganz andere Frage: Auch wer, wie wir, sie nicht bejaht, tut damit der Größe des Leninschen Werkes keinen Abbruch. Mit Recht wird auch heute Kolumbus als der Entdecker Amerikas gefeiert, auch wenn er geglaubt hat, nach Indien zu fahren.

Aber diese Anerkennung der Größe Lenins, die den Kommunisten an sich keiner übel nimmt und die viele mit ihnen teilen, führt zu zwei Erscheinungen, deren Gefahren wir auch aus dem Werke Trotzkis erkennen. Die eine ist das Entstehen einer Leninphilologie, ähnlich der Goethephilologie in Deutschland oder der Pandektenliteratur des Mittelalters. Da wird also in jeder einzelnen Situation nach Band, Kapitel, Paragraph und Absatz der Satz von Lenin zitiert, der auf die gegebene Situation passt und manchmal auch nicht passt. An Stelle der lebendigen Kritik tritt der Gedanke: autos epha, der Meister hat's gesagt.[119] Nicht nur zitiert Trotzki so die Worte Lenins: er mit einer gewissen schelmischen Berechtigung, indem er Lenins Wort den leibhaftigen Pächtern Leninschen Geistes gegenüberstellt. Nicht faul, holten seine Widersacher, Sinowjew, Kamenew und Stalin alle Werke, Worte und Winke Lenins heran zu Trotzkis Widerlegung; Kommentare und Traktate reden und werden geredet: der »Tausves-Jontof« ist noch nicht geschrieben, er wird es werden, des können wir versichert bleiben.[120]

Wird so die Person Lenins gleichzeitig versteinert und in den Himmel erhoben, so geschieht das gleiche mit seinem Werke. Wir haben gesagt: Die Größe Lenins war ein Problem, das die meisten auch nur theoretisch zu berühren sich scheuen, geformt zu haben. Das, was ihn über die Reihe

[119] Autos epha: Er hat es selbst gesagt.

[120] Levi nimmt hier eine Anleihe bei Heines Spott: »Darauf repliziert der Rabbi / Mit zurückgehaltnem Eifer; / Wie sein Herz auch überkocht, / Doch verschluckt er seinen Geifer. // Er beruft sich auf die Mischna, / Kommentare und Traktate; / Bringt auch aus dem Tausves-Jontof / Viel beweisende Zitate. // Aber welche Blasphemie / Musst er von dem Mönche hören! / Dieser sprach: der Tausves-Jontof / Möge sich zum Teufel scheren. // »Da hört alles auf, o Gott!« / Kreischt der Rabbi jetzt entsetzlich; / Und es reißt ihm die Geduld, / Rappelköpfig wird er plötzlich. // »Gilt nichts mehr der Tausves-Jontof, / Was soll gelten? Zeter! Zeter! / Räche, Herr, die Missetat, / Strafe, Herr, den Übeltäter! // Denn der Tausves-Jontof, Gott, / Das bist du! Und an dem frechen / Tausves-Jontof-Leugner musst du / Deines Namens Ehre rächen.« (Heine 1851)

der anderen Marxisten hinaushebt, ist das Organisatorische, das er geschaffen hat. Diese Tatsachen verleiten nun die Gedankenlosen seiner Nachläufer, in diesem Organisatorischen das Einzige zu sehen. Das ist eine sehr bequeme Methode, sich mit allen politischen Problemen auseinanderzusetzen. Dann lösen sich alle politischen Probleme auf in eine organisatorische Spielerei, und nicht nur das wirklicher, sondern zumal der politischen Kinder Gehirn ist nie erfolg- und erfindungsreicher als im Spiel. Die Geschichte der deutschen Kommunistischen Partei kann das beweisen. Dieser kindliche Drang zum Spiel tobt sich dann meistens in militärischen Formeln und Wendungen aus: Auch die »lieben Kleinen« setzen ja am liebsten den Helm auf und schnallen den Säbel um.

Wir haben fast das Gefühl, als sei auch Trotzki, der doch durch seine Vergangenheit dagegen geschützt sein sollte – denn die frühen Auseinandersetzungen zwischen seiner und Lenins Gruppe bewegten sich auf diesem Gebiet –, etwas dieser Gefahr erlegen. Wir nehmen es dem Schöpfer der Roten Armee nicht übel, wenn er sich gerade in militärischen Bildern ergeht; ihm liegen sie nahe.

Aber doch: Was soll es heißen, wenn auch Trotzki immer wieder, fast im Sinowjewschen Stil, von den getrennten Moden der Strategie und der Taktik redet, wie die eine Periode durch die andere abgelöst wird usw. Was ist denn Taktik? Doch nichts anderes als die Summe der Maßnahmen, die zur Erreichung eines bestehenden militärischen Zieles erforderlich ist. Taktik ohne Strategie ist also nicht Feldzug, noch nicht einmal Manöver; Strategie ohne Taktik ist ein ungeschriebenes Buch. Man muss sich das vergegenwärtigen, um die ganze Sinnwidrigkeit der Übertragung dieser militärischen Begriffe auf den proletarischen Klassenkampf zu begreifen. Der proletarische Klassenkampf hat zwar ein Endziel: die Befreiung des Proletariats, die Niederringung des Kapitalismus. Dies Ziel wird bekanntlich nicht in der Heugabelrevolution erreicht, sondern in einer Gesamtbewegung der proletarischen Klasse. In ihr sind die Einzelbewegungen und Kämpfe der Klasse nicht technische, taktische Maßnahmen, sondern bilden einen Teil des Zieles selbst. Wollte man dem nicht zustimmen und auch im Klassenkampf Taktik und Strategie trennen: Zu welcher Lächerlichkeit würde dann die kommunistische Politik der letzten Jahre verdammt sein? Welche »taktischen« Maßnahmen haben sie uns beschert? Da war die Einheitsfront, dann die Spaltung der Gewerkschaften, dann, als man auf Granit biss, die Zusammenleimung wieder usf.? Und der »Strategie« Ziel? Das war nirgendwo; bei jenen taktischen Bewegungen war so wenig Plan, dass der Kriegskommissar Trotzki vermutlich jeden General abgesetzt hätte, der die roten Truppen so ziellos auf den Exerzierplätzen Russlands herumgehetzt hätte. In Wirklichkeit gibt es im proletarischen Klassenkampf kein strategisches oder taktisches Ziel im militärischen Sinn, und wer mit solchen Dingen operiert, operiert falsch.

IV

Diese Sonderheiten und Absonderlichkeit – nicht Lenins, aber des Leninismus – sind schon des Öfteren erwähnt worden. Sie sind hier nur von besonderer Bedeutung, wenn man sie zusammenhält mit der anderen Tatsache, dass der ganze Streit um Trotzkis Buch nicht von einer russischen, sondern von einer deutschen Frage ausgeht. Dabei ist jedoch jedem bewusst, dass im Kern natürlich es sehr schwerwiegende Differenzen über russische Dinge sind, die zwischen den bisherigen Kampfgefährten liegen. Es ist im wesentlichen folgendes, was die Bolschewiki zu entscheiden haben. Die europäische Revolution, die die Voraussetzung für das Vorgehen der Bolschewiki war, ist nicht gekommen. Dass die Bolschewiki diese Voraussetzung machten, gereicht ihnen in unseren Augen nicht zum Nachteil, sondern zur Ehre; es war ihre sozialistische Pflicht, auf diese Wahrscheinlichkeit hin ihre Politik einzustellen. Schuld oder Nichtschuld zu prüfen, warum sie dann nicht kam, welche Töpfe im Westen, welche in Russland selbst zerschlagen worden sind, hat heute keinen Zweck. Die Tatsache des Nichteintritts jenes Ereignisses steht fest und zwingt die Bolschewiki zu Schlussfolgerungen. Es muss irgendeine Glattstellung erfolgen zwischen ihnen und der Schicht, die nun einmal vorerst den Lohn der russischen Revolution davongetragen hat: den russischen Bauern. Mag diese Glattstellung erfolgen auf dem Wege der inneren Umstellung der Bolschewiki, mag sie auf dem Wege demokratischer Heranbildung bäuerlicher Kräfte, mag sie auf dem Wege gewaltsamer Erhebung der Bauern erfolgen: Gewisse Entschließungen bleiben den Bolschewiki nicht erspart, und alles, was die russischen Kommunisten derzeit bewegt, dreht sich letzten Endes immer darum, wann und wie entschieden werden soll.

Und angesichts dieser Probleme streiten sich die Bolschewiki um vergangene Dinge und um deutsche Probleme? Und lassen dabei ihre eigenen völlig außer Acht? Uns scheint, als ob hier die bolschewistische Bewegung gewissermaßen wieder an ihre Ursprünge zurückkehre. Wir alle sind ja der russischen Arbeiterbewegung in früheren Jahren nie recht nahegekommen. Sie spielte sich in anderen Formen ab als die europäische. Sie entwickelte sich auf dem Boden eines feudalen Absolutismus. Die Ausdrucksformen der übrigen europäischen Arbeiterbewegung, die auf bürgerlich-demokratischem Boden wuchs, Parlament, Gewerkschaft, Presse, Partei, Genossenschaft, waren ihr fast oder ganz fremd. Sie lebte in der Illegalität, und so entwickelte sie sich in literarischer Form: Die Stationen ihrer Entwicklung waren – von den Ereignissen von 1905 abgesehen – Resolutionen und meistens Spaltungen von wegen Resolutionen. Kein europäischer Arbeiter außerhalb Russlands würde je eine Spaltung wegen einer Resolution begriffen haben.

Wir waren stets geneigt, diese Erscheinungen mit der russischen Arbeiterbewegung von der Passivseite aus zu sehen und sie für die schwere Last der Verfolgten anzusehen. Heute sind wir in der Lage, die Sache gewissermaßen von der Aktivseite anzusehen. Die Bolschewiki sind, wie sie selbst stolz sagen, die einzig legale Partei in Russland. Sie allein haben Presse- und Versammlungsfreiheit, sie allein Freiheit der Rede. Aber Freiheit, die für einen Einzigen, eine einzige Person, eine einzige Partei existiert, ist eben keine Freiheit. Die Freiheit eines einzigen, die bestand ja schon ehedem in Russland: Schon Börne sagt, dass darum in Russland die größte Freiheit sei, weil sie dort nur ein einziger habe; je größer die Zahl der Teilnehmer, umso kleiner würden die Portionen. Diese größte Freiheit eines einzelnen ist in Wirklichkeit eine einzige Unfreiheit: Die Freiheit, die die Bolschewiki gleich dem Zaren für sich in Anspruch nehmen, entbehrt des Abmaßes zur Freiheit anderer und verliert damit alle ihre Qualitäten. Und damit folgen für die Bolschewiki aus ihrer Freiheit dieselben Lasten, die einst aus ihrer Unfreiheit folgten: Weil ihre Freiheit kein Korrelat hat, verliert sie alle Beziehungen zur Wirklichkeit, wird papieren, und an die Stelle wirklichen politischen Lebens und der Fülle der Geschichte, die dieses schafft, tritt die Literatur und die Resolution. Die Geschichte der Bolschewiki in den letzten Jahren und auch die Wirkung dieses Buches beweisen es: Ohne dem wäre die Wirkung dieses Buches in Russland einfach unverständlich. Und damit scheint uns die bolschewistische Bewegung an einem Punkte ad absurdum geführt, auf den wir schon lange hingewiesen haben: Nicht nur die starre Verfolgung, sondern auch das starre Herrschen verdammen zum Leben der Sekte und zwingen damit letzten Endes zur politischen Negation. In dieser Richtung kann das Buch von Trotzki von entscheidender Bedeutung sein; denn wem sollte das alles mehr bewusst sein als Trotzki, der damals, vor zehn Jahren und mehr, mit überlegenem Spott, mit Ironie und mit guten Gründen diese Nachtseiten des bolschewistischen Denkens aufgezeigt hat? Und hier liegt wohl auch die internationale Bedeutung des Buches von Trotzki. In einer internationalen Arbeiterbewegung, die aus den Gluten des letzten Jahrzehntes neu erstehen wird und auf höherer Stufe als je zuvor, kann und wird die russische Arbeiterbewegung nicht fehlen: Dies Buch scheint uns ein Zeichen zu sein, wie das wirkliche Interesse der Arbeiter den Cäsarenwillen zerschlägt, auch wenn der Cäsar das Kommunistische Manifest zum Nationalheiligtum erklärt hat.

28. Dezember 1924

Aus: Trotzki: 1917. Die Lehren der Revolution. Mit einem Vorwort von Paul Levi, Berlin 1925, S. 3–10; wiederveröffentlicht in Levi (1969): Zwischen Spartakus und Sozialdemokratie, S. 138–147, auch in: Levi (2016ff.): Ohne einen Tropfen Lakaienblut, Bd. II/3, S. 1550–1557.

Zur Entwicklung in Russland

Von all den theoretischen Salbadereien, mit denen die Bolschewiki glaubten, ihr Werk von so großer geschichtlicher Bedeutung begleiten zu müssen, war vielleicht die törichtste die von der sozialistischen Praxis »vor und nach der Ergreifung der Macht«. Die ergriffene Macht hat so vieles entschuldigt. »Was sonst in Ehren stünde, nun ist es worden Sünde«[121] und umgekehrt. Wir haben diesen theoretischen Hiatus[122] in der sozialistischen Entwicklung bekämpft. Wir glauben, am besten zu tun, die jüngsten Vorgänge in der russischen kommunistischen Partei unter diesem Gesichtspunkt der Kontinuität oder Diskontinuität der sozialistischen Arbeit zu betrachten.

Gewissermaßen das Lebensprinzip jeder sozialistischen Bewegung ist die Auseinandersetzung zwischen den Aufgaben des Tages einerseits und den großen kommenden Aufgaben der Klasse, die die Welt von Grund auf ändern will. Dass dieses Lebensprinzip bestehe »vor der Übernahme der Macht«, ist wohl schlechthin unbestritten. Streitig war von langer Zeit her zwischen den Bolschewiki und anderen sozialistischen Richtungen die Methode der Auseinandersetzung mit beiden so notwendigen Aufgaben der Arbeiterbewegung. Die Bolschewiki waren der Auffassung, dass diese Auseinandersetzung in erster Linie eine organisatorische sei: Wo naturgemäß in jener Auseinandersetzung sich eine Strömung innerhalb der sozialistischen Parteien bildete, eine Gruppe, die über den Tagesaufgaben die künftigen aus dem Gesicht verlor, verlangten sie das scharfe Messer des Operateurs: die Trennung und dann die Vernichtung des Gegners.

Als die Bolschewiki in Russland die Macht ergriffen hatten, änderte sich zwar nicht die Welt, aber das Bild von der Welt, das sie sich machten. Die Macht, die ihnen gegeben war, benutzten sie weidlich zur Un-

[121] Storm 1849a.
[122] Kluft, Lücke, Spalt.

terdrückung aller jener reformerischen Bestrebungen; sie verschwanden vom Erdboden. Da sie, die Bolschewiki, die wirklich revolutionäre und den proletarischen Zukunftsaufgaben ergebene Partei zugleich die Macht in Händen hatten und also auch die Tagesaufgaben lösten, schien ihnen jenes Gesetz dialektischer Entwicklung, dem auch die Arbeiterklasse unterliegt, aufgehoben. In der Partei der Bolschewiki sollte gewissermaßen alles zur Ruhe kommen. Es entstand jene Stimmung, die wir früher einmal mit den schönen Worten des »Wandsbecker Boten« bezeichneten:

»Hier ist alles heilig, alles hehr,
Und die kleinen Erdenfreuden,
Und die kleinen Erdenleiden
Kümmern uns nicht mehr.«[123]

Ein auserwähltes Volk mehr ...

In Wirklichkeit aber lagen die Dinge so, dass jener Entwicklungsprozess, der ein Prozess der Arbeiterschaft ist, nunmehr zu einem Prozess der Kommunistischen Partei Russlands wurde. Früher war es, wie gesagt, ein Prozess der Arbeiterschaft gewesen, in Deutschland dargestellt durch einen rechten und einen linken Flügel der Sozialdemokratischen Partei, in Russland dargestellt durch die Partei der Bolschewiki und – teilweise – Menschewiki einerseits, andere Menschewiki, Sozialrevolutionäre usw. andererseits. Während also die Bolschewiki einmal sich mühten, jene anderen Parteien zu vertilgen, und andererseits beruhigt waren darüber, dass infolge der Machtergreifung jener Prozess nicht mehr weitergehen könne, entstanden dieselben Richtungen und Strömungen und Gruppen in ihrer eigenen Partei. Man kann eben, um mit Horaz zu reden, die Natur nicht mit Mistgabeln austreiben: Sie kommt immer wieder zurück.[124]

Vielleicht, dass Lenin die große Kraft gehabt hätte, auch fernerhin eine Synthese zwischen jenen Antithesen zu finden trotz der zunehmenden Schärfe der Gegensätze. Denn dass die Gegensätze mit der abnehmenden revolutionären Kraft Westeuropas und mit der – wenn auch vorübergehend – zunehmenden Konsolidierung des Kapitalismus in Westeuropa stärker werden mussten, war klar. Der europäische Kapitalismus kämpft ja gegen das bolschewistische Russland – gegen die Erwartung vieler – nur so wie die englische Flotte gegen Deutschland: Nicht in offenen Kämpfen, sondern »in being«, dadurch, dass er besteht; durch jene langsame Erdrosselung. Ganz allmählich zwingt er so Russland zu ge-

---

[123] Claudius 1800.

[124] »Naturam expelles furca, tamen usque recurret / et mala perrumpet furtim fastidia victrix« – »Natur magst du austreiben mit der Heugabel: Natur kehrt beharrlich zurück«. (Horaz)

wissen Konzessionen im Innern: Nep,[125] Bauernpolitik sind die Leidensstationen des kommunistischen Russlands.

Wir glauben, zu allen Zeiten alles Verständnis für die tragische Lage gehabt zu haben, in die die Bolschewiki so kamen. Sie hatten die Macht ergriffen unter Umständen, die sie ehren und unter denen sie als Revolutionäre nicht anders handeln konnten. Sie haben die Macht ergriffen unter der Perspektive der darauffolgenden europäischen Revolution: Dass diese Perspektive sich nicht erfüllte, ist nicht die Schande der Bolschewiki. Aber nun hatten sie die Macht unter anderen Bedingungen als denen, die sie vorhergesehen. Keine politische Partei, die die Macht hat, kann sang- und klanglos von der Bühne der Geschichte verschwinden: Erst hatten die Bolschewiki die Macht, dann hatte die Macht die Bolschewiki. Sie mussten auf dem Posten bleiben und selbst auf die Gefahr hin, dass ihre ganze Arbeit vom Sozialismus abführe.

Nur eine Verpflichtung hatten sie, und wir meinen, dass das der Punkt sei, in dem wir uns von den Bolschewiki geschieden haben: Wo die harte geschichtliche Notwendigkeit sie zu Tagesaufgaben zwang, die mit dem Sozialismus nichts gemein hatten, mussten sie die Bahn freigeben für Meinungen und für Kritik, die über die Tagesaufgaben die kommende Aufgabe des Sozialismus stellte. Das haben die Bolschewiki mit Starrheit abgelehnt; so, wie es war, musste ihnen gewissermaßen aus der Hand gefressen werden. Jene Tendenz, die gerade die Bolschewiki vor dem Krieg auszeichnete und in der sie sich organisatorisch abgrenzten von allen anderen, fand in Russland keine Stätte mehr. Aber nicht, dass sie verschwunden war. Es war vielmehr, als ob sie wie eine arme Seele herumflattere und einen Körper suche, in dem sie wieder Leben gewinnen könne. Und in jedem Jahr fand sie vorübergehend eine »Opposition«, in der sie wieder lebendig ward – für kurze Zeit. Die »Arbeiteropposition« von 1921, die Gewerkschaftsopposition von 1922, die Trotzkische Opposition von 1924, die Sinowjewsche Opposition von 1925: Alle spielen immer mit den alten Gedanken der vorrevolutionären bolschewistischen Ideologie, der Sorge um die kommenden Aufgaben, um den Sozialismus, gegenüber den so gar nicht sozialistischen Aufgaben des Tages.

Wenn wir sagen dürfen: Wir glauben vorläufig nicht an die Konsistenz und Dauer dieser jetzigen Opposition.[126] Gerade der häufige Wechsel der

---

[125] Nep: Новая экономическая политика – »Neue Ökonomische Politik« (NÖP), die seit 1921 in der Sowjetunion betrieben und mit der eine leidlich regulierte kapitalistische Wirtschaft zugelassen wurde.

[126] Gemeint ist die »Vereinigte Opposition« des Jahres 1926/27 aus Trotzkis Linker Opposition und dem Block um Kamenjew und Sinowjew.

Personengruppe um die eigentlich immer gleiche Ideologie erweckt den Verdacht, dass auch diese Opposition zwar nicht ihre Idee – die wird bleiben –, aber ihrer Gruppierung nach nicht wird von Dauer sein. Und wir möchten dabei noch nicht einmal von Schuld sprechen. Gewiss werden in Russland auch vielfach rein persönliche Gegensätze bei diesen Gruppierungen eine Rolle spielen, bei denen dann der Schwächere sich gerne als der »allein Echte« hinstellt. Weit mehr aber liegt der rasche Wechsel der Personengruppen daran, dass in den schweren Verhältnissen, in denen die Russische Kommunistische Partei steht und kämpft, Russland vielleicht gar nicht der Boden ist, auf dem die auf die sozialistischen Zukunftsziele hinweisenden Elemente sich organisieren können, um das Gegengewicht zu bilden gegen die kapitalistischen und reformerischen Elemente in Russland.

Und das ist vielleicht der Punkt, in dem man von wirklicher Schuld sprechen kann. Die kapitalistischen Tendenzen in Russland entnehmen ihre Kraft aus Westeuropa. Und die sozialistischen? Hier rächt es sich, dass die Bolschewiki sich so sehr losgelöst haben von dem wirklich revolutionären und sozialistischen Teil der westeuropäischen Arbeiterschaft und in Westeuropa nichts anderes geschaffen haben als eine Garde gefälliger Eunuchen, die zu allem imstande ist, nur zu keiner »Leistung«. Wir sind auch heute noch der Meinung, dass die internationale Arbeiterbewegung von Russland und dem russischen Beispiel Großes empfangen habe: Wir sind der Meinung, dass jetzt der Augenblick gekommen wäre, wo sie einen Teil des Empfangenen zurückgeben könnte dadurch, dass sie jene kritisch-aufbauende Tätigkeit übernimmt, jene Verteidigung der sozialistischen Zukunftsziele, die gegenwärtig in Russland, vielleicht aus Not, nicht geleistet werden kann. Dem sich aufbauenden russischen Kapitalismus steht Europa und Amerika zur Seite. Das kämpfende sozialistische Russland hat nicht verstanden, sich in Europa Reserven zu schaffen. Vielleicht hat Sinowjew das jetzt begriffen, wenn er die letzten Nummern der »Roten Fahne« liest, und wenn er liest, was die aus ihm machen und machen werden, die gestern vor ihm auf dem Bauche lagen. Armer Sinowjew!

Aus: Sozialistische Politik und Wirtschaft, 4. Jg., Nr. 2, 14. Januar 1926; wiederveröffentlicht in: Levi (2016ff.): Ohne einen Tropfen Lakaienblut, Bd. II/2, S. 855–858.

Angelica Balabanoff[127]

Die Erinnerungen von Angelica Balabanoff – »umfassend ein halbes Menschenalter und ein Menschenleben« – erscheinen unmittelbar nach denen der Vera Figner, die wir hier besprochen haben.[128] Diese sind, wie wir glauben, ein Meisterwerk künstlerischer Art, wie es in Jahrzehnten und vielleicht einem Jahrhundert nur einmal geschrieben wird, und es verschlägt nicht, wenn man damit jene nicht vergleicht. Vergleichen lassen sie sich nur materiell. Und hier sind sie nun, obgleich doch denselben Vorwurf,[129] das revolutionäre Russland, beschreibend, völlige Gegensätze. Gegensätze der Art, dass man aus ihnen nicht nur den Gegensatz zweier Temperamente, zweier Gehirne, sondern jenen Gegensatz entnehmen kann, der zwischen Anarchismus und Sozialismus, zwischen Individualismus und Kollektivismus besteht. Die Erzählung Vera Figners berichtet von einer heroischen Tat: hellaufleuchtend wie eine Rakete in der Nacht, schön und berückend anzusehen, aber zurückfallend in die Nacht, aus der sie kam. Das Buch der Genossin Balabanoff berichtet wenig von »heleden lobebären und kuener arebeit«:[130] Es enthält die Geschichte eines Menschenlebens, dessen höchster Stolz es immer war, hinter der Masse zu verschwinden, in ihr unterzutauchen, nichts sein zu wollen als ein Rädchen an der großen geschichtlichen Bewegung, das an seiner Stelle sich dreht bis zum Ende. Und so sind auch die anderen Menschen gegeben, derer in dem Buche mit Erwähnung getan ist, und das sind eigentlich alle die Männer der Zweiten Internationale, der Heroen des Sozialismus, die kamen und gingen vor dem Sieg ihrer Bewegung. Es ist auch weit ab von aller bolschewistischen Größenverehrung, wenngleich die Gestalt Lenins sich in dieser Erzählung deutlich abhebt von allen anderen. Denn nicht nur ist er doch der Mann, der die erste große siegreiche Bataille für den Sozialismus geschlagen hat, er war auch der Mann, der die persönlichen Eigenschaften hatte, die es verdient erscheinen ließen, dass er sie schlug. Jenes gewaltige Gemisch von Tatkraft und Besinnlichkeit, von stürmischem Willen und kühlem Bedenken, von edler Menschlichkeit und Güte und doch auch von Skrupellosigkeit in der Wahl der Mittel, die seinem Ziele dienen sollten: So ragt der Mann

[127] Balabanoff 1927.

[128] Vgl. Levi 2016 [1926b]: 995-997.

[129] Vorwurf: Thema, Gegenstand künstlerischer Bearbeitung.

[130] »Uns ist in alten maeren wunders vil geseit / von heleden lobebaeren von grozer arebeit…«: »Uns wird in alten Berichten wunders viel erzählt von ruhmwürdigen Helden, von großer Mühsal…« (Das Nibelungenlied)

auch in diesem Buch in Riesengestalt über alle seine Zeitgenossen. Die Bataille hat Lenin gewonnen: Seine Nachfolger haben den Feldzug verloren; es ist so traurig, auch aus den Schilderungen dieses Buches zu sehen, wie eine große revolutionäre Bewegung zerrann.

Das sind die Dinge und Menschen, die in diesem Buch geschildert sind: Für diese vielleicht für lange größte und demütigste Zeit der sozialistischen Bewegung ist dieses Buch ein Erinnerungszeichen dauernder Art.

Aus: Sozialistische Politik und Wirtschaft, 5. Jg., Nr. 22, 3. Juni 1927, gez. P. L.; wiederveröffentlicht in: Levi (2016ff.): Ohne einen Tropfen Lakaienblut, Bd. II/2, S. 1050f.

Ein neuer Kurs in Moskau?

Die zwanzig Erschießungen in Moskau[131] bedeuten von jedem Gesichtspunkt aus ein Unglück, vom Standpunkt des westeuropäischen wie des russischen Proletariates wie auch vom Standpunkt der russischen Bauern. Zwar hat die »Rote Fahne« die Erschließung dithyrambisch begrüßt,[132] in Prosa wie in Versen – nirgendwo ist ja das Blutvergießen so leicht als da, wo nur Tinte fließt – aber das kann über die Wirklichkeit nicht hinwegtäuschen. Denn wenn die »Rote Fahne« so tut, als seien jetzt für Russland die Tage der glorious revolution wiedergekommen, die heldenhafte Zeit mit wallenden Fahnen, hohen Herzen, wo Menschen starben mit einem Segensspruch auf den Lippen, so weiß doch jeder: Diese Zeit ist vorbei. Nicht mehr baut sich in Russland das Proletariat ein neues staatliches Haus, nicht mehr gilt es, dem russischen Bauern die Ackerkrume zu sichern, nicht mehr stehen die Zeichen der Zeit auf den nahen Umsturz der staatlichen Verhältnisse Europas. Alle diese Momente, damals die russische Revolution bestimmend und alle ihre Maßnahmen verklärend, sind dahin, die Jugendkraft ist dahin. Und wenn jetzt die »Rote Fahne« in Berlin, die »Prawda« in Moskau und wer weiß sonst in der Welt Kränze winden der »ewig jungen russischen Revolution«, so kann man zu dieser Revolution nur sagen:

---

131 Am 11. Juni 1927 gab die sowjetische Regierung die Hinrichtung von 20 zaristischen Weißgardisten bekannt.

132 O.A. 1927.

»Ach! die Scheitel umwallt reichlich die Locke nicht mehr:
Da bedarf man der Kränze, die sich selbst und andre zu täuschen;
Kränzte doch Cäsar selbst nur aus Bedürfnis das Haupt.«[133]

Implicite geben ja alle miteinander, die bürgerliche wie die kommunistische Presse, es offen zu, dass dem so ist und dass diese Erschießungen ganz andere Ursachen haben und ganz andere Zwecke als jene revolutionären Akte von 1919 oder 1920. Zustimmend gibt die »Rote Fahne« einen Artikel des »Manchester Guardian« wieder, der die Erschießungen zurückführt auf die letzten Maßnahmen der englischen Toryregierung. Diese Darstellung, in der also »Manchester Guardian« und »Rote Fahne« übereinstimmen, ist völlig richtig und bestimmt zunächst den hohen und weit überwiegenden Teil der Schuld der englischen Regierung an diesen Vorgängen. Die Hauptschuldigen sitzen in London. Neben ihrer Bedeutung für die Schuldfrage aber hat jene Darstellung auch ihre Bedeutung für den sozialen Inhalt der Maßnahme. Also: Würde die englische Polizei nicht in das Arcos-Gebäude eingebrochen sein, würde die englische Regierung nicht die russische Mission ausgewiesen haben, würde – positiv ausgedrückt – die Londoner City der Sowjetrepublik Kredite gegeben haben, so wären jene Zwanzig nicht erschossen worden, deren Tod ja an und für sich keine Notwendigkeit für Sowjet-Russland war, sonst wären die zum Teil schon seit Jahren Verhafteten längst exekutiert worden. Wir nun sind – »Verräter«, die wir sind – der Meinung, dass die Erlangung von Krediten in Lombard Street kein revolutionäres Ziel sei, sondern ein höchst opportunistisches, wenigstens vom Standpunkt des Proletariats. Man kann also mit Fug nicht sagen, dass jene Zwanzig getötet worden seien, weil die Revolution es verlangte, sondern, weil die Kreditverhandlungen es verlangten, und deswegen resümieren wir: Die Aufnahme der »Methode von 1919« ist kein neuer Kurs in Russland, kein Wiederaufleben der Revolution, das aus allen Gründen vorläufig gerade in Russland unmöglich ist, sondern ist Opportunismus, betrieben mit barbarischen Methoden.

Wobei man sich übrigens fragen kann, wie weit diese Methoden zum gewünschten Ziele führen. Man hat, als kürzlich Chinesen in die russische Gesandtschaft in Peking eindrangen, in Moskau einen blutigen Witz gemacht. Stalin habe, so sagt man, gedroht, er wolle als Repressalie den Rektor der chinesischen Universität in Moskau aufhängen lassen. Der damalige Rektor hieß Radek. So ungefähr wie die Chinesen diese wird die Engländer jene Repressalie schrecken: Was kümmert es die englische Regierung, wenn die derzeitige gesetzmäßige russische Regierung

[133] Goethe 1797.

russische Untertanen monarchistischer Überzeugung erschießen lässt. Wir fürchten, die englische City wird das jahrelang aushalten und länger als die russische Regierung.

Die russische Regierung müsste sich, dächten wir, darüber völlig klar sein, dass sie das Problem vom falschen Ende sieht. Sie, mit ihren Mitteln allein, wird die Bourgeoisie Europas nicht mürbe machen. Darüber ist sie sich eigentlich von vornherein im Klaren gewesen. Von Anfang an, und gerade zu Lenins Zeiten war sie sich dessen bewusst, dass sie für Russland und seine, mindestens aber der Bolschewiki Existenz die lebendige Mitarbeit und Sympathie der westeuropäischen proletarischen Massen nicht entbehren könne. Deren Sympathie zu gewinnen, war ein wesentliches Ziel ihrer Arbeit; man möchte meinen, dass gerade zu Lenins Zeiten dieses besondere Ziel allen anderen voranstand. Warum dieses Ziel nicht erreicht wurde, ja, warum Erreichtes wieder zerschlagen wurde, hat heute zu erörtern keinen Sinn. Wenn aber die Sowjetregierung nicht auf beiden Augen mit Blindheit geschlagen ist, wird sie an der Tatsache an sich nicht vorübergehen können, und sie wird sich entschließen müssen, zu der westeuropäischen Arbeiterschaft in ein Verhältnis zu kommen so, wie diese ist, d.h. mit ihren Gewerkschaften und ihren sozialistischen Parteien. Wir können nur wiederholen, was wir schon vor den Alarmschüssen in Moskau schrieben: Sie wird prüfen müssen, inwieweit die Existenz der Kommunistischen Internationale mit ihren Sektionen mit der Existenz des gegenwärtigen Sowjetstaates und seine Interessen noch verträglich ist, wie weit Geld und Arbeit hier zu investieren sich noch lohnt, ob es nicht Zeit ist, abzubauen. Gerade diese These wird ja durch die Vorgänge in London am besten illustriert. Resigniert schrieben die kommunistischen Blätter und redeten die russischen Staatsmänner aus Anlass des Bruches mit London: Eine Wiederherstellung der Beziehungen zu London sei wohl nur unter einer anderen englischen Regierung möglich, d.h. also nach Lage der Sache unter einer Labourregierung. Wir glauben uns aber noch der Triumphgesänge der kommunistischen Presse zu entsinnen, die angestimmt wurden, als die Labourregierung fiel. Es war wieder einmal ein entscheidender Sieg der Weltrevolution.

Wir glauben, es wäre ein besserer und würdigerer Weg für die Sowjetregierung aus ihren gegenwärtigen Nöten, diesen Weg zu den westeuropäischen Arbeitern zu beschreiten, als nutzlos Monarchisten zu erschießen, um keinen anderen Erfolg zu erzielen als Lobgesänge der »Roten Fahne« und Zustimmungserklärungen der Bezirksorganisation Hasenheide.[134] Was die westeuropäischen Arbeiterorganisationen angeht, so

[134] Gemeint ist die KPD-Organisation in Berlin-Neukölln.

werden sie Russland diese Hilfe nicht versagen können. Nicht weil sie die Überzeugung hätten, dass sie in Russland dem Sozialismus hälfen und dass in Russland die Arbeiterschaft herrsche, sondern aus der Erkenntnis heraus, dass Russland der Schwächere ist und dass es proletarische Pflicht und proletarisches Interesse ist, dem Stärkeren, der westeuropäischen Bourgeoisie, in die Zügel zu fallen. Die pflichtgemäße Opposition jeder proletarischen Partei gegen die eigene Regierung wird die stärkste Hilfe für die Russen sein. Wie groß oder klein die Hilfe praktisch sein wird, mag zahlenmäßig keiner vorausbestimmen können: Größer als ungelesene Leitartikel der kommunistischen Presse wird sie bestimmt sein.

Aus: Sozialistische Politik und Wirtschaft, 5. Jg., Nr. 24, 17. Juni 1927; wiederveröffentlicht in: Levi (2016ff.): Ohne einen Tropfen Lakaienblut, Bd. II/2, S. 1052–1055.

Zurück vom Leninismus

»Das jetzige schwere bureaukratische Regime in der Partei spiegelt den Druck der anderen Klassen auf das Proletariat wider.«

Diese Worte hat L. Trotzki gesprochen – leider erst im Mai 1927. Sie auszusprechen war schon Zeit im Jahre 1921: Vielleicht donnerten die Kanonen in Kronstadt im März 1921 schon dieselbe Sprache, die jetzt Stalin spricht, und der Sprachlehrer war ja Trotzki gewesen. Es kommt aber heute gar nicht darauf an, wie lange die russische Opposition die verfehlte Politik der Partei mitgemacht hat, was der Punkt war, der sie in die Notwendigkeit der Opposition versetzte, wieweit sie selbst die Voraussetzungen geschaffen hat für das, was heute ist und worunter sie heute leidet. Man muss sich bei der Tragödie, die in Russland anhebt, damit begnügen, festzustellen, was jetzt dort ist und was es bedeutet.

Worauf wir schon so oft hingewiesen haben: Das Interesse des Proletariates und des grundbesitzenden Bauerntums sind einander entgegengesetzt. Die Bolschewiki haben zwei Irrtümer begangen. Den ersten: Mit ihrer Bauernpolitik im Jahre 1918, mit der Erhebung des landhungrigen Bauern und Landarbeiters zum landbesitzenden Bauern haben sie die Ursache geschaffen für die Schärfe des Gegensatzes, die heute in Russland manifest ist. Es ist leicht möglich, dass die Bolschewiki 1918 gar nicht anders konnten, als das Land den Bauern [zu] geben. Wahrscheinlich wäre, hätten sie dem nicht nachgegeben, die Bewegung über sie hinweggegangen: Das Mindeste wäre gewesen, dass sich die Bauern das Land doch genommen hätten. War aber die Landüberlassung – jedenfalls theoretisch besehen – vom Standpunkt des Sozialismus ein Fehler, so kam ein zweiter hinzu, ein größerer. War die Landüberlassung theoretisch ein Fehler, praktisch aber unvermeidlich, so musste die Partei in ihrer Zielsetzung das bekennen. Statt das zu tun, machte sie aus ihrem Fehler eine Theorie: die Theorie von der Interessensolidarität zwischen Arbeitern und Bauern. Das war schon unter Lenin so. Seine Nachfahren aber machten aus der Theorie Kanonisches Recht.

Dabei war doch sowohl für den Marxisten als für den historisch Erfahrenen klar, was es mit der Solidarität auf sich hat. Wenn es eine Interessensolidarität zwischen Besitzbauer und besitzlosem Industriearbeiter gäbe, wäre die europäische Geschichte der letzten drei Jahrhunderte eine Unverständlichkeit. Die Bolschewiki glaubten, diese Disharmonie zwischen den beiden Klassen überspringen, sie bewältigen zu können, indem sie die beiden gewissermaßen in eine Retorte brachten. Diese Retorte nannten sie die Sowjets: In ihnen war für sie das Widerstrebende vereinigt, so, wie für den gläubigen Katholiken Geist und Körper sich vereinen in der Hostie, die er verschluckt. Dieser Fehler nun ist für Politiker, die aus der Schule von Karl Marx kommen, völlig unverständlich: Es gibt schlechterdings keine staatliche Form, die bestehende Klassengegensätze beseitigen kann; denn die staatliche Form ist ja der Ausdruck und die Folge von Klassengegensätzen und nicht ihre Ursache. Gäbe es staatliche Formen, die jene Klassengegensätze aus der Welt beweisen könnten – gäbe es sie, so wäre nicht einzusehen, warum man das Hexenwerk nicht auch mit einer Koalitionsregierung fertigbringen könnte. Ja, wir gestehen: Die Vortäuschung einer Klassensolidarität bei bestehenden Klassengegensätzen – geschichtlich besehen – also diese Täuschung ist in der Form der Koalitionsregierung noch immer erträglicher als in der Form der Sowjetregierung nach russischem Muster. Denn wird bei der Koalitionsregierung die Illusion der Klassensolidarität zerstört, werden die Gegensätze wieder offenbar, so fliegt die Koalition in ihre natürlichen Teile auseinander, und die Parteien, die bisher in der Koalition gelähmt, erhalten ihre natürlichen Funktionen wieder. In der Sowjetform nach russischem Muster aber erleben wir das, was wir eben jetzt in Russland erleben. Die Gegensätze hatten bisher keine Formen: Sie suchen die Form in der einen bestehenden Partei, teilen die Partei in Fraktionen und dann in Splitter, bewirken, dass sich Verräter heißen, die sich bisher Freund und Führer hießen, und stellen am Ende den Genossen vor die Gewehre der Genossen von gestern. In den Ländern, in denen jener Irrtum sich auslebt in der Form der Koalitionsregierung, ist deren Auffliegen bereits die Lösung der Krise und die beginnende Rekonvaleszenz; im Regime der Sowjets ist die schwere Krise erst im Beginn, wo zwar die Illusionen zerstört, die selbständigen Funktionsformen der verschiedenen Klassen aber noch nicht gefunden sind. Das ist der Status in Russland. Weil der Arbeiter vom Bauer geknetet wird, müssen Stalin und Bucharin die Opposition kneten.

Wo so für den tiefer Schauenden die Funktion der Parteiführung und der Opposition in Russland klar ist, während für die Massen in Russland das alles noch verdeckte Vorgänge sind, für sie wohl meist unverständliche Diskussionen über China, ist – das müssen wir sagen – auch die Opposition in Russland sich nicht klar über den Ausgangspunkt ihrer Opposition. Entweder nicht klar überhaupt, oder sie will es nicht aussprechen. Dabei ergibt sich aus dem oben Ausgeführten, wo der tiefste Sitz des Übels ist. Jene »Solidarität« zwischen Arbeiter und Bauer ist aber der eigentliche Kern des sogenannten Leninismus; es ist das, was der Leninismus glaubt, über den Marxismus hinaus entwickelt zu haben. In Wirklichkeit kann man Lenin nur eines zubilligen – was freilich kein kleines ist und ihn allein zum großen Manne macht: dass er die besonderen Bedingungen der Machtergreifung in Russland erkannt hat, dass er gezeigt hat, neue Formen eines Staates zu schaffen, und den Begriff »Diktatur des Proletariats« einmal und wenn auch für kurze Zeit über die Phrase hinaus in die Wirklichkeit erhoben hat. Die Verallgemeinerung aber alles dessen hinaus über Russland und zum Leninismus, die Kanonisierung von taktischen Zügen einer bestimmten Situation ist ebenso ein Fehler wie die Kanonisierung von taktischen oder strategischen Wendungen eines Feldherrn. Die Deutschen sind mit der Kanonisierung der Schlieffenschen Strategie 1914 ebenso gescheitert wie die Bolschewiki jetzt mit der Leninschen Taktik von 1917. Nein: Sprechen wir ganz offen aus: Lenin ist geblieben, der Leninismus aber ist vergangen. Wo er geglaubt hat, Marx weiterzubilden, ist er gescheitert. Wir möchten sagen: Nirgendwo hat sich die Richtigkeit des Marxismus erschreckender erwiesen als in dem Ende, das der Leninismus nimmt.

Aus: Sozialistische Politik und Wirtschaft, 5. Jg., Nr. 27, 8. Juli 1927; wiederveröffentlicht in: Levi (1969): Zwischen Spartakus und Sozialdemokratie, S. 148–150, auch in: Levi (2016ff.): Ohne einen Tropfen Lakaienblut, Bd. II/2, S. 1060–1062.

Der Terror in Russland

Wir wollen nicht erörtern, was in Russland an Akten des Terrors von oben geschieht. Genau weiß man es nicht: Jedes Wort zu viel, das wir sagten, würde als »Antibolschewismus« angekreidet, und das möchten wir vermeiden. Wir möchten uns auf einiges Grundsätzliches beschränken.

Der Terror an und für sich gehörte nicht zu dem Grundbestand der bolschewistischen Lehre. Das hat wohl auch Sinowjew zu Zeiten, als er noch in der Macht saß, gesagt, und da es damals jeder Kommunist glauben musste, durfte und wollte, wird es wohl damit seine Richtigkeit haben. Der Terror vielmehr kam in das bolschewistische Arsenal erst später in Ausübung der Diktatur des Proletariats, die etwas grundsätzlich anderes ist als Terror. Diktatur zu Terror verhält sich wie Strategie zu Schlacht; diese ist nur ein Mittel im Dienste jener. In Ausübung also der Diktatur sahen sich die Bolschewiki zu immer schärferen Maßnahmen gedrängt, und am Schluss stand das System des Terrors. Was also waren die besonderen Bedingungen, die die Bolschewiken in der Diktatur zum Terror führten?

Teilweise gewiss typisch russische Bedingungen. In vielem ist Russland doch Asien. Seine Geschichte zeigt Züge einer in Europa ungekannten Grausamkeit: Vielleicht ist in Europa nicht weniger Blut geflossen, aber die Gewalt legte hier die verkleidende Hülle der Scham nie ab, und so ward in Europa der Terror nie eine Geschichtsphilosophie. Das Leben, auch der erbittertste Kampf, spielte sich in Europa in anderen Formen ab: Die Wildheit des Kampfes von Zar gegen Volk, von Volk gegen Zar hatte in Europa nicht ihresgleichen. Europa war das Land der Demokratie geworden. Deren Bedeutung aber nicht erkannt zu haben, scheint mir die allgemeine Bedingung der Entstehung des bolschewistischen Terrors und zugleich der Fehler der Lehre zu sein. Auch hier war der Fehler kein ursprünglicher. Noch 1919 schrieb Lenin: »Eine Diktatur muss nicht durchaus eine Aufhebung der Demokratie für die Klasse bedeuten, die diese Diktatur gegenüber den anderen Klassen ausübt.«

Ein Blick auf Europa lehrt ja, wie wenig eine Demokratie die Diktatur einer Klasse aufheben muss. Was in Europa der Bourgeoisie möglich ist – bei Diktatur die Demokratie zu halten –, das muss theoretisch auch in einem Lande möglich sein, in dem das Proletariat die Macht hat, ja gerade in diesem, weil hier die Zahl nicht gegen, sondern für das Herrschaftssystem ist. Es ist eine Demokratie mit der Mehrzahl, nicht gegen die Mehrzahl. Praktisch aber – und die Praxis ward bald Lehre – haben die Bolschewiken stets Diktatur und Aufhebung der Demokratie für identisch gehalten und niemals irgendeine demokratische Anwandlung gezeigt. Das war erträglich in einem Augenblick, in dem die breiten Massen Russlands im Kampf gegen den gemeinsamen Feind, den Feudalismus, standen. Vom Augenblick seiner Überwindung an aber mussten die bis dahin vereinten, im Grunde aber doch nach Interessen verschiedenen Klassen – Arbeiter und Bauern – irgendein Verhältnis finden, in dem sie ihre, ihren verschiedenen Interessen entsprechenden, verschiedenen politischen Auffassungen austauschten. Gewissermaßen eine politische Verkehrsform finden, zugleich aber auch ein Clearing. Dass hierfür die »Demokratie«, gerade im Stadium der sich erst herausbildenden Gegensätze, ein wunderbares Instrument ist, kann wiederum die Geschichte Europas lehren. Da aber die Bolschewiki starr festhielten an der Ablehnung jeder demokratischen Form, ward das Zentralkomitee der Kommunistischen Partei Russlands die Vermittlungsstelle für das, was die eine Klasse der anderen zu sagen hatte. Die Bauern meldeten ihre Wünsche an in Form von Aufständen und Produktionseinschränkungen (Rückkehr zur Hauswirtschaft). Die Arbeiter die ihren in Form von Aufständen und Streiks. Das Zentralkomitee aber, jedes Mittels bar, den so gewichtigen Gründen etwas entgegenzusetzen, musste mit Gewalt antworten: Der Terror war da. Er war zugleich zum funktionellen Bestand der Diktatur geworden; denn die Diktatur, die keine Demokratie als Mittel kennt, kann nur den Terror kennen.

Aber Terror gegen wen? Man kann die innere Geschichte der russischen Revolution am Barometer des Terrors ablesen. War die Stellung der Bauern stark, drohten sie das Regiment der Bolschewiki zu stürzen, so wandte sich der Terror gegen die Arbeiter (Kronstadt 1921). Drohte von Seiten der Bauern keine Gefahr, so wandte sich der Terror gegen sie. In dem Maße aber, in dem das Leben sich in Russland selbst »normalisierte«, mit dieser Normalisierung aber die dem russischen Volk immanenten Gegensätze zwischen Bauern und Arbeitern sich ihren Ausdruck verschafften innerhalb der Partei der Bolschewiki selbst, entstand dieselbe Frage, ob Demokratie oder Diktatur, dieselbe völlig falsche Alternative, innerhalb der Kommunistischen Partei selbst. Nicht mehr Lenin, aber seine Nachfolger haben auch für die Partei die »Demokratie« verneint. Und so bleibt auch für die Partei keine andere politische Verkehrsform als der Terror, die Gewalt. Das steckt hinter der Entwicklung, die Trotzki mit seinem Anhang aus der Partei der Bolschewiki heraus und ins Gefängnis, wer weiß wohin noch führen wird. Die russische Opposition spricht von Thermidorismus. Das ist der Sache nach richtig, der Entstehung nach nicht. Der Thermidorismus in Frankreich ist entstanden aus dem Sturz der Demokratie, der in Russland entsteht aus der Verhinderung der Demokratie. In Frankreich haben die Opfer des Thermidorismus diesen verdammt; in Russland verteidigen die Opfer des Thermidorismus noch immer seine theoretischen Grundlagen, die sie selbst vielfach mit geschaffen haben. Zu solchem Grad der Verwirrung in den eigenen Reihen führte die so falsch verstandene Diktatur des Proletariats in Russland, die glaubte, der demokratischen Form entbehren zu können. Es zeigt sich, dass die verheerendsten Folgen jeder Tyrannei sich immer beim Tyrannen einstellen: Er verliert den Blick für die Welt, wie sie ist. Und es macht dabei keinen Unterschied, ob der Tyrann einer ist oder ein ganzes Zentralkomitee.

Aus: Der Klassenkampf. Marxistische Blätter, 1. Jg., Nr. 3, 1. November 1927; wiederveröffentlicht in: Levi (2016ff.): Ohne einen Tropfen Lakaienblut, Bd. II/2, S. 1105–1107.

Nach zehn Jahren

»Da werd' ich eines Steingebilds gewahr,
Mit schwiel'gen Händen hob's ein Männerpaar...
Gebiet' ich Halt? Ich? Ulrich Hutten? Nein...
Ihr Männer, stürzt das Götzenbild hinein!
Ich trat hervor und rief's mit strengem Mund.
Sie warfen. Etwas Edles ging zu Grund.«[135]

Als die Bolschewiki im November 1917 die Macht ergriffen, schufen sie über Nacht die größte politische Tatsache, die je in der Geschichte der Proletarier bestanden in den Jahrtausenden, da es Proletarier gibt. Gewiss hat auch das Christentum die Seelen der Sklaven um das Mittelmeerbecken erobert, gewiss ging der Enthusiasmus der Kreuzzüge wie ein Sturmwind über Europa, gewiss haben schon Könige und Herrscher Reiche geformt, Völker geballt, Heere geführt, Länder verändert: Was will das alles besagen gegenüber der Tatsache, dass die Schnorrer und Verschwörer, die armen Teufel und Emigranten unter Lenins Führung Macht ergriffen und über Nacht das hatten, was zuvor noch keiner besaß: das Vertrauen nicht nur, die Zuneigung, die Liebe und den unerschütterlich scheinenden Glauben, dass doch die kapitalistische Welt zu dämmern beginne. Und die ferne Zukunftshoffnung ward eine unmittelbare Verheißung. Haben denn die Generäle und Staatsmänner den Weltkrieg zu Ende gebracht? Das Ende des Weltkriegs war, als die deutschen Arbeiter – die sich ein Jahr lang in ihren Schrecknissen gegenseitig sag-

[135] Meyer 1968 [1871].

ten: Die Russen haben es richtig gemacht – endlich weiter gingen und taten, was die Russen getan. Da war der Krieg zu Ende. Das geschichtliche Verdienst der Bolschewiki ist gewiss in nichts größer als darin, dass sie so zum ersten Mal internationaler Solidarität – sonst nur gepriesen auf Kongressen und in feierlichen Schlussworten als ein schöner Gedanke – sichtbare Form verliehen haben. Fragt einer heute, was internationale Solidarität ist, so mag er auf jene Tat schauen: wenn die heroische Tat, das zündende Beispiel eines Volkes nicht mit Geld und nicht mit Sendboten, nicht mit Erlassen und nicht mit Resolutionen, sondern mit der geheimnisvollen seelischen Kraft des Heldentums die Herzen der Müden, Zerschlagenen erhebt, den Mutlosen Mut, den Verzweifelten Sicherheit, den Gedemütigten Stolz, den Entmenschten Menschentum wiedergibt, wenn durch solche Bande vereinigt über Schützengräben und Länder hinweg die Gleichen das Gleiche tun. Das ist die internationale Solidarität. Und solange es proletarische Geschichte geben wird, und wenn dereinst Knaben und Mädchen mit glühenden Wangen sich ereifern werden nicht über Ruhmestaten von Königen und Herrschern, sondern von denen begangen, die, aus dem Volk kommend, für das Volk stritten, so wird die Tat der Russen, die Tat Lenins und der Männer um ihn, unvergessen bleiben: Sie haben sich das Denkmal gesetzt in den Herzen der kommenden Generationen, das dauernder ist als Erz.

In jenen Tagen wird auch das verschwunden sein, was heute wie ein Trauerflor liegt über dem prächtigen Schauspiel, das jetzt in Moskau gespielt wird. O gewiss! Wir lesen in der Zeitung, dass tausend Mann, Prominente und Unbekannte, Vertreter der Kunst, Literatur und Wissenschaft und zumeist ihre innere Bedeutung mit äußerer Unbekanntheit paarend, nach Russland gefahren sind, um ihre Reverenz vor dem neuen Russland zu machen. Einfache Arbeiter sind wohl mitgefahren, um, aus der Enge ihrer Wohnung und dem Dunkel ihrer Betriebe kommend, das Wunder zu beschauen: Wer aber kann leugnen, dass da, wo vor zehn Jahren Millionen Herzen flammten, heute nur bezahlte Agitatoren und Journalisten mühselige Jubiläumsreden und Artikel sich aus den trockenen Rippen schwitzen: ohne Schwung, ohne Eifer, ohne Kraft und ohne Saft. Und die Tausende, die hinübergefahren, neigen sich nicht mehr vor der herrlichen Kraft, die sie vor zehn Jahren gefangen nahm, sondern vor einem stummen Götzenbild, starr, unnahbar und erschreckend wie alle Götzenbilder.

Jener Prozess der Erstarrung, wie das, was 1917 war, zu dem ward, was 1927 ist, ist wie der Beginn das Wundervollste, so das Leidvollste, das die proletarische Geschichte kennt. Wir möchten heute nicht die schon so oft gezeigten Entwicklungen wieder aufzeigen: wie aus den Bedingungen des Sieges des russischen Proletariats – seiner Verbindung mit den Bauern – zugleich die Begrenztheiten seines Sieges erwuchsen. Wir möchten, wie so oft, betonen, dass aus diesen schrecklichen Fesseln es zu erlösen nicht in der Möglichkeit des russischen Proletariats lag und dass die Bewegung der Proletarier Europas hier vollbringen musste, was den Russen allein zu vollbringen versagt war. Es hat auch keinen Zweck, heute zu zeigen, wo die Schuld der Russen begann, es ist die leidige Pflicht, nur zu zeigen das, was ist. Die Erhebung der Proletarier von 1917 ist verflogen, die einen stehen enttäuscht, die andern verbittert, die einen trauern gesenkten Hauptes, die andern mit beschimpfenden Worten. Durch die Reihen derer selbst, die das Werk von 1917 getragen und deren Tat darum in die Bücher der Geschichte geschrieben ist, geht der Riss, und die gestern noch beieinandersaßen, werden bald durch Kerkermauern voneinander geschieden sein und vielleicht durch mehr, vielleicht geschieden durch jenen stillen Raum, über den seit des Orpheus Zeiten keiner mehr zurückgekommen ist zu den irdischen Gefilden. Wir wissen, wie sehr der Hass gegen die derzeitigen Herrscher Russlands die Dinge übertreibt: Wenn aber die Herren des Kreml in diesen Tagen die Rechnung machen und auch den Hass in seinem Unrecht sehen, dann möchten sie sich sagen, wie Frau Fönss einst ihren grollenden Kindern schrieb: Hättet ihr mich weniger geliebt, so würdet ihr mich heute weniger hassen.[136]

Hass oder Liebe, Freude oder Leid: Das Bild von 1917 ist versteinert, und die Arbeiterschaft, die nicht zum Götzendienst geschaffen ist, muss von Götzenbildern Abschied nehmen. Wir wissen, dass von den Russen es uns verdacht wird werden: Es gibt nur eine würdige Feier, die eine große Vergangenheit Russlands mit einer großen Zukunft verbindet, und die ist, das Bild der Erinnerung vor zehn Jahren im Herzen tragen, aber hinzublicken auf die großen Ziele der Arbeiterschaft, die in Russland keine Stätte mehr haben und die ihre Erfüllung finden werden aus dem Entschluss und der Kraft der Männer, die ihre Lebensnot heißt, sie zu erfüllen: die Proletarier der Welt.

Aus: Sozialistische Politik und Wirtschaft, 5. Jg., Nr. 44, 4. November 1927; wiederveröffentlicht in: Levi (1969): Zwischen Spartakus und Sozialdemokratie, S. 151–153, auch in: Levi (2016ff.): Ohne einen Tropfen Lakaienblut, Bd. II/2, S. 1107–1109.

[136] Gemeint ist die Novelle Fru Fønss von Jens Peter Jacobsen.

Dem Ende zu

Mir träumt', ich komm' ans Himmeltor
Und finde dich, die Süße!
Du saßest bei dem Quell davor
Und wuschest dir die Füße.

Du wuschest, wuschest ohne Rast
Den blendend weißen Schimmer,
Begannst mit wunderlicher Hast
Dein Werk von neuem immer.

Ich frug: »Was badest du dich hier
Mit tränennassen Wangen?«
Du sprachst: »Weil ich im Staub mit dir,
So tief im Staub gegangen.

C. F. Meyer[137]

In schauerlicher Hast rollt die Tragödie dem Schlussakt zu. Mögen klirrende Ketten, mögen hallende Schüsse der letzte Laut sein, der der Welt vom Schicksal der russischen Opposition Kunde gibt: Politisch steht das Problem schon in völliger Entwicklung vor uns, und das Ende kann nicht zweifelhaft sein. Die gegenwärtige Regierung in Russland und der Parteiteil, mit dem sie sich identifiziert, wird über die Opposition mit demselben Rechte siegen, mit dem die Termidorleute über die Jakobiner siegten: Stalin hat hinter sich nicht nur den Parteiapparat, die stärkere Zahl, sondern hinter sich das Klasseninteresse und den regen Willen von hundert Millionen Bauernvolk. Und Trotzki? Was hat er hinter sich? So man sich ein Bild von den Dingen aus unzuverlässigen Nachrichten machen kann: die alten Bolschewiken, den Stamm der alten Partei, die damalige Verschwörergruppe, und vielleicht ein paar Tausend, vielleicht ein paar Zehntausende, vielleicht ein Hunderttausend gar von Arbeitern. Bestimmt nicht die Arbeiterklasse in Russland. Die ist zerfahren, zersetzt in Gruppen und Grüppchen, teils Staatssöldlinge, teils Irregelaufene, teils rabulistische Rechthaber, Thesendebattierer: alles, nur nicht das, was eine geschlossene Arbeiterklasse ist, die so stark ist, dass sie auch nur für kurze Zeit der gewaltigen konterrevolutionären Strömung des Bauerntums könnte widerstehen. Steht aber die Sache so, so ist nach der Seite des materiellen Sieges der Fall entschieden. Aber was kümmert uns Sozialisten der materielle Sieg? Gewiss: Wir ziehen ihn der Niederlage vor, aber wir können die Niederlage ertragen; denn die Revolution der Arbeiter ist nicht das Werk eines Tages und eines Schlages, und wir können den vergänglichen Charakter der Niederlage ermessen, so wir sie stellen in den Rah-

[137] Meyer 1968 [1892]: 152.

men der Gesamtbewegung des Proletariats. Sind wir im Rahmen der Gesamtbewegung im Recht, so ist uns die schwerste Niederlage nicht mehr als ein Jucken der Haut. Und so ist für uns das Problem Trotzki nicht gelöst mit der Frage: Ist er stärker als Stalin oder umgekehrt, auch nicht mit der Frage, hat er die Arbeiterklasse hinter sich oder nicht. Für uns ist heute allein die Frage: Stehen bei ihm neben den paar tausend Leuten die Ideale des Sozialismus, steht vor ihm und seiner Sache eine große Zukunft, wie eine große Vergangenheit hinter ihm steht? Das allein ist die Frage, an der sich unsere Stellung zur russischen Opposition entscheidet.

Worum es in Russland geht, das war seit vielen Jahren kein Geheimnis mehr. Das war seit einem halben Jahrzehnt und länger zu erkennen. Wir möchten – schon um der eigenen Kontrolle willen – ein paar Sätze aus einem Artikel aus dem Juli 1921 anführen, den ersten Zeiten des beginnenden NEP.

»Nun wird vielleicht gesagt werden«, schrieben wir damals, »auch die russische Kommunistische Partei werde jener Aufgabe (Aufrechterhaltung des proletarischen Charakters des Sowjetstaates) gerecht werden; die Konzessionierung des Kapitalismus sei eine Angelegenheit der Sowjetregierung und nicht der russischen Kommunistischen Partei als solcher. Solche Auffassung widerlegt sich nicht nur durch die Tatsache der Personalunion zwischen dieser und jener in allen entscheidenden Funktionen. Sie wird auch widerlegt durch die eigene Ideologie der russischen Kommunisten, wonach die Diktatur des Proletariates immer nur die Diktatur der Kommunistischen Partei sein kann. Es ist schlechterdings unmöglich, die Politik der Kommunistischen Partei und der proletarischen Diktatur zu treiben nach dem System der doppelten Buchführung. In dem Augenblick, in dem die Kommunistische Partei versucht, die Dialektik der Geschichte zu überwinden, indem sie einerseits – im Sowjetstaat – den kapitalistischen Interessen Rechnung trägt und andererseits – in der Parteiarbeit – den proletarischen; in diesem Augenblick wendet sich diese Dialektik gegen die Kommunisten selbst; sie werden von den auseinanderstehenden Kräften zerrissen. Das ist das Karma, das über jeder Partei und über jeder Regierung waltet. Von diesem Gesichtspunkt aus halten wir diese Politik der Konzessionen für verhängnisvoll, für den Anfang des Endes der Herrschaft der russischen Kommunisten (selbst wenn die Volkskommissare bleiben).«[138]

Wir haben dem nichts hinzuzusetzen. Der Augenblick, da dieses schreckliche Gesetz zu wirken beginnt, ist gekommen: Was noch einen Funken von Kommunismus in der Seele sich bewahrt hat, verlässt die

138 Levi 2020 [1921b]: 171.

Partei und muss sie verlassen. Die alte Garde, die in so vielen schweren Jahren dem Zarismus getrotzt, die in Armut und Elend, im Kerker und in der Verbannung die Ideale des Sozialismus hochgehalten hat, hat sich wieder zusammengefunden, um in Verzweiflung zu kämpfen um das verlorene Paradies. Mit leeren Händen stehen sie da, die Macht, die süße, ist ihnen entronnen, und bitter mögen sie meinen, sie stünden wieder da, wo sie 1905 gestanden – am Hügel, der eine große Revolution deckte. Ach, stünden sie noch da!

Damals, damals hatten sie eines. Da hatten sie den Ruhm und den Glauben bei den Massen, dass sie die kommenden Befreier des Proletariates sind. Da wusste jeder Arbeiter und jeder Bauer in Russland: Hie ist der Zar mit seinen Henkern, dort sind die Sozialisten, die Befreier. Und jeder Galgen, der gebaut wurde, jeder Schuss, der hallte, jeder Seufzer, jede Klage, jeder Schrei der Pein aus den Gefängnissen: Tat er etwas anderes, als den Ruhm der Sozialdemokraten Russlands weitertragen von Stadt zu Stadt, von Dorf zu Dorf? Das war das große, unvergängliche Erbe, dass die Sozialdemokraten – die Bolschewiken voran – aus der ersten russischen Revolution davontrugen: Mit diesem Erbe bestritten sie den Sieg von 1917.

Hat die Opposition in Russland heute davon noch etwas sich erhalten, sich erworben? Vielleicht ein einziger noch etwas. Trotzki – es ist wahr – hat als erster, wohl auch schon um Beginn des Jahres 1922 herum, die Gefahren gesehen und gewarnt. Aber [er] hat die Solidarität der Regierung und der Verantwortung lange Zeit mitgetragen. Und gar die anderen: Sinowjew, Radek und solche Konsorten. Waren sie nicht die lautesten Schreier? Waren sie nicht justament die, die am lautesten schrien gegen den kritischen Trotzki? – Hat nicht Radek schon im Jahre 1921, wie gegen andere Kritiker, so gegen Trotzki die Hetze in Deutschland inszeniert und sich zum obersten Inquisitor der Heilslehre vom NEP aufgeworfen?

Aber man sage: Fehler hin, Fehler her; es mag richtig sein, dass sie in der Vergangenheit gefehlt haben, tun sie nur gegenwärtig das Richtige. Das ist gewiss wahr. Aber das Richtige zu tun ist ihnen heute unmöglich, weil für sie nirgendwo die Möglichkeit besteht, sich sichtbar von der Sowjetmacht zu distanzieren, deren Taten sie so lange verfochten haben. Was tun sie heute? Sie stellen Thesen auf über die Niederlage Russlands in China, über das Einheitskomitee in England. Es mag sein, dass sie recht haben mit ihren Thesen. Aber welch schauerliche Verkennung der Dinge; sie glauben auch hier, sie seien noch in 1905, wo sie, die Schnorrer von gestern und von heute und die Herren nur eines fern liegenden Zukunftslandes, illegal, in kleinen Grüppchen Thesen formulierten und sich, Gruppe von Gruppe, durch Thesen unterschieden wie Weiße und

Schwarze durch die Farbe. Die Thesen verblassen heute: Sie sind kein Unterscheidungsmerkmal mehr, wo zehn Jahre gewaltigen Geschehens Taten an das Firmament geschrieben haben in Flammenschrift. Thesen sind keine Plattform mehr: Die Männer, die sich heute um die Thesen der Opposition versammeln und glauben, ein Werk zu verrichten, wenn sie die Heftchen für zehn Pfennige vertreiben, sie vergessen, dass sie darüber hinausgewachsen sind und dass ihre geschichtliche Größe ihrer heutigen Kleinheit entgegensteht.

Nein: Die einen wie die anderen in Russland, die einen, die Stalinisten, um ihres – gebrauchen wir das bolschewistische Lieblingswort – Verrates willen, die anderen um ihrer Taten und ihrer Fehler willen, werden nicht mehr von dem Geschlecht sein, das die Irrungen der russischen Revolution beseitigt und richtigstellt. Von ihnen gilt, mehr als sonst, Marxens furchtbare Prophetie: »Das gegenwärtige Geschlecht gleicht den Juden, die Moses durch die Wüste führt. Es hat nicht nur eine neue Welt zu erobern, es muss untergehen, um den Menschen Platz zu machen, die einer neuen Welt gewachsen sind.«[139] Zu weit sind jene mit Stalin gewandert; nichts wird sie mehr reinigen.

In Russland wird jene Generation nicht wachsen mehr. Die ganze schwere Verantwortung für die Zukunft liegt auf den Schultern wieder des europäischen Proletariats. Aus unseren Reihen wiederum sollen die Männer entstehen, die die großen revolutionären Führer kommender Kämpfe werden sollen. Wer beugt da nicht ob solcher Last der Verantwortung das Haupt?

Die schrecklichste Tragödie des Proletariates, der das Satyrspiel nicht fehlt: Das Zentralkomitee der Deutschen Kommunistischen Partei, ein Dutzend Sekretäre in der Rosenthaler Straße in Berlin, am grünen Tisch, am warmen Ofen, mit Gehalt und Ruheversicherung, nehmen eine Resolution an, in der sie »die schärfsten Maßnahmen« verlangen gegen jene, denen sie aus der Hand gefressen und gegen die, trotz allem, sie nicht das Maß einer Maus gegen einen Elefanten haben. Wem wird nicht übel?

Aus: Sozialistische Politik und Wirtschaft, 5. Jg., Nr. 48, 18. November 1927; wiederveröffentlicht in: Levi (1969): Zwischen Spartakus und Sozialdemokratie, S. 153–157, auch in: Levi (2016ff.): Ohne einen Tropfen Lakaienblut, Bd. II/2, S. 1118–1121.

[139] Marx 1960 [1850]: 79.

Lenin

»Die Weltgeschichte wäre allerdings sehr bequem zu machen, wenn der Kampf nur unter der Bedingung unfehlbar günstiger Chancen aufgenommen würde. Sie wäre andrerseits sehr mystischer Natur, wenn ›Zufälligkeiten‹ keine Rolle spielten. Diese Zufälligkeiten fallen natürlich selbst in den allgemeinen Gang der Entwicklung und werden durch andre Zufälligkeiten wieder kompensiert. Aber Beschleunigung und Verzögrung sind sehr von solchen ›Zufälligkeiten‹ abhängig – unter denen auch der ›Zufall‹ des Charakters der Leute, die zuerst an der Spitze der Bewegung stehn, figuriert.«

Marx an Kugelmann[140]

Es ist ein Wagnis, und ein Wagnis, das vielleicht nur dem marxistisch geschulten Schriftsteller glücken kann, ein Werk über Lenin zu schreiben in einem Augenblick, in dem das Werk Lenins birst. Dass dem so ist: Wer kann das leugnen? Gewiss wird der russische Staat weiterbestehen und vielleicht noch für Jahre die wesentlichen äußeren Züge behalten, die Lenin ihm gegeben. Aber das eine, besondere: Die Verknüpfung dieses Staatswesens mit der alten sozialistischen Tradition, in der Lenin und seine Schüler, in der Trotzki aufgewachsen sind und die sie versinnbildlichten trotz allem, die wird verschwinden. Schließen sich die Gefängnistore hinter diesen, hallen gar Schüsse, dann ist der große Traum zu Ende, dann haben die russischen Bauern ihren Schlachtruf wahr gemacht: »Es lebe der Sowjetstaat, nieder mit der Kommunia!« In solcher Situation eine Biographie Lenins zu schreiben, birgt die Gefahr: entweder das materielle Substrat des Lebens Lenins zu schildern und dann zur politischen Streitschrift zu werden oder das Persönliche zu schildern und damit in den Roman zu verfallen. Mir scheint der Wert des Buches[141] darin sich zu zeigen, dass es beiden Gefahren entronnen ist und das Leben eines Menschen gibt, der nicht nur in den Dingen wurzelte und von ihnen abhing, der sich seiner Abhängigkeit von Dingen selbst bewusst war und stets nur von neuem den Grad seiner Bedingtheit zu ergründen suchte und doch andererseits die geschichtliche Tendenz, das ungegliederte Tagesereignis mit seinen Händen formte und damit zur Tat erhob. Solche, im Marxismus wurzelnde Darstellung erreicht mehr oder weniger das Ziel, an dem ein Ranke für die Gegenwart verzweifelte, als er sagte: »Die Alten schrieben Geschichte mit rücksichtsloser Wahrheitsliebe; uns sei der Versuch gestattet, Ereignisse, die nun schon ein Jahrhundert hinter uns liegen, unbekümmert um die Neigungen oder Abneigungen des Tages, zu, so viel wie möglich, objektiver Anschauung zu vergegenwär-

[140] Marx 1966 [1871]: 209.

[141] Marcu 1927.

tigen.« Der Marxismus als historisch-kritische Methode gibt die Kraft, auch im Gegenwärtigen die Wahrheit zu sehen.

Es drängt sich aber – so dieses Buch das gibt, was bei einer marxistischen Behandlung des Gegenstandes selbstverständlich ist – ein anderes Problem marxistischer Geschichtsschreibung auf, namentlich dem Teil der jetzt lebenden Generation, der Lenin gekannt, der ihn auf Kongressen gesehen, im Exil mit ihm verkehrt hat, den Erinnerungen binden, nicht an den Herrscher über ein Hundertmillionen-Volk, sondern an den schmucklosen Mann, der in einer armseligen Stube in Zürich oder wo sonst lebte. Dieses Bild will sich nur schwer vereinen mit dem, das aus dem Buche von Marcu als aus einem Spiegel blickt und die Seele gefangen nimmt. Das Problem wäre keines, wäre das Buch romanhaft mit heldenmäßiger Ausrüstung eines Helden geschrieben: Dann hätte das Buch mit Geschichtsschreibung ebenso wenig etwas zu tun wie der »Jud Süß« des Lion Feuchtwanger oder eine historische Serie im »Achtuhr-Abendblatt«. Wo aber das Buch nur Sachliches gibt – den Boden und den Mann, der darauf steht –, erhebt sich die doppelte Frage: Worauf beruht die völlig andere Wirkung dieses jetzt geschilderten Lenin gegenüber dem, den wir gekannt, und die andere: Kann sozialistische Bewegung dieser »anderen« Wirkung der Person, der legendären, wenn man so will, entraten?

Was jene Frage angeht, so zeigt sich eben doch, wie das Gesamtleben eines Mannes nicht nur quantitativ, sondern auch qualitativ etwas anderes ist als eine Summe einzelner Lebensäußerungen. Auch der gotische Dom ist qualitativ etwas anderes als eine Summe von Steinen. Nur im Rahmen des Gesamtlebens werden die Einzelzüge in ihrer besonderen Bedeutung klar, nur die Gesamtheit zeigt, inwieweit ein Mann über gemeinschaftliches Maß hinausgewachsen ist. Lenin war kein »Held«. Dazu fehlte ihm nicht nur die Pose: Dazu fehlte ihm von Natur jeder Schmuck oder Glanz der Rede, der äußeren Erscheinung, der Stimme, der Schreibkunst so sehr, dass auch niemand je auf den Gedanken kommen konnte, als sei die Schmucklosigkeit etwa selbst zur Pose geworden. Und diese vollendete Schmucklosigkeit war dem auf dem Kreml residierenden Diktator ebenso natürlich wie dem Emigranten in der Schweiz: Nie vielleicht hat eine Fülle von Macht persönlich einen Menschen so wenig verändert. Nein: Was an diesem Leben besticht, das ist die vollendete Logik seiner Entwicklung, das starre Festhalten an einer Idee, die Unverbrüchlichkeit eines denkenden Glaubens, die dem Gesamtbild eben die Wirkung eines grandiosen Kunstwerkes gibt wie einer ägyptischen Pyramide. Dabei ist es völlig falsch zu glauben, dass dieser Mann nur aus Denken zusammengesetzt gewesen sei: so gewissermaßen eine auf zwei

Beinen wandelnde Kritik der reinen Vernunft.[142] Bilder, Traumgestalten, die eines andern Sinn umgaukeln, oft verwirren, sind auch diesem Manne genaht, und er hat sie nicht von sich getan. »Man muss träumen können«, schrieb er im Jahre 1902 und hat damit bestätigt, dass die beflügelnde Kraft der Phantasie mit an der Wiege aller großen Taten der Weltgeschichte gestanden hat. Aber selbst das Traumgebilde dieses Mannes stand im Dienste der einen Idee; ist es denn nicht ein Traumbild gewesen, wenn er im Jahre 1905 schrieb:

»Am Anfang der Revolution wird der Sozialdemokrat nicht auf ihr ›schlimmes Ende‹ allein hinweisen, o nein, er wird auf die Möglichkeit eines besseren Ausganges hinweisen – er wird davon träumen – er ist verpflichtet, es zu tun, wenn er kein hoffnungsloser Philister ist [...], dass es uns gelingen wird, die Fackel des revolutionären Lichtes zu entzünden ... Es wird uns gelingen, es so weit zu bringen, dass die russische Revolution nicht eine Bewegung von ein paar Monaten, sondern eine Bewegung von Jahren wird [...], und wenn das gelungen ist, dann, dann wird der revolutionäre Brand Europa in Flammen setzen [...], dann wird der revolutionäre Aufschwung Europas in Russland eine Rückwirkung haben. [...] Aber davon werden wir noch mehr als einmal zu reden haben ...«[143]

Es hat keinen Zweck, hier zu prüfen, woran und an welchen Dingen der Traum letztlich zerfloss: Trotz allem die geniale Vision einer Situation, die dreizehn Jahre später kam, die traumhafte Gestaltung der Idee, der das denkende Wesen diente und diese gewaltige Steigerung des Leitmotivs eines menschlichen Lebens – mag es einer billigen oder nicht – begründet die Größe des Mannes.

Kann aber, so ist die andere Frage, die sozialistische Literatur auf solche legendäre Wirkung von Personen verzichten? Wir sträuben uns gegen Heroenkult, und das mit Recht: Ist es aber wahr, was in jenen vorangestellten Sätzen Marx an Kugelmann schreibt, ist die Person eben nicht eine Nebensächlichkeit, sondern ein für den Gang der Ereignisse bedeutsamer Faktor, dann kann auch die Wirkung sozialistischer Geschichte, der Geschichte von Ereignissen und von Personen, nicht ausgeschaltet werden; denn für die Gestaltung werdender Generationen von Menschen ist ja nichts bildender als die Geschichte des Lebens und der Taten Gewesener. In gewissem Sinne ist so das Leben Karl Marx' bereits ins Legendäre gewachsen – auch das Buch Franz Mehrings tritt ihm nicht ent-

[142] Anspielung auf Kant 1781.

[143] Der Artikel erschien 1905 in »Wperjod« (Vorwärts). Eine zeitgenössische Übersetzung ins Deutsche konnte nicht ermittelt werden; Levi hat wahrscheinlich selbst übersetzt. Eine weitere Übersetzung in: Lenin 1958 [1905]: 279f.

gegen, sondern fördert es –; die Freundschaft etwa zwischen Marx und Engels hat längst die Züge des Teilens täglichster Sorgen verloren und ist etwas idealisiert wie etwa die von Goethe und Schiller. Nie aber wird die Gestalt selbst von Karl Marx so sehr ins Legendäre wachsen, wie die von Lenin wachsen wird oder vielleicht schon gewachsen ist. Das liegt nicht an verschiedenen menschlichen Maßen – darin würde Marx nicht zurückstehen –, sondern an der Verschiedenheit der Wirksamkeit: Jener schuf die Lehre, dieser die Tat. Die Lehre hat ja wohl Johannes erfunden, aber Christus hat dafür gelitten; den westlichen Seeweg nach Indien haben Geographen gelehrt, aber Kolumbus ist gefahren. Niemand aber wird bestreiten, und mag er die Wege, die Lenin ging, noch so sehr verdammen, dass dieser Mann beseelt war von den Lehren Karl Marx' und dass er in seinem Sinn ihnen diente mit Opfern, wie sie nur selten ein Mann einer Lehre gebracht. Ich möchte daher glauben, dass über alle Tageskritik hinaus dieses Gefühl in den Arbeitermassen aller Länder bleiben und noch wachsen wird und dass eine Kritik daran, dass Lenin in diesem Sinn Gemeingut des Denkens und Fühlens der Arbeiter der Welt werde, einfach scheitern würde an den Tatsachen. Das Buch Marcus ist nichts weniger als leninistisch-bolschewistisch; wenn es gerade darum jene Überleitung der Gestalt Lenins in den Gemeinbesitz alle Arbeiter förderte, würde ich es für ein glückliches Ereignis halten.

Aus: Sozialistische Politik und Wirtschaft, 5. Jg., Nr. 48, 2. Dezember 1927; wiederveröffentlicht in: Levi (2016ff.): Ohne einen Tropfen Lakaienblut, Bd. II/2, S. 1132–1135.

Die Russen in Genf

»Abrüstung und ähnlicher Blödsinn... Sinn und Zweck dieser theoretischen Lüge läuft ganz darauf hinaus, die tiefsten Gegensätze des Imperialismus zu überbrücken und auf diese Weise die Theorie der ›Einheit‹ mit den Verfechtern des Imperialismus, den offenen Sozialchauvinisten und Opportunisten zu rechtfertigen.«
Lenin[144]

Nun sind also die Russen in Genf eingezogen. Noch nicht im Tempel des Friedens, sondern nur im Vorhof, nicht im Völkerbund, sondern nur in seiner Abrüstungskommission. Sie sind auch beileibe nicht dahingegan-

[144] Lenin 1921 [1916b]: 512. Eine spätere Übersetzung in: Lenin 1957 [1916c]: 104.

gen in dem unheiligen Sinn, in dem Graf Bernstorff,[145] Paul-Boncour und andere bürgerliche Sünder nach dem lemanischen See[146] hinziehen. Sie, die Russen, sind vielmehr – die »Rote Fahne« versichert es – nur hingegangen, um den dort versammelten Männern die Maske vom Gesicht zu reißen, die Larve. Ach, das Entlarven! Wir kennen die Theorie und die Diskussion. Sie spielt in allen Klubs wild gewordener Revolutionsspießer eine gewaltige Rolle. Geht man etwa ins Parlament, um dort Arbeit zu leisten? Nein, nur um den Herrschaften dort die Larve herunterzureißen. Bei dieser Theorie ist schon manch ein reisiger Revolutionär im Parlament zum ausgewachsenen parlamentarischen Kretin geworden: Es geht ihm dann wie dem Kosaken, der 15 Türken gefangen nahm, so dass bei ihrer Überzahl die Rollen vertauscht wurden. Man kann auch nicht sagen, dass das Entree der Russen ein solches gewesen sei, dass das Ende unbedingt ein anderes sein müsse als das jener parlamentarischen Jünger, obgleich die »Rote Fahne« wiederum verkündete, dass die Stimme der sattsam bekannten revolutionären, also Moskauer, Proletarier in Genf jetzt erschalle. In Wirklichkeit ging alles sehr friedfertig zu. Frau Lunatscharski[147] trug ihre Abendtoilette wie die Ehefrau eines konservativen englischen Lords, Litwinow[148] seinen Frack wie der Graf Bernstorffs, vielleicht ist beider Kleidungsstück beim selben revolutionären Hofschneider in Berlin gemacht. Nur in einem haben sie sich unterschieden: in ihren Forderungen. Die Bürgerlichen verlangten Abrüstung im Sinne der Herabsetzung der Rüstungen: Hier aber begannen die Russen, sich ihrer revolutionären Vergangenheit zu entsinnen und ihres Radikalismus. Radikal sein, heißt an die Wurzel gehen, nichts Halbes wollen. Also verlangten die Russen nicht die halbe, sondern die ganze Abrüstung, alle Rüstungen abzuschaffen, erstens sofort, zweitens spätestens in vier Jahren.

Die Gründe, warum die versammelten Bürgerlichen und Konterrevolutionäre auf diesen Vorschlag nicht eingingen, sind ziemlich klar. Man denke sich nur einmal aus: In Frankreich, in England, in Deutschland, in Italien, wo sonst immer, seien mit einem Satz die Soldaten mit ihren Rüstungen verschwunden. Wer würde da die Staaten noch halten? Kann

[145] Der Präsident der »Deutschen Liga für den Völkerbund«, bis 1917 deutscher Botschafter in Washington, Johann Heinrich Graf Bernstorff (1862–1939), hatte Deutschland schon 1923 auf der vorbereitenden Abrüstungskonferenz in Genf vertreten.

[146] Genfer See.

[147] Gemeint ist die Schauspielerin Natalja Rosenel (1900–1962), die Ehefrau von Anatoli Lunatscharski, nach 1917 sowjetischer Volkskommissar für das Erziehungswesen.

[148] Maxim Litwinow (1876–1951), sowjetischer Außenpolitiker und Diplomat.

irgendeiner dieser Klassenstaaten noch leben, ohne die starke Waffe der Armee in der Hand der Herrschenden zu lassen? Das Ende der Rüstung wäre das Ende des Staates: Das alles ist so sonnenklar, dass keiner der versammelten Diplomaten sich über den russischen Vorschlag auch nur erregte; den Ernst dieses Vorschlages konnte jeder ermessen, wenn er im stillen die Gegenfrage stellte: Und was würde – ohne Armee – aus Russland werden? Die Zeiten sollen ja vorüber sein, da man von Stalin sagen konnte, dass »er sein Haupt konnt' ruhig legen jedem Untertan in'n Schoß«.[149]

Von dieser kleinen Nebenfrage abgesehen, erheben sich aber für uns Verräter und Renegaten, nicht mit dem heiligen Öl Moskaus Gesalbten und nicht von der Gnadensonne Beschienenen einige weitere wichtigere Fragen. Wir Vulgärmarxisten haben gelernt, dass die bürgerlichen Staaten die Kriege nicht zum Vergnügen führen und nicht, um beschäftigungslosen Generalen und Arbeitern die Nahrung zu geben. Dieses Verlangen kann manchmal für den Ausbruch des Krieges, seinen Zeitpunkt bestimmend sein; für die Tatsache, dass Kriege sind, sind nach unserer – wie gesagt, vulgärmarxistischen – Auffassung ökonomische Kräfte die Ursache, deren kriegerischer Auswirkung entgegenzutreten der Kapitalismus ebenso unfähig ist, wie er unfähig ist, den Krisen entgegenzutreten oder die Arbeitslosigkeit aus der Welt zu schaffen oder was sonst. Ist dem so, und ist die gesteigerte Kriegsgefahr das eigentliche Charakteristikum der imperialistischen Entwicklungsstufe des Kapitalismus, dann ist die »Abrüstung« ebenso sehr eine Bekämpfung des Kapitalismus, wie es eine Bekämpfung der Masern ist, wenn man die rote Haut mit Puder überstreut. Aber gesetzt den Fall, es gelänge, eine »Abrüstung« herbeizuführen, eine volle, eine ganze, eine radikale russische. Kein Gewehr, kein Geschütz, keine Gasbombe, kein Flugzeug. Was wäre die Folge? Da dem Kapitalismus seine zum Kriege treibenden Tendenzen nun einmal nicht abzugewöhnen sind, wird er sich für den Fall eines Falles – nämlich immer für den Fall, dass ein anderer anfängt – von den offenen auf geheime Rüstungen zurückziehen, auf die, die keiner merkt, die man abstreiten kann: Jenes untergeordnete Organ im Reichswehrministerium, das gegen Wissen und Willen seines Ministers Geßler den Gasvertrag mit Russland abgeschlossen hat,[150] könnte Lehrmeister Europas wer-

[149] »Doch ein Kleinod hält's verborgen: / Dass in Wäldern noch so groß / Ich mein Haupt kann kühnlich legen / Jedem Untertan in'n Schoß.« Der reichste Fürst (Württemberg-Hymne), Text: Kerner 1981 [1818], Musik: unbekannt (1823).

[150] Philipp Scheidemann hatte Ende 1926 die Zusammenarbeit der Reichswehr mit der Roten Armee, u.a. bei der Giftgasproduktion, enthüllt. Vgl. Scheidemann 1927 [1926]: 8584.

den. Aber noch weiter: Gesetzt den Fall, nicht einmal so kleine Betrügereien kämen vor, und alle Welt meinte es so ehrlich, wie es beispielsweise Herr Geßler meint, trotz mancher Versuchungen, denen »untergeordnete Organe« schon in seinem Ressort erlegen sind. Was wäre dann? Dann stünden noch immer in allen industriellen Ländern alle Hochöfen, alle Essen, alle Walzwerke, alle Gussstahlwerke, alle chemischen Fabriken. Alles, was man die sogenannte latente Wehrkraft eines Landes nennt, bestünde und bliebe bestehen, und alles das, die »latente«, ist heute für die Gesamtwehrkraft eines Staates ebenso wichtig oder vielleicht noch wichtiger als das, was man die Rüstung nennt. Der moderne Kapitalismus braucht seine Sicheln nicht in Schwerter und seine Schwerter nicht in Sicheln umzuschmieden. Ihm ist Schwert und Sichel eines, und was ihm für den Frieden dient, das dient ihm für den Krieg. Die Zeit, da man Ziviles von Militärischem trennen konnte, ist wie in allem anderen so auch im Technischen vorüber. Die Russen aber rufen: »Abrüstung, Abrüstung«, die »Rote Fahne« ruft: »Abrüstung, Abrüstung«, der allzu bereite Genosse Stoecker im Reichstag ruft: »Abrüstung, Abrüstung«. Soll das am Ende keine »revolutionäre Parole« sein?

Wir »Vulgärmarxisten« sind da nun ganz anderer Meinung. Russland, das Bündnisse mit kapitalistischen Staaten sucht, und dessen revolutionäre Reinheit darin besteht, dass es vorläufig keine Verbündeten gefunden hat, ist damit in der Reihe derer, die Kriege machen, nicht derer, die sie verhindern. Verhindern nämlich tun Kriege die, die dem Kapitalismus nicht zureden, ein Schamtüchlein umzulegen, sondern die den Kapitalismus bekämpfen gerade dann, wenn er das Proletariat in die schlimmste Krise, den Krieg, hineinstürzt, und die diesen Kampf vorbereiten, indem sie die Tendenzen des Kapitalismus aufzeigen und zeigen, dass er Krieg meint, wenn er Frieden sagt. Die Aufrüstung der proletarischen Klasse – das ist die einzige solide Abrüstung. Das haben die Bolschewiki auch einmal vertreten, ist aber schon lange her. Man wandelt nicht ungestraft in den Mauern des Kreml.

Aus: Sozialistische Politik und Wirtschaft, 5. Jg., Nr. 49, 9. Dezember 1927; wiederveröffentlicht in: Levi (1969): Zwischen Spartakus und Sozialdemokratie, S. 300–303, auch in: Levi (2016ff.): Ohne einen Tropfen Lakaienblut., Bd. II/2, S. 1136–1138.

Wiederkunft

1907. In den Januartagen geht in St. Petersburg einer von jenen Transporten los: ein Häuflein grauer Arrestanten, ein Häuflein brauner Soldaten, ein paar klirrende, schnarrende, schanzende Offiziere. Ein Gefängnistor tut sich auf, der Tag setzt sich in Bewegung und endigt nicht in der Freiheit, sondern in der unendlichen sibirischen Einsamkeit, Weite und Ferne, da, wo ob ihrer Weite und Ferne die Freiheit zum doppelten Gefängnis wird. In jenem Trupp befindet sich Leo Trotzki:[151] Seine Garde sind die Zarensoldaten, seine Kleidung die des Sträflings, seine Ketten die der Barbarei, und sein, wirklich sein ist nur der Stern in seiner Brust. Als er nach Sibirien kam, konnte er in sein Tagebuch schreiben: »Alles in Sibirien ist so geblieben, wie es vor fünf bis sechs Jahren war, und doch hat sich zugleich alles geändert. Nicht nur die sibirischen Soldaten [...], sondern auch die sibirischen ›Tscheldonen‹ (Bauern), die über politische Fragen diskutieren und sich danach erkundigen, ob ›das alles‹ bald ein Ende nehmen werde. Unser Kutscher, ein Junge von dreizehn Jahren – nach seiner Versicherung ist er schon fünfzehn Jahre alt – singt den ganzen Tag aus vollem Halse: ›Wacht auf, Verdammte dieser Erde...‹ Mit sichtlichem Wohlwollen drohen die Soldaten dem Sänger mit einer Anzeige bei dem Offizier...«[152]

1928. Wieder erhebt sich, nicht in St. Petersburg, jetzt Leningrad geheißen, aber im alten, gleichgebliebenen Moskau eine Schar: Vielleicht hat man auf die Sträflingskleidung verzichtet, aber das Drum und Dran ist alles geblieben. Soldaten und Offiziere, nicht mehr die Zarenbanditen, sondern die Rotarmisten, nicht mehr mit dem Michaelskreuz, sondern mit dem Roten Stern. So erheben sie sich und führen eine Schar von einigen Dutzend Männern nach Sibirien, dahin, wo aus Weite und Grenzlosigkeit die Freiheit zum Gefängnis wird, und in der Mitte der kleinen Schar ist der, der die Rote Armee gegründet und aufgebaut hat: Leo Trotzki. Und wieder werden auf dem Wege Soldaten und Kutscher laut und leise singen und summen: »Wacht auf, Verdammte dieser Erde...« Doch die Lippen der Transportierten werden stumm sein und in ihren Augen kein Feuer denn das des Hasses; denn das, was jene singen, ist aus Rebellenlied zur Staatshymne geworden, und die Männer sind die

[151] Trotzki wurde am 2. November 1906 nach Sibirien verbannt.

[152] Trotzki 1923: 285. Levi ersetzte das im Ausland wenig bekannte »Steh auf, erhebe dich, Arbeitervolk! Steh auf zum Kampfe, hungerndes Volk!«, die »russische Marseillaise«, die der Kutscher bei Trotzki singt, durch »Wacht auf, Verdammte dieser Erde...«, die »Internationale«.

Gefangenen des Staates, den sie geschaffen, den sie, man möchte sagen, im Herzen trugen, als sie vor zwanzig Jahren zum ersten Male jene Fahrt gefahren. Das ist fürwahr wohl nur in der Französischen Revolution gewesen, dass denen, die hinter Gittern saßen, denen, die zur Guillotine schritten, das Lied von ihren Peinigern in die Ohren gesungen wurde, das sie, die Gefolterten, selbst dereinst erdacht und gesungen. Was Trotzki auf diesem Wege erkennen muss, der Unterschied zwischen damals und heute: Das ist die schreckliche Tragödie einer verlorengegangenen Revolution. Und wäre sie nur geschlagen worden, so wie sie siegte – wären ihre starken Flügel zerschnitten worden von einem sichtbaren Pfeil, hätte die feindliche Kugel ihr Herz getroffen, so sank sie dahin mit allen Ehren: Jetzt aber singen die, die die Revolution erschlagen haben, und ihre Lieder klingen wie Hohn in den Ohren derer, die jetzt wieder Gefangene sind. Das ist der Tragödien schrecklichste, und sie in ihrer ganzen Tiefe zu ermessen, haben Leo Trotzki und seine Freunde jetzt die Veranlassung.

Es hat hier in diesem Zusammenhang gar keinen Zweck, sich über die Schuld der »Schuldigen« selbst zu unterhalten. Das, was jetzt kam, das konnte man seit langem voraussehen: Schon als noch Karl Radek als Gottes Statthalter Blitz und Donner warf, konnte man sehen, dass das so enden werde. Würden deswegen jetzt nur Sinowjew und Radek, Trotzki und Kamenew und ein paar andere nach Sibirien gebracht, so könnte man sich mit einigen von jenen Sprichwortweisheiten trösten, die dem Spießbürger in solchen Fällen zur Verfügung stehen. In Wirklichkeit aber kann man nicht übersehen, dass das alles, was hier vorgeht, eine geradezu empörende Blamage der ganzen Arbeiterbewegung vor der Bourgeoisie wird: In dem Maße, in dem eben doch die russische Bewegung in ihrer Frühzeit ein Teil der Weltbewegung der Arbeiter gewesen ist, und in dem Maße, in dem sie Einfluss auf die Arbeiter der Welt bekam, ward ihr Schicksal Gemeingut. Und das nun soll das Ergebnis von so viel Mühen und Arbeit, von so viel Leiden und Entbehrung, von so viel Schlachten und Siegen, von so viel Studien und Nächten, das soll das Ergebnis einer Bewegung sein, die die Welt umgestalten und befreien wollte, dass nach zehn Jahren Regierung eine »proletarische« Bewegung genau an dem Punkte steht, nicht ein Quentchen Verstand mehr und nicht weniger hat als die zaristische Regierung, dass auch sie keine größere Gescheitheit weiß als den Transport nach Sibirien, nur dass der Zar seine Feinde und diese ihr eigen Fleisch und Blut, ihre eigenen Gefährten nach Sibirien transportieren lässt. Wen wundert, dass angesichts solcher Früchte das Bürgertum sich die Hände reibt, genauso, wie es sich die Hände rieb, als Höllein ihm bewies, dass Köpfen und Hängen eine moralische Tat sind, wenn es nur im proletarischen Staate geschieht.

Für die Arbeiterschaft ist es eine furchtbare Mahnung, mit sich selbst in Abrechnung zu treten und das Furchtbare in seinen Gründen zu erkennen. Man hat versucht, auf den Begriff der »Diktatur des Proletariates« die Schuld zu schieben. Hätten die Bolschewiki nie etwas anderes getan, als die Diktatur des Proletariats ausgeübt, so wären sie nie so weit heruntergekommen, als sie jetzt sind. Sie taten etwas anderes. Sie übten nicht die Diktatur des Proletariates gegen eine feindliche Klasse aus, sondern begannen, das Proletariat erst zu »führen«, dann zu lenken, dann zurechtzuschieben, dann zu schulmeistern, dann zu exerzieren, dann zu kommandieren, dann zu bütteln, dann zu quälen und dann zu terrorisieren im Namen der »Diktatur«. In dieser völlig verkehrten und verfehlten Theorie von der »Rolle der Partei«, von der Allmacht eines Zentralkomitees in der Partei, von der Gottähnlichkeit von ein paar Bonzen: In ihr liegt der Anfang und das Ende von dem beschlossen, was jetzt in Russland vor sich geht. Nicht der Sozialismus und nicht das Proletariat haben in Russland bankrott gemacht: Bankrott hat in Russland eine Schule gemacht. Das Proletariat ist ein großer und starker Körper, gewaltiger in seinen Kräften als eine andere Klasse. Das, was der starke Körper braucht, um zu herrschen, den Willen zur Macht, den kann ihm keiner geben, muss er selbst sich schaffen aus einem tausendfältigen Spiel von tausend Zellen und Zellchen, von denen jedes sein eigenes Leben hat. Das ist der Sinn der Demokratie innerhalb der Arbeiterklasse und innerhalb der Partei, so diesen Willen zu bilden. Die Bolschewiki haben geglaubt, mit der Weisheit und Allmacht eines »Zentralkomitees« den geraden Weg in den Himmel zu gehen, und haben nicht im Himmel, sondern in der sibirischen Tundra geendigt. Dorthin haben sie in Wirklichkeit nicht drei Dutzend »Oppositionelle«, sondern ihre eigene Parteigeschichte gebracht.

Aus: Sozialistische Politik und Wirtschaft, 6. Jg., Nr. 2, 13. Januar 1928; wiederveröffentlicht in Levi (1969): Zwischen Spartakus und Sozialdemokratie, S. 158–160, auch in: Levi (2016ff.): Ohne einen Tropfen Lakaienblut, Bd. II/2, S. 1155–1158.

Die Donezverschwörung

Was die russische Regierung mit der Verhaftung der deutschen Ingenieure im Donezbecken gewollt hat: Wer mag das wohl sagen? Vielleicht wollte sie nur beweisen, dass in dem Staatswesen, das sie die »Diktatur des Proletariates« nennt, die bürgerliche Institution der Dummheit nicht durch einen Machtspruch beseitigt werden kann. Vielleicht war es nur eine gewaltige und unüberlegte Schlamperei. Vielleicht war es die Revolte einer »nachgeordneten« Stelle, die der vorgesetzten Schwierigkeiten machen wollte. Es mag gewesen sein dies oder das: Es war in keinem Fall ein Ruhmesblatt des Sowjetstaates, und es war in keinem Fall eine wirkliche Schuld der Verhafteten.

Es mag kühn erscheinen, solch eine Behauptung schon jetzt aufzustellen. Diese Behauptung aber zu unterlassen, wäre nur möglich, wenn man den Russen ein noch größeres Maß von Dummheit in der Durchführung dieses Prozesses zuschreiben wollte, als man schon nach seinem Beginn ihnen zuzuschreiben berechtigt ist. Gesetzt nämlich den Fall, es wäre an der Verschwörung und der Beteiligung der Deutschen an ihr etwas Wahres: Was läge dann näher, als dass die Russen mit ihrem Material auspackten.[153] Wie eigentlich zu keiner Zeit ihrer Existenz ist die Sowjetrepublik heute moralisch isoliert. Mit einer Einmütigkeit ohnegleichen wird die Operation verurteilt. Was also liegt näher, als diese moralische Front gegen Russland zu entwaffnen, indem man das Material veröffentlicht, das die Beschuldigten überführt. Wir wissen: In Russland wird leichter, noch leichter verhaftet als in Deutschland. Verschwindet ein Russe in den Hallen der GPU, so geht das lautlos, noch lautloser, als wenn in Deutschland drauflos verhaftet wird. Darüber aber kann doch in Russland bei niemandem, nicht beim letzten Tschekisten, ein Zweifel gewesen sein, dass die Verhaftung der Deutschen nicht lautlos würde vor sich gehen. Wenn unter diesen Umständen man verhaftet und angesichts jener Front gegen Russland nichts veröffentlicht, dann sagen wir, ist der Schluss zwingend, dass nichts zu veröffentlichen ist. Denn das, was veröffentlicht worden ist, war schmählich. Auch ein Reichsanwalt in Leipzig würde es nicht als Rechtfertigung für einen Haftbefehl veröffentlichen: Lieber hält er ganz den Mund. Man hatte bei der Veröffentlichung das Gefühl, als habe sich nicht nur das Fahnentuch, sondern auch ein bisschen das Gesicht des Redakteurs der »Fahne« gerötet: So roch das Ganze nach Spitzelei. Das ist der moralische Effekt.

Der politische Effekt ist nicht geringer. Wir waren seinerzeit gegen den Rapallovertrag. Gegen ihn sein, heißt noch nicht, für eine Lösung sein, die nahezu mit Zwangsgewalt die deutsche Bourgeoisie und die Regierung in den Bann der entgegengesetzten Mächtegruppierung treiben. In welchem Maße das – und mit einem gewissen Recht von jeder Seite aus

[153] Levi spricht hier von den Vorbereitungen für den sogenannten Schachty-Prozess (18. Mai bis 7. Juli 1928), dem ersten Schauprozess seit 1922. Nach seinem Muster wurden die großen Moskauer Schauprozesse der 1930er Jahre inszeniert.

– erwartet wird, lehrt ein Blick in die englische und französische Presse. Sie glauben die Loslösung Deutschlands von Russland schon vollendet und die Einbeziehung in den westlichen Konzern für eine fertige Sache. Und in der Tat: Solange in Deutschland eine kapitalistische Regierung besteht, wird sich das gar nicht vermeiden lassen, und außer bei der russischen Botschaft in Berlin gilt Herr Dr. Stresemann überall als ein Vertreter des Kapitals und nirgendwo als ein Bolschewik. Das könnte in Deutschland auch eine geschlossene Opposition der Sozialdemokraten nicht verhindern, wenn unsere Partei in dieser Frage überhaupt zu einer geschlossenen Opposition willens wäre. So hat der russische Schritt die politische Isolierung Russlands wieder fast so vollständig gemacht, wie sie 1920 oder 1921 war: Aber die eigentliche Isolierung, die wirtschaftlich gefährliche, hoffnungslose, liegt ja nicht darin, dass die diplomatischen Beziehungen zwischen den Staaten sich lockern, sondern dass in den einzelnen Staaten der Wille breiter Volksmassen erlischt, mit Russland in Kontakt zu kommen. Im Jahre 1920 hatten die Regierungen keine diplomatischen Beziehungen zu Russland, aber jener Wille der Völker bestand. Die Tage, da Hammer und Sichel im roten Felde Begeisterung erweckten, sind vorüber. Man denke etwa an England jetzt: Keiner freut sich so über die Verhaftung der Deutschen als Baldwin und die reaktionäre Presse: Die haben jetzt wieder Oberwasser. Das ist der politische Effekt.

Das alles aber vielleicht ist nicht so schlimm wie das, was diese ganze Affäre über Russland selbst enthüllt. Wenn Russland glaubt, es könne in politischer und moralischer Isolierung leben: So mag dem so sein und mag es seine Interessen auf seine Façon wahrnehmen. Aber was enthüllt denn eigentlich diese ganze Verhafteterei von den innerrussischen Zuständen? Da hat man uns also jahrelang gesagt und gesungen von den Fortschritten des russischen Aufbaus. Zahlen veröffentlicht, Hymnen gesungen. Einer bewies es mit Ökonomie, ein anderer stieg »um ins 20. Jahrhundert«.[154] Da stellt sich also jetzt heraus, dass dieses ganze große Donezbecken, das wichtigste Industriezentrum Russlands, in der Hand von ein paar aus- oder inländischen »Spezen« ist. Der »Spez«, der Spezialist, ist an und für sich Landesfeind und rechtlich nur geduldet. Nur das Objekt von Rechten, nicht deren Subjekt. Man stelle sich also vor, die deutsche Industrie hätte sich nach 1923 dadurch aufgebaut, dass sie das Ruhrgebiet mit amerikanischen »Spezen« besetzt hätte in einer Weise, dass diese und nicht mehr jene Herr des Produktionsprozesses seien. Das ist – muss man sagen – ein sauberer Aufbau. Russland hat

[154] Wahrscheinlich ein Druckfehler; gemeint ist offenbar ist Weiskopf (1927): Umsteigen ins 21. Jahrhundert.

furchtbar schwere Jahre hinter sich und durchgemacht, so schwer und fast noch schwerer als Deutschland. Aber es sind doch jetzt schon zehn Jahre. Man hat das Jubiläum laut genug gefeiert. Wo sind denn eigentlich nun die Techniker, die Russland in diesen Zeiten sich herangebildet hat? Offiziere sollen herangebildet sein zu Zehntausenden. Wo sind die Ingenieure, die Monteure? Wo sind die vielgepriesenen Wirtschaftspläne? Das alles ist geplant und dann zu Tod geschwätzt: eine schmähliche – man kann nicht mehr sagen polnische – russische Wirtschaft. Das ist der ökonomische Effekt.

Und der Gesamteffekt? Es ist an einem 140-Millionen-Volke vordemonstriert, was die eingebildete Allmacht von drei Dutzend Bonzen sündigen kann. Die Diktatur hat alles zertreten, und die lebendigen Kräfte des russischen Volkes sind lahmgelegt. Dass so eine Diktatur so wirkt, das ist nicht neu. Neu ist nur, so ein System mit dem Namen Sozialismus zu belegen und damit nicht nur sich selbst, sondern den Sozialismus zu kompromittieren.

Aus: Sozialistische Politik und Wirtschaft, 6. Jg., Nr. 12, 23. März 1928; wiederveröffentlicht in: Levi (2016ff.): Ohne einen Tropfen Lakaienblut, Bd. II/2, S. 1182–1184.

Asylrecht für Trotzki!

Mit dem politisch und menschlich unverständlichen Beschluss der Reichsregierung, Trotzki die Einreise nach Deutschland zu verweigern, beschäftigte sich am Montag eine Kundgebung der *Liga für Menschenrechte*.[155] Die Redner *Paul Levi, Otto Nuschke,*[156] *E. J. Gumbel* und *Oskar Cohn* begründeten die zum Schluss von der Kundgebung angenommene Resolution, die das politische Asylrecht für eines der vornehmsten

[155] Die Versammlung fand am 15. April 1929 im ehemaligen Herrenhaus statt; vgl. Lehmann-Rußbüldt 1929.

[156] Nachdem die Sowjetische Militäradministration in Deutschland (SMAD) 1948 Jakob Kaiser, den frei gewählten CDU-Vorsitzenden in der Sowjetischen Besatzungszone in Deutschland (SBZ), wegen fortgesetzter Unbotmäßigkeit abgesetzt und in die Flucht gen Westen geschlagen hatte, fand sie – von Format – niemanden anderes als ausgerechnet den Ex-DDP-Politiker Otto Nuschke (1883–1957), ein ehemaliges Mitglied der sowjetkritischen Liga für Menschenrechte. Deshalb blieb der stalinistischen SMAD nichts anderes übrig, als den bekennenden Trotzki-Verteidiger von 1929 in den Gremien der CDU der SBZ als Vorsitzenden durchzusetzen und 1949 als stellvertretenden Ministerpräsidenten der DDR einzusetzen.

Kulturgüter freier Staaten erklärt und von der Reichsregierung die Aufhebung ihres unverständlichen Beschlusses verlangt. Die Tatsache, dass Trotzki den Standpunkt der Menschlichkeit und freiheitlichen Gesinnung, der ihm die Einreise ermöglichen will, nicht anerkenne, dürfe für die Vertreter dieses Standpunktes niemals entscheidend sein. Wenn Sowjet-Russland, das sich als Hort der Freiheit der Arbeiter bezeichne, die Grundsätze der menschlichen Freiheit mit Füßen trete, so sei es die Sache der Vertreter der freiheitlichen Parteien in der deutschen Regierung und im deutsche Parlament, diese Grundsätze hochzuhalten. – Zwei linkskommunistische Diskussionsredner berichteten interessante Einzelheiten über den sowjet-russischen Gesinnungsterror gegenüber eigenen Genossen und griffen die stalintreue KPD heftig an.

Aus: Vorwärts. Berliner Volksblatt. Zentralorgan der Sozialdemokratischen Partei Deutschlands, 46. Jg., Nr. 176, 16. April 1929, Morgenausgabe, ungez.; wiederveröffentlicht in: Levi (2016ff.): Ohne einen Tropfen Lakaienblut, Bd. II/3, S. 2061.

Literatur

Baer, Albert (1922): Rechtsanwalt Dr. Albert Baer an Levi, 3. März 1922, in: Friedrich-Ebert-Stiftung. Archiv der sozialen Demokratie, Nachlass Paul Levi, 1/PLAA000047.

Balabanoff, Angelica (1927): Erinnerungen und Erlebnisse, Berlin.

Balabanoff, Angelica (2016): Lenin oder: Der Zweck heiligt die Mittel. Erinnerungen, hrsg. von Jörn Schütrumpf, 2. korr. Aufl., Berlin.

Bowitzky u.a. (2020 [1921]): Dokumente über die Märzaktion. Berichte von Paul Bowitzky u.a. [1921], in: Levi, Paul: Ohne einen Tropfen Lakaienblut. Schriften, Reden, Briefe, Bd. I/4, hrsg. von Jörn Schütrumpf, Berlin, S. 1479–1506.

Brie, Michael (2011): Rosa Luxemburgs Symphonie zur russischen Revolution, in: Standpunkte 10/2011, www.rosalux.de/publikation/id/4904/rosa-luxemburgs-symphonie-zur-russischen-revolution (zuletzt 13.12.2021).

Brie, Michael/Schütrumpf, Jörn (2021): Rosa Luxemburg. Eine revolutionäre Marxistin an den Grenzen des Marxismus, Hamburg (engl. Ausg.: Rosa Luxemburg. A Revolutionary Marxist at the Limits of Marxism, London).

Buchholz, Dr. E. (1909): Anthologie aus den Lyrikern der Griechen. Zweites Bändchen: Melische und chorische Dichter, 5. verbesserte Auflage, Leipzig/Berlin.

Claudius, Matthias (1800): Ein Seliger an die Seinen in der Welt.

Corneille, Pierre (1667): Attila.

Das Nibelungenlied (1965). Nach der Ausgabe von Karl Bartsch, hrsg. von Helmut de Boor, 18. Aufl., Wiesbaden.

Deutsche Bibelgesellschaft (Hrsg.) (2017): Lutherbibel, Stuttgart.

Engels, Friedrich (1960 [1850]): Der deutsche Bauernkrieg, in: Marx-Engels-Werke (im Folgenden MEW), Bd. 7, Berlin 1960, S. 329–413.

Engels, Friedrich (1963 [1895]): Einleitung [zu Karl Marx' »Klassenkämpfe in Frankreich 1848 bis 1850«], in: MEW, Bd. 22, S. 509–527.

Geyer, Curt (1976): Die revolutionäre Illusion. Zur Geschichte des linken Flügels der USPD. Erinnerungen, hrsg. von Wolfgang Benz und Hermann Graml, Stuttgart.

Geyer, Curt/Düwell, Bernhard (2020): Erklärung an den Parteitag der VKPD, in: Paul Levi: Ohne einen Tropfen Lakaienblut. Schriften, Reden. Briefe, Bd. I/3, hrsg. von Jörn Schütrumpf, Berlin, S. 897.

Goethe, Johann Wolfgang von (1775): Auf dem See (auch: Aufm Zürichersee).

Goethe, Johann Wolfgang von (1797): Hermann und Dorothea.

Goethe, Johann Wolfgang von (1819/1827): Unbegrenzt, in: Westöstlicher Divan. Buch Hafis, o. O.

Hedeler, Wladislaw/Schütrumpf, Jörn (2020): Der II. Weltkongress der Kommunistischen Internationale. Nachrichten über eine Petitesse, in: Dies. (Hrsg.): Vergessene Kommunisten. II. Kongress der Kommunistischen Internationale 1920. Porträts – gez. von Isaak Brodski, Hannover, S. 7–39.

Heimkehr russischer Emigranten, in: Volksrecht. Sozialdemokratisches Tagblatt. Offizielles Organ der Sozialdemokratischen Partei der Schweiz und des Kanton Zürich, 20. Jg., Nr. 112, 15. Mai 1917.

Heine, Heinrich (1851): Romanzero.

Hesse, Hermann (1914): Friede.

Jacobsen, Jens Peter (1882): Frau Føns (dt.: Frau Fönß).

Kant, Immanuel (2021 [1781]): Kritik der reinen Vernunft, München.

Kerner, Justinus (1981 [1818]): Der reichste Fürst, in: Ders.: Ausgewählte Werke, Stuttgart, S. 16–17.

Kollontai, Alexandra (1925): Wege der Liebe, Berlin.
Knobloch, Heinz (1985): Meine liebste Mathilde. Geschichte zum Berühren, Berlin.
Laschitza, Annelies (Hrsg.) (1990): Rosa Luxemburg und die Freiheit der Andersdenkenden. Extraausgabe des unvollendeten Manuskripts »Zur russischen Revolution« und anderer Quellen zur Polemik mit Lenin, Berlin.
Laschitza, Annelies (2007): Bemerkungen zum Probestück für eine textkritische Ausgabe der Breslauer Gefängnismanuskripte von Rosa Luxemburg, in: Breslauer Gefängnismanuskripte zur Russischen Revolution. Textkritische Ausgabe, hrsg. von Klaus Kinner und Manfred Neuhaus, Hbd. 1, 2. Aufl., Leipzig, S. 1–9.
Lehmann-Rußbüldt, Otto (1929): Otto Lehmann-Rußbüldt an Fritz Hess: Über die Arbeit der »Liga für Menschenrechte« (Fragment), in: Friedrich-Ebert-Stiftung, Archiv der sozialen Demokratie, Nachlass Paul Levi, 1/PLAA000055.
Lenin, Wladimir Iljitsch (1904): Ein Schritt vorwärts, zwei Schritte rückwärts, Genf.
Lenin, Wladimir Iljitsch (1958 [1905]): Sozialdemokratie und provisorische revolutionäre Regierung [März/April 1905], in: Ders.: Werke, Bd. 8, Berlin, S. 269–285. Erstveröffentlichung in: Wperjod, Nr. 13 und 14, 5. und 12. April (23. und 30. März) 1905 (Russisch).
Lenin, Wladimir Iljitsch (1971 [1916a]): Über das »Friedensprogramm«, in: Sbornik Sozial-Demokrata, Nr. 52, 25. März 1916, in: Ders.: Werke, Bd, 22, S. 164–171.
Lenin, N. (1921 [1916b]): Der Imperialismus und die Spaltung des Sozialismus, in: Ders./Sinowjew, Grigori Jewsejewitsch: Gegen den Strom. Aufsätze aus den Jahren 1914–1916. Autorisierte Übersetzung von Frida Rubiner, Hamburg, S. 510–522.
Lenin, Wladimir Iljitsch (1957 [1916c]): Der Imperialismus und die Spaltung des Sozialismus, in: Sbornik Sozial-Demokrata, Nr. 2., Dezember 1916, in: Ders.: Werke, Bd. 23, Berlin, S. 102–118.
Lenin, Wladimir Iljitsch (1955 [1917a]): Wie wir gereist sind, in: Prawda, Nr. 24, 5. April 1917, in: Werke, Bd. 24, Berlin, S. 9–11.
Lenin, Wladimir Iljitsch (1959 [1917b]): Über die proletarische Miliz, in: Prawda, Nr. 36, 3. Mai 1917, in: Ders.: Werke, Bd. 24, Berlin, S. 167–170.
Lenin, Wladimir Iljitsch (1918a): Die nächsten Aufgaben der Sowjetmacht, in: Iswestija, Nr. 85, 28. April 1918.
Lenin, Wladimir Iljitsch (1960 [1918b]): Die nächsten Aufgaben der Sowjetmacht, in: Ders.: Werke, Bd. 27, Berlin, S. 229–243.
Lenin, Wladimir Iljitsch (1970 [1918c]): Die proletarische Revolution und der Renegat K. Kautsky, in: Ders.: Werke, Bd. 28, Berlin, S. 227–320.
Lenin, Wladimir Iljitsch (1919a): Die Diktatur des Proletariates und der Renegat K. Kautsky, Leipzig.
Lenin, Wladimir Iljitsch (1919b): Oekonomik und Politik in der Epoche der Diktatur des Proletariats, in: Die Kommunistische Internationale. Organ des Exekutivkomitees der Kommunistischen Internationale, Nr. 6, Oktober 1919, S. 117–124.
Lenin, Wladimir Iljitsch (1961 [1919c]): Ökonomik und Politik in der Epoche der Diktatur des Proletariats, in: Ders.: Werke, Bd. 30, Berlin, S. 91–101.
Lenin, Wladimir Iljitsch (1920a): Die große Initiative, Berlin.
Lenin, Wladimir Iljitsch (1961 [1920b]): Die große Initiative (über das Heldentum der Arbeiter im Hinterland. Aus Anlass der »kommunistischen Subbotniks«), in: Ders.: Werke, Bd. 29, Berlin, S. 399–424.

Lenin, Wladimir Iljitsch (1921a): Zur Naturalsteuer, in: Die Kommunistische Internationale. Organ des Exekutivkomitees der Kommunistischen Internationale, Nr. 17, S. 82–118.

Lenin, Wladimir Iljitsch (1921b): Das Verhältnis der Arbeiterklasse zum Bauerntum. Kontingentierung – Naturalsteuer. Rede auf dem X. Kongress der Kommunistischen Partei Russlands, Leipzig.

Lenin, Wladimir Iljitsch u.a. (1921c): Über die Rolle und die Aufgaben der Gewerkschaften. Resolutionsentwurf einer Gruppe von Mitgliedern des Zentralkomitees der KPR und Mitgliedern der Gewerkschaftskommission des Zentralkomitees. Vorgelegt dem X. Kongress der Kommunistischen Partei Russlands, in: Russische Korrespondenz, 2. Jg., Bd. 1, H. 3/4, S. 199–208.

Lenin, Wladimir Iljitsch (1961 [1921d]): Bericht über die politische Tätigkeit des ZK der KPR(B) [an den X. Parteitag]. 8. März, in: Ders.: Werke, Bd. 32, Berlin, S. 168–191.

Lenin, Wladimir Iljitsch (1961 [1921e]): Referat [auf dem X. Parteitag der KPR(B)] über die Ersetzung der Ablieferungspflicht durch die Naturalsteuer. 15. März 1921, in: Ders.: Werke, Bd. 32, Berlin, S. 216–232.

Lenin, Wladimir Iljitsch (1921f): Die gegenwärtige Lage Sowjetrusslands, Berlin.

Lenin, Wladimir Iljitsch (1971 [1921g]): Die Vorbedingungen und die Bedeutung der neuen Politik Sowjetrusslands. Über die Naturalsteuer, in: Russische Korrespondenz, 2. Jg., Bd. 1, Januar–Juni 1921, H. 5 (Reprint: Erlangen), S.285–304.

Lenin, Wladimir Iljitsch (1961 [1921h]): Über die Naturalsteuer (Die Bedeutung der neuen Politik und ihre Bedingungen), in: Ders.: Werke, Bd. 32, Berlin, S. 341–380.

Lenin, Wladimir Iljitsch (1921i): Zum vierten Jahrestag der Oktoberrevolution, in: Die Rote Fahne. Zentralorgan der Kommunistischen Partei Deutschlands (Sektion der Kommunistischen Internationale), 4. Jg., Nr. 498, 30. Oktober 1921, 1. Beilage.

Lenin, Wladimir Iljitsch (1962 [1921j]): Zum vierten Jahrestag der Oktoberrevolution, in: Ders.: Werke, Bd. 33, Berlin, S. 31–39.

Lenin, N./Sinowjew, Grigori Jewsejewitsch (1921k): Gegen den Strom. Aufsätze aus den Jahren 1914–1916. Autorisierte Übersetzung von Frida Rubiner, Hamburg.

Lenin, Wladimir Iljitsch (1962 [1922a]): XI. Parteitag der KPR(B). Politischer Bericht des Zentralkomitees der KPR(B). 27. März [1922], in: Ders.: Werke, Bd. 33, Berlin, S. 249–295.

Lenin, Wladimir Iljitsch (1922b): Die äußere und innere Lage. Der XI. Kongress der Kommunistischen Partei Russlands (Moskau, 28. März bis 4. April 1922), in: Russische Korrespondenz, 3. Jg., Bd. 1, Januar–Juni 1922, H. 4/5 (April/Mai 1922), S. 247–270.

Levi, Paul (1969): Zwischen Spartakus und Sozialdemokratie. Schriften, Aufsätze, Reden und Briefe, hrsg. von Charlotte Beradt, Frankfurt a.M.

Levi, Paul (2016ff.): Ohne einen Tropfen Lakaienblut. Schriften, Reden. Briefe, 7 Bände, hrsg. von Jörn Schütrumpf, Berlin (Band I/1: Spartakus [1] [2018]; Band I/2: Spartakus [2] [2018]; Band I/3: Spartakus [2020]; Band I/4: Spartakus [2020] Band II/1: Sozialdemokratie, Sozialistische Politik und Wirtschaft I [2016]; Band II/2: Sozialdemokratie, Sozialistische Politik und Wirtschaft II [2016]; Band II/3: Sozialdemokratie [2022]).

Levi, Paul (2022 [1921a]): Unser Weg. Wider den Putschismus, Berlin; in: Ders.: Ohne einen Tropfen Lakaienblut, Bd. II/3: Sozialdemokratie, S. 586–633.

Levi, Paul (2020 [1921b]): Levi an Mathilde Jacob, 14. Dezember 1921, in: Ders.: Ohne einen Tropfen Lakaienblut, Bd. I/4, S. 1076.

Levi, Paul (1922a): Taktische Fragen, in: Unser Weg (Sowjet). Zeitschrift für kommunistische Politik, 4. Jg., H. 1/2, 15. Januar 1922, S. 17–32.

Levi, Paul (2020 [1922b]): Levi an den Verlag für Gesellschaft und Erziehung, 22. Februar 1922, in: Ders.: Ohne einen Tropfen Lakaienblut, Bd. I/4, S. 1170.

Levi, Paul (2020 [1922c]): Einiges über die russische Außenpolitik, in: Unser Weg (Sowjet). Zeitschrift für kommunistische Politik, 4. Jg., H. 6, 1. April 1922, S. 121–126, gez. Paul Levi; in: Ders.: Ohne einen Tropfen Lakaienblut, Bd. I/4, S. 1198–1205; in diesem Band S. 122–129.

Levi, Paul (2020 [1922d]): Ihre Gefängnisse, in: Unser Weg. Halbmonatsschrift für sozialistische Politik, 4. Jg., H. 10, 25. Mai 1922, S. 221–227; in: Ders.: Ohne einen Tropfen Lakaienblut, Bd. I/4, S. 1250–1257.

Levi, Paul (2020 [1922e]): Vorwort zu Rosa Luxemburg: Die Russische Revolution (14. November 1921), in: Rosa Luxemburg: Die Russische Revolution. Eine kritische Würdigung. Aus dem Nachlass von Rosa Luxemburg, hrsg. und eingel. von Paul Levi, Berlin, S. III–V; in: Ders.: Ohne einen Tropfen Lakaienblut, Bd. I/4, S. 1001f.

Levi, Paul (2020 [1922f]): Einleitung zu Rosa Luxemburg: Die Russische Revolution, in: Rosa Luxemburg: Die Russische Revolution. Eine kritische Würdigung. Aus dem Nachlass hrsg. und eingel. von Paul Levi, Berlin, S. 1–63; in: Ders.: Ohne einen Tropfen Lakaienblut, Bd. I/4, S. 1003–1040.

Levi, Paul (2016 [1924a]): Lenin, in: Sozialistische Politik und Wirtschaft [im Folgenden SPW], 2. Jg., Nr. 48, 24. Januar 1924; in: Ders.: Ohne einen Tropfen Lakaienblut, Bd. II/1, S. 314–316, in diesem Band S. 149–151.

Levi, Paul (2016 [1924b]) Bei den Kommunisten, in: SPW, 2. Jg., Nr. 25, 17. April 1924; in: Ders.: Ohne einen Tropfen Lakaienblut, Bd. II/1, S. 407–415.

Levi, Paul (2016 [1924c]): Also sprach Zinowieff..., in: SPW, 2. Jg., Nr. 48, 30. Juli 1924, ungez. (Levi); in: Ders.: Ohne einen Tropfen Lakaienblut, Bd. II/1, S. 565–568; in diesem Band S. 153–156.

Levi, Paul (2016 [1926a]): Zur Entwicklung in Russland, in: Sozialistische Politik und Wirtschaft, 4. Jg., Nr. 2, 14. Januar 1926; in: Ders.: Ohne einen Tropfen Lakaienblut, Bd. II/2, S. 855–858; in diesem Band S. 165–168.

Levi, Paul (2016 [1926b]): Ein Erinnerungsbuch, in: SPW, 4. Jg., Nr. 52, 30. Dezember 1926; in: Ders.: Ohne einen Tropfen Lakaienblut, Bd. II/2, S. 995–997.

Levi, Paul (1969/2016 [1927a]): Zurück vom Leninismus, in: SPW, 5. Jg., Nr. 27, 8. Juli 1927 in: Ders. (1969): Zwischen Spartakus und Sozialdemokratie, S. 148–150., auch in: Ders.: Ohne einen Tropfen Lakaienblut, Bd. II/2, S. 1060–1062, in diesem Band S. 173–175.

Levi, Paul (2016 [1927b]): Der Terror in Russland, aus: Der Klassenkampf. Marxistische Blätter, Jg. 1, Nr. 3, 1. November 1927; in: Ders.: Ohne einen Tropfen Lakaienblut, Bd. II/2, S. 1105–1107; in diesem Band S. 176–178.

Levi, Paul (1969/2016 [1927c]): Nach zehn Jahren, in: SPW, 5. Jg., Nr. 44, 4. November 1927; in: Ders. (1969): Zwischen Spartakus und Sozialdemokratie, S. 151–153, auch in: Ders.: Ohne einen Tropfen Lakaienblut, Bd. II/2, S. 1107–1109; in diesem Band S. 178–180.

Levi, Paul (1969/2016 [1927d]): Dem Ende zu, in: SPW, 5. Jg., Nr. 46, 18. November 1927; in: Ders. (1969): Zwischen Spartakus und Sozialdemokratie, S. 153–157, auch in: Ders.: Ohne einen Tropfen Lakaienblut, Bd. II/2, S. 1118–1121.

Levi, Paul (2016 [1927e]): Wege zur Revolution, in: SPW, 5. Jg., Nr. 52, 30. Dezember 1927; in: Ders.: Ohne einen Tropfen Lakaienblut, Bd. II/2, S. 114–1151.
Levi, Paul (1969/2016 [1928a]): Wiederkunft, in: SPW, 6. Jg., Nr. 2, 13. Januar 1928; in: Ders. (1969): Zwischen Spartakus und Sozialdemokratie, S. 158–160, auch in: Ders.: Ohne einen Tropfen Lakaienblut, Bd. II/2, S. 1155–1158; in diesem Band S. 192–194.
Levi, Paul (2016 [1928b]): Das große Rätsel, in: SPW, 6. Jg., Nr. 19, 11. Mai 1928; in: Ders.: Ohne einen Tropfen Lakaienblut, Bd. II/2, S. 1203f.
Levi, Paul (2016 [1928c]): Wege und Irrwege, in: Der Klassenkampf, 2. Jg., Nr. 33, 1. Juli 1928; in: Ders.: Ohne einen Tropfen Lakaienblut, Bd. II/2, S. 1218–1220.
Levi, Paul (2016 [1928d]) Das Ende eines Schwindels, in: SPW, 6. Jg., Nr. 27, 6. Juli 1928; in: Ders.: Ohne einen Tropfen Lakaienblut, Bd. II/2, S. 1220–1222.
Luban, Ottokar (2008): Rosa Luxemburgs Kritik an Lenins ultrazentralistischem Parteikonzept und an der bolschewistischen Revolutionspolitik, in: Ders.: Rosa Luxemburgs Demokratiekonzept. Ihre Kritik an Lenin und ihr politisches Wirken (Rosa-Luxemburg-Forschungsberichte, H. 6), Leipzig, S. 26–42.
Luxemburg, Rosa (1972 [1904]): Organisationsfragen der russischen Sozialdemokratie, in: Die Neue Zeit, 22. Jg., Bd. 2, Nr. 42; in: Dies.: Gesammelte Werke (im Folgenden GW), Bd. 1/2, Berlin, S. 422–444.
Luxemburg, Rosa (1974 [1905]): Die Revolution in Russland, in: Die Neue Zeit, 23. Jg., Bd. 1, Nr. 18, 25. Januar 1905; in: Dies.: GW, Bd. 1/2, Berlin, S. 477–484.
Luxemburg, Rosa (1972 [1906a]): Massenstreik, Partei und Gewerkschaften, in: Dies.: GW, Bd. 2, Berlin, S. 91–170.
Luxemburg, Rosa (2014 [1906b]): Taktik der Revolution, in: Czerwony Sztandar, Nr. 56, 23. März 1906, Dies.: Arbeiterrevolution 1905/06. Polnische Texte, hrsg. und übers. von Holger Politt, Berlin, S. 204–209.
Luxemburg, Rosa (2014 [1908]): Lehren aus den drei Dumas, in: Przegląd Socjaldemokratyczny, Nr. 3, Mai 1908, in: Dies.: Arbeiterrevolution 1905/06. Polnische Texte, hrsg. und übers. von Holger Politt, Berlin, S. 245–266.
Luxemburg, Rosa (1984 [1916]): Brief an Clara Zetkin, 18. März 1916, in: Dies.: Gesammelte Briefe (im Folgenden GB), Bd. 5, Berlin, S. 111.
Luxemburg, Rosa (1974 [1917a]): Die Revolution in Russland, in: Dies.: GW, Bd. 4, Berlin, S. 242–245.
Luxemburg Rosa (1974 [1917b]): Russische Probleme, in: Der Kampf, Nr. 44, 7. April 1917, in: Dies.: GW, Bd. 4, Berlin, S. 255–257.
Luxemburg Rosa (1974 [1917c]): Der alte Maulwurf, in: Spartacus, Nr. 5, Mai 1917, in: Dies.: GW, Bd. 4, Berlin, S. 258–264.
Luxemburg, Rosa (1974 [1917d]): Zwei Osterbotschaften, in: Spartacus, Nr. 5, Mai 1917, in: Dies.: GW, Bd. 4, Berlin, S. 265–269.
Luxemburg, Rosa (1974 [1917e]): Brennende Zeitfragen in: Spartacus, Nr. 6, August 1917, in: Dies.: GW, Bd. 4, Berlin, S. 275–290.
Luxemburg, Rosa (1974 [1918a]): Fragment über Krieg, nationale Frage und Revolution, in: GW, Bd. 4., Berlin, S. 366–373.
Luxemburg, Rosa (1974 [1918b]): Die geschichtliche Verantwortung, in: Spartacus Nr. 8, Januar 1918, in: Dies.: GW, Bd. 4, Berlin, S. 374–379.
Luxemburg, Rosa (1974 [1918c]): Der Katastrophe entgegen, in: Spartacus, Nr. 9, Juni 1918, in: Dies.: GW, Bd. 4, Berlin, S. 380–384.
Luxemburg, Rosa (1974 [1918d]): Die russische Tragödie, in: Spartacus, Nr. 11, September 1918, in: Dies.: GW, Bd. 4, Berlin, S. 385–392.

Luxemburg, Rosa (1918e): Nicht nach Schema F, in: Spartacus, Nr. 8, Januar 1918, ungez.
Luxemburg, Rosa (1920 [1918f]): Nicht nach Schema F, in: Spartacus, Nr. 8, Januar 1918, in: Kommunistische Partei Deutschlands (Spartakusbund) (Hrsg.): Spartakusbriefe (Neudruck), Berlin, S. 153–156.
Luxemburg, Rosa (1958 [1918g]): Nicht nach Schema F, in: Institut für Marxismus-Leninismus beim Zentralkomitee der Sozialistischen Einheitspartei Deutschlands (Hrsg.): Spartakusbriefe, Berlin, S. 414–417.
Luxemburg, Rosa (2018 [1918h]): Nicht nach Schema F, in: Paul Levi: Ohne einen Tropfen Lakaienblut. Schriften, Reden. Briefe, Bd. I/1, hrsg. von Jörn Schütrumpf, Berlin, S. 445–449.
Luxemburg, Rosa (1984 [1918i]) Rosa Luxemburg an Mathilde Jacob, 18. September 1918, in: Dies.: GB, Bd. 5, S. 411.
Luxemburg, Rosa (1984 [1918j]): Rosa Luxemburg an Mathilde Jacob, 10. Oktober 1918, in: Dies.: GB, Bd. 5, S. 412.
Luxemburg, Rosa (1974 [1918k]): Was will der Spartakusbund?, in: Die Rote Fahne, Nr. 29, 14. Dezember 1918, in: Luxemburg, Rosa: GW, Bd. 4, Berlin, S. 440–449.
Luxemburg, Rosa (1974 [1918l]): Zur russischen Revolution, in: Dies.: GW, Bd. 4, Berlin, S. 332–365; in diesem Band S. 41–74.
Luxemburg, Rosa (2007 [1918m]): Zur russischen Revolution, in: Breslauer Gefängnismanuskripte zur Russischen Revolution. Textkritische Ausgabe, hrsg. von Klaus Kinner und Manfred Neuhaus, 1. Hbd, 2. Aufl., Leipzig, S. 1–41.
Luxemburg, Rosa (1922a): Die Russische Revolution, in: Die Aktion, 12. Jg., H. 5/6, 4. Februar 1922, Sp. 58–79.
Luxemburg, Rosa (1922b): Die Russische Revolution. Eine kritische Würdigung. Aus dem Nachlass von Rosa Luxemburg, hrsg. und eingel. von Paul Levi, Berlin, S. 67–120.
Marcu, Valeriu (1927): Lenin. 30 Jahre Russland, Leipzig.
Marx, Karl (1960 [1850]): Die Klassenkämpfe in Frankreich 1848 bis 1850, in: Ders./Engels, Friedrich: MEW, Bd. 7, Berlin, S. 11–107.
Marx, Karl (1960 [1852]): Der achtzehnte Brumaire des Louis Bonaparte, in: Ders./Engels, Friedrich: MEW, Bd. 8. Berlin, S. 115–207.
Marx, Karl (1966 [1871]): An Ludwig Kugelmann, 17. April 1871, in: Ders./Engels, Friedrich: MEW, Bd. 33, Berlin, S. 209.
Marx, Karl (1964 [1891]): Der Bürgerkrieg in Frankreich. Adresse des Generalrats der Internationalen Arbeiterassoziation, in: Ders./Engels, Friedrich: MEW, Bd. 17, Berlin, S. 319–365.
Meyer, Conrad Ferdinand (1968 [1871]): Huttens letzte Tage, Kapitel 5: Menschen. XLII Die Bilderstürmer, in: Ders.: Sämtliche Werke in zwei Bänden. Bd. 2, München, S. 422–423.
Meyer, Conrad Ferdinand (1968 [1892]): Am Himmelstor, in: Ders.: Sämtliche Werke in zwei Bänden, Bd. 2, München, S. 152.
Morina, Christina (2019): Die Massen konnte sie niemals gewinnen, in: Frankfurter Allgemeine Zeitung vom 15. Januar 2019.
O.A. (1918): Nach der russischen Revolution, in: Mitteilungs-Blatt des Verbandes der sozialdemokratischen Wahlvereine Berlins und Umgegend, Nr. 36, 8. Dezember 1918.
O.A. (1921a): Rosa Luxemburg gegen den Bolschewismus, in: Freiheit. Berliner

Organ der Unabhängigen Sozialdemokratie, 4. Jg., Nr. 592, 20. Dezember 1921, Morgenausgabe; ebd., Nr. 594, 21. Dezember 1921, Morgenausgabe.

O.A. (1922a): Privatkapital und Kommunismus. Eine Note Tschitscherins an Frankreich, in: Vossische Zeitung, Nr. 132, 18. März 1922, Abendausgabe.

O.A. (1922b) Eine Note Tschitscherins an Poincaré über Genua, in: Berliner Tageblatt und Handels-Zeitung, 51. Jg., Nr. 132, 18. März 1922, Abendausgabe.

O.A. (1922c): Das Ende des Kommunismus in Russland, in: Freiheit, 5. Jg., Nr. 162, 5. April 1922.

O.A. (1922d): Reformsozialist Lenin, in: Vorwärts. Berliner Volksblatt. Zentralorgan der Sozialdemokratischen Partei Deutschlands, 39. Jg., Nr. 170, 10. April 1922, Abendausgabe.

O.A. (1922e): Anklagereden in Moskau, in: Vorwärts, 39. Jg., Nr. 362, 3. August 1922, Morgenausgabe.

O.A. (1922f): Bolschewistenjustiz, in: Freiheit, 5. Jg., Nr. 292, 5. August 1922.

O.A. (1927): Die Revolution verteidigt sich! Die Sowjetregierung schützt den Arbeiterstaat – 20 imperialistische Banditen, Zarengenerale, Fürsten, Koltschak-Spione zum Tode verurteilt und erschossen, in: Die Rote Fahne. Zentralorgan der Kommunistischen Partei Deutschlands (Sektion der Kommunistischen Internationale), 11. Juni 1927.

Pearson, Michael (1975): The Sealed Train. Journey to Revolution. Lenin 1917, London/Basingstoke.

Radek, Karl/Bucharin, Nikolai (2019 [1920]): Diskussionsbeiträge auf der Neunten Parteikonferenz der KPR(B), in: Alexander Vatlin: Das Jahr 1920. Der zweite Kongress der Kommunistischen Internationale. Aus dem Russischen von Wladislaw Hedeler, Berlin, S. 192–207.

Radek, Karl (1971 [1921]): Der X. Kongress der Kommunistischen Partei Russlands, in: Russische Korrespondenz, 2. Jg., Bd. 1: Januar–Juni 1921, H. 3/4 (Reprint: Erlangen), S. 135–141.

Radek, Karl (1923): Leo Schlageter, der Wanderer ins Nichts, in: Die Rote Fahne. Zentralorgan der Kommunistischen Partei Deutschlands (Sektion der Kommunistischen Internationale), 6. Jg., Nr. 143, 26. Juni 1923.

Radin, Leonid Petrowitsch (1895/1896): Tapfer, Genossen, im Gleichschritt ...

Scheidemann, Philipp (1926): Rede in 252. Sitzung, 16. Dezember 1926, in: Verhandlungen des Reichstags, III. Wahlperiode 1924, Bd. 391: Stenographische Berichte. Von der 225. Sitzung am 3. November 1926 bis zur 264. Sitzung am 5. Februar 1927, Berlin, S. 8577–8586.

Scherchen, Hermann(1918): Brüder, zur Sonne, zur Freiheit ...

Schiller, Friedrich (1800): Nänie.

Schiller, Friedrich (1803): Der Graf von Habsburg.

Sejfullina, Lydia (1925): Wirinea. Der Ausreißer, Berlin.

Shakespeare, William (1605): König Lear.

Sinowjew, Grigori Jewsejewitsch (1971 [1921]): Über die Rolle und die Aufgaben der Gewerkschaften. Rede auf dem X. Kongress der Kommunistischen Partei Russlands, Moskau, März 1921, in: Russische Korrespondenz, 2. Jg., Bd. 1, H. 5 (Reprint: Erlangen), S. 305–310.

Spectator (d.i. Miron Nachimson) (1921): Der neue Kurs in der Wirtschaftspolitik Sowjetrusslands. (Die Politik der Sowjetregierung und die Zukunft Russlands), Berlin.

Spirago, Franz (1914 [1894]): Katholischer Volks-Katechismus, Lingen.

Storm, Theodor (1849a): Elisabeth.
Storm, Theodor (1849b): Immensee.
Storm, Theodor (o.J.): Augen, Trost, Gott.
Trotzki, Leo (1918): Von der Oktober-Revolution bis zum Brester Friedens-Vertrag, Belp-Bern.
Trotzki, Leo (1920): Terrorismus und Kommunismus. Anti-Kautsky, hrsg. vom Westeuropäischen Sekretariat der Kommunistischen Internationale, Hamburg.
Trotzki, Leo (1921): [Rede] in: Protokoll des III. Kongresses der Kommunistischen Internationale. Moskau, 22. Juni bis 12. Juli 1921, Hamburg, S. 637–650.
Trotzki, Leo (1923): Die russische Revolution 1905, Berlin.
Trotzki, Leo (1925): 1917. Die Lehren der Revolution, mit einem Vorwort von Paul Levi, Berlin.
Uhland, Ludwig (1980 [1817]): Nachruf, in: Ders.: Werke, Bd. 1, München, S. 75–76.
Uhland, Ludwig (1829): Bertran de Born.
Vatlin, Alexander (2019): Das Jahr 1920. Der zweite Kongress der Kommunistischen Internationale. Aus dem Russischen von Wladislaw Hedeler, Berlin.
Warski, Adolf/Zetkin, Clara (2017 [1921]): Erklärung (20. Dezember 1921), in: Die Rote Fahne. Zentralorgan der Kommunistischen Partei Deutschlands (Sektion der Kommunistischen Internationale), 4. Jg., Nr. 585, 22. Dezember 1921; in: Schütrumpf, Jörn (Hrsg.): Diktatur statt Sozialismus. Die russische Revolution und die deutsche Linke 1917/18, Berlin, S. 32f.
Weiskopf, Franz Carl (1927): Umsteigen ins 21. Jahrhundert, Berlin.
Wertheimer, Paul (1910): Sommernacht.
Winkler, Heinrich August (2011): Ausdruck von Lernverweigerung?, in: Deutschlandradio Kultur vom 6. Januar 2011, www.deutschlandfunkkultur.de/ausdruck-von- lernverweigerung.954.de.html?dram:article_id=145928 (zuletzt 6.12.2021).
Wrobel, Ignaz [d.i. Tucholsky, Kurt] (1926): Gegen den Strom, in: Die Weltbühne, 22. Jg, Nr. 15, 13. April 1926, S. 567.
Zetkin, Clara (1922): Um Rosa Luxemburgs Stellung zur russischen Revolution, Hamburg.

Kommentiertes Personenregister

Abkürzungen

CDU	Christlich-Demokratische Union Deutschlands
DDP	Deutsche Demokratische Partei (1918–1930), in Deutsche Staatspartei umbenannt
DDR	Deutsche Demokratische Republik (1949–1990)
EKKI	Exekutivkomitee der Kommunistischen Internationale (1919–1943)
GPU	Государственное политическое управление – Staatliche politische Verwaltung (Politische Polizei der Sowjetunion, 1922–1934)
GULag	Главное управление исправительно-трудовых лагерей и колоний – (Hauptverwaltung der Besserungsarbeitslager und -kolonien) – »Arbeitslager«
Komintern	Kommunistische Internationale (1919–1943)
KAG	Kommunistische Arbeitsgemeinschaft (1921/22)
KPD	Kommunistische Partei Deutschlands (1918–1956)
KPR(B)	Kommunistische Partei Russlands (Bolschewiki) (1918–1925), dann Kommunistische Partei der Sowjetunion (KPdSU)
MdR	Mitglied des Reichstags
Nep, NEP	Новая экономическая политика – Neue Ökonomische Politik in der Sowjetunion (NÖP, 1921–1927/28)
PSI	Sozialistischen Partei Italiens
SBZ	Sowjetische Besatzungszone in Deutschland (1945–1949)
SDKPiL	Sozialdemokratie des Königreiches Polen und Litauens (1893–1918)
SMAD	Sowjetische Militäradministration in Deutschland
SPD	Sozialdemokratische Partei Deutschlands (seit 1891)
SPW	Zeitschrift »Sozialistische Politik und Wirtschaft« (1923–1928)
USPD	Unabhängige Sozialdemokratische Partei Deutschlands
VKPD	Vereinigte Kommunistische Partei Deutschlands (1920/21), dann wieder KPD
VSP, VSPD	Vereinigte Sozialdemokratische Partei Deutschlands (1922–1924), dann wieder SPD
Zentrum	Deutsche Zentrumspartei (1870–1933)